本书获得 2017 年度河南省教育厅人文社会科学研究项目资助（项目批准号：2017-ZZJH-139；项目名称：微循环：城市社区公民的生成机制）

本书是 2017 年度河南省哲学社会科学规划项目（项目编号：2017CSH020，项目名称：构建城市社区治理新机制研究）的最终研究成果

本书获得河南科技大学博士科研启动基金资助

本书获得河南省高等学校哲学社会科学创新团队支持计划资助（项目编号 2016-CXTD-06）

本书获得全国高校思想政治理论课教学科研团队择优支持计划资助

本书获得河洛思想文化传承创新研究中心资助

中国城市社区治理的微循环

——社区公民的生成机制研究

刘晓丽 著

中央编译出版社

目 录

第一章 导 论 ………………………………………………………… 1
  一、选题缘由与问题意识 …………………………………………… 1
  二、研究意义 ………………………………………………………… 3
  三、研究现状及简要述评 …………………………………………… 7
  四、基本概念与研究主题 …………………………………………… 23
  五、研究思路与研究方法 …………………………………………… 41
  六、创新之处与不足之处 …………………………………………… 47

第二章 我国城市社区管理体制和治理模式的理论基础和变革历程 … 50
  一、城市社区管理体制和治理模式的理论基础 ………………… 50
  二、我国城市社区管理体制的变迁轨迹 ………………………… 61
  三、我国城市社区发展的治理模式演变过程 …………………… 73

第三章 当前我国城市社区治理主体困境的表现、原因及其影响 …… 78
  一、当前我国城市社区治理主体困境的表现 …………………… 78
  二、当前我国城市社区治理主体困境的原因 …………………… 97
  三、当前我国城市社区治理主体困境的影响 …………………… 104

第四章 社区居民转变为社区公民：当前我国城市社区治理主体中的多重赋权 …… 110
    一、理顺政府和社区居委会的关系 …… 110
    二、政府赋权给社区居委会和居民 …… 113
    三、社区工作者赋权给社区社会组织和居民 …… 115
    四、治理主体的增能 …… 116

第五章 社区社会组织培育的案例分析：公民生成的事实逻辑 …… 143
    一、互助类社区社会组织：月半弯单亲妈妈之家公益服务项目 …… 143
    二、治理类社区社会组织："我爱我楼"门栋自管组公益服务项目 …… 159
    三、志愿类社区社会组织：老"外"缘圈志愿协会公益服务项目 …… 173

第六章 社区治理的微循环：四微机制 …… 190
    一、微群体：居民自治有效实现形式的组织基础 …… 191
    二、微项目：居民参与生成的诱因和支撑 …… 196
    三、微社团：社区公民生成的载体 …… 209
    四、微自治：社区公民生成的目标 …… 211

第七章 基本结论和讨论 …… 214
    一、基本结论 …… 214
    二、两个讨论 …… 220

附录一 HB省社区负担专项调查清单列表 …… 225

附录二 社区工作者实务能力训练课程表 …… 255

附录三 天星桥街道小正街社区"3311"工作模式相关制度及三字经
等作品摘选 ………………………………………… 258

参考文献 ………………………………………………… 273
后　记 …………………………………………………… 295

图 目 录

图 1-1　研究思路技术路线图 ·· 042
图 4-1　海曙区参与式能力提升工作体系网络（多重增能工作
　　　　体系） ·· 118
图 4-2　社区工作者实务能力培训框架图 ·································· 119
图 4-3　专业社工应具备的七大要素 ·· 120
图 4-4　开放空间会议技术 ·· 122
图 4-5　开放空间会议技术流程 ·· 123
图 4-6　三类社区社会组织生长模型 ·· 125
图 4-7　爱心银行卡 ··· 131
图 4-8　存储凭证 ·· 131
图 4-9　兑换凭证 ·· 132
图 4-10　志愿者发展问题 ··· 133
图 4-11　635 点子群表格 ·· 135
图 4-12　635 点子群技术流程 ·· 136
图 4-13　鱼骨图法（探寻式） ··· 139
图 4-14　鱼骨图法（冲突式） ··· 139
图 4-15　心智图法 ··· 140
图 4-16　问题树分析法 ·· 141
图 5-1　"家有考生"活动图片 1 ··· 145

图 5-2 "家有考生"活动图片 2 …………………………… 145

图 5-3 重庆小正街社区"3311"工作法 …………………… 176

图 6-1 利益相关者结构图 …………………………………… 195

图 6-2 公益创投大赛流程 …………………………………… 204

图 6-3 项目书撰写流程 ……………………………………… 205

图 6-4 公益创投运作模式 …………………………………… 206

表 目 录

表 1-1　1915 年以来"篇名"涉及"社区治理"的全部期刊论文统计 …………………………………………………… 008

表 1-2　1915 年以来"主题"涉及"社区治理"的全部期刊论文统计 …………………………………………………… 009

表 1-3　按年代进行统计的"书名"涉及"社区治理"的著作数量分布 …………………………………………………… 010

表 1-4　按学科进行统计的"书名"涉及"社区治理"的著作数量分布 …………………………………………………… 014

表 1-5　案例研究的类型 ………………………………………… 046

表 1-6　斯蒂芬·范埃弗拉提出的 11 条案例选择标准 ………… 047

表 2-1　城市社区发展阶段与治理模式 ………………………… 077

表 3-1　武汉市 C 社区 2003 年社区事务统计情况 …………… 081

表 3-2　您觉得居委会是一个什么性质的机构 ………………… 082

表 3-3　2013 年社区工作量统计表 ……………………………… 084

表 3-4　社区检查、考核、评比统计表 ………………………… 085

表 3-5　社区台账状况统计（单位：本）……………………… 086

表 3-6　社区盖章证明统计情况列举 …………………………… 087

表 3-7　HB 省信息平台系统（部分）概况 …………………… 088

表 3-8　调查对象基本情况 ……………………………………… 092

表号	名称	页码
表3-9	WC区备案社区社会组织情况	093
表3-10	部分社区社会组织治理结构情况	095
表3-11	T社区与M社区直选中居民参与情况统计	105
表4-1	社区社会组织的分类及与社工介入的关系	116
表4-2	海曙区治理能力培养工作体系的构成要素	117
表4-3	开放空间会议模式和传统的行政会议模式的区别	122
表4-4	参与式需求调查流程（卡片法）	124
表4-5	互助类社区社会组织孵化流程	126
表4-6	志愿类社区社会组织孵化流程	127
表4-7	治理类社区社会组织孵化流程	130
表5-1	问卷调查汇总表	157
表5-2	某某项目中组织者、引导者和观察者个人信息及角色扮演情况	159
表5-3	楼栋公示牌	171
表6-1	资金获取途径	201
表6-2	传统公益补助与公益创投	201
表6-3	HB省公益创投与国外公益创投	203
表6-4	HB省首届社区公益服务项目创投大赛获奖项目情况	207
表7-1	行政工作模式与社会工作模式比较	217

第一章 导 论

一、选题缘由与问题意识

把"中国城市社区治理的微循环：社区公民的生成机制研究"作为研究主题，主要与笔者从事的社会科学研究的经历有关。2012年9月，笔者有幸考入了华中师范大学政治学研究院，成为华中师范大学湖北城市社区建设研究中心的一员，开启了自己新的学术研究生涯。中心自2000年3月成立以来，秉承"立足本土、借鉴境外、教学用一体、政学研协同"的发展思路，致力于我国城乡社区建设的重大理论和实践问题研究，以促进"中国基层社会治理创新"为发展方向和发展目标，积极努力地开展田野调查、政策咨询与社会实验相结合的科学研究，并通过规范研究和实证研究相结合的方法，形成了独具特色的分析工具和研究路径，以此解释相关社会现象和达成相关公共政策的建构。本中心组织专业的学术团队强化基础理论研究，借鉴研究学界具有共识的社会资本理论、治理理论、共同体范式、新制度理论，以"把握前沿、提升思想、促进学术"为基本原则，以中国本土经验为依据，在中国特色社会主义理论的基础上,加强相关理论的本土化研究,从而有效地提升了中心的科研能力。我很高兴能在这个"大家庭"里和各位有志于"中国基层社会治理创新"的中心团队成员共同研究、共同进步,并由此体验到了田野调查带给我的酸甜苦辣。

笔者的博士导师一直致力于城市社区建设的研究,近几年来更是专注于社区治理的研究,先后与民政部、湖北省民政厅、地市的民政局等部门建立了横向课题的合作。作为导师的学生,我们有幸参与了多个课题的调研和咨询报告的撰写工作。2013年年底,笔者的导师和湖北省武汉市的某个街道签订了协议,进行了一场大胆的社会实验,即社区工作者实务能力培训暨首届公益创投大赛。笔者全程参与了此过程,亲自见证这次社会实验的成果,为笔者后续的研究建立了极大的信心和奠定了良好的基础。这次社会实验在湖北省引起了巨大的影响,其他区民政局和一些街道纷纷找笔者的导师继续开展这样的培训,笔者有幸参与了多场培训,并担任培训助理师,对培训的各个环节有了全面的了解,对培训的内容有了更深的体会,在培训中与参加培训的学员建立了良好的关系,为后续的顺利调研做了充分的准备。在培训过程中,笔者的导师基于自身多年的研究经验、相关的理论研究基础,多次和笔者交流和讨论,结合笔者自身的研究基础和兴趣,最终确定了笔者的研究主题。笔者的导师精心指导笔者一步步深入思考本研究主题的问题意识是什么,理论关怀有哪些,研究的切入点是什么,分析框架怎么建构,变量有哪些以及变量之间的关系是怎样的,学术发现怎么提炼,调研怎么开展等。

本书要讨论两个问题:第一个问题,单位制解体后,原子化的居民,过多地关心个人的利益,从个人的价值取向去行为,缺乏公共参与意识、公共参与能力和公共精神,离社区公民的角色差距甚远,怎么促成社区居民转变为社区公民?第二个问题,社区治理中,采取什么样的方式才能促进社区自治和居民自治?本书的前提假设有三个,分别是:(1)政府管制的程度和公民的生成可能性成反比;(2)居委会包办的程度和公民的生成可能性成反比;(3)社会工作者的介入和公民的生成可能性成正比。

二、研究意义

社区是社会的细胞和微观基础平台,是研究社会的起点,一个小社区相当于是一个大社会的缩影。无论从社区角度还是社会角度,社区研究都十分有意义。城市社区作为国家和社会的基本地域性单位,它发展的好坏与居民的政治、经济、社会和文化生活紧密相连,直接关系到社区居民的日常生活水平的高低。目前,城市社区治理已经成为许多国家研究的重大课题之一。如何加强城市社区治理,还关系到城市和整个国家、社会的稳定和发展大局,是摆在国家面前的重大课题之一。作为社会治理基础的城市社区治理,是基层群众自治制度的重要内容,也是我国基层民主制度的重要体现,在实现经济与社会发展以及维护国家稳定等方面发挥着重要作用。正如英国著名学者吉登斯所说:"社区这一主题是新兴政治的根本所在。"① 习近平总书记多次强调指出:"社区虽小,但连着千家万户,做好社区工作十分重要","社会治理的重心必须落到城乡社区"。党的十八届三中、四中、五中、六中全会明确提出"统筹城乡基础设施建设和社区建设"、"增强社区服务功能,实现政府治理和社会调节、居民自治良性互动"等重大任务。2017年6月12日,中共中央、国务院也正式出台了《关于加强和完善城乡社区治理的意见》,这对城乡社区治理作出全面、系统、深入部署,是推进我国治理体系和治理能力现代化建设的纲领性文件。党的十九大报告明确提出要"打造共建共治共享的社会治理格局",

---

① 〔英〕安东尼·吉登斯:《第三条道路:社会民主主义的复兴》,郑戈译,北京大学出版社2000年版,第83页。

"加强社会治理制度建设，完善党委领导、政府负责、社会协调、公众参与、法治保障的社会治理体制"，同时强调"加强社区治理体系建设，推动社会治理重心向基层下移，发挥社会组织作用，实现政府治理和社会调节、居民自治良性互动"。这已经为我国城市社区治理模式转型吹响了号角。推进社区治理体系和治理能力现代化是推进国家治理体系和治理能力现代化的应有之义。现在，人们已经意识到城市社区治理才是社会管理的重点，社区治理好坏的一个关键因素是居民的参与程度。城市社区治理的水平和效果的好坏直接关系到社会治理的好坏和社会稳定的大局。因此，梳理我国城市社区治理的经验，研究社区居民转为社区公民的路径，这不仅是时代的需要，也是社会发展的需要。

（一）研究的现实意义

1. 本书的研究有助于中国特色社会主义社区建设和居民自治，应对城市社区治理中的各种危机和挑战。

随着我国社会主义市场经济体制的基本建成，社会结构发生了重大变化，从封闭走向开放，由高度集中统一、关联性较强的社会逐步转变为局部性、分散性的社会。碎片化、非规则化的现象在城市社区演变中不断呈现，社区治理的张力不断扩大，潜藏的危机随时可能爆发。

有学者梳理了我国城市社区治理的主要危机和挑战，主要有以下几个方面。

一是社区矛盾越来越复杂和突出。在市场经济条件下，随着城乡社会转型，利益分化越来越严重，多元化的格局逐步形成，不同组织、不同群体、不同层次的利益目标差异越来越明显，利益矛盾和冲突越来越复杂多变。家庭矛盾与社会矛盾、干部矛盾与群众矛盾等，大量涌现。由于传统化解矛盾的方法和手段逐渐解体，新的矛盾化解方式还有待成熟，诸多矛盾交集在一起，造成基层社会可能极度不稳定。

二是社区治理中多种权力不平衡。社区治理的本质在于对各种权力（利）进行制衡，以维持一种均衡状态。城市社区中存在各种权力（利），如政府权力、公众权利、社区社会组织权力等，这些权力（利）间通过各种方式和途径发生各种各样的关系。目前看来，我国更多地强调了政府权力，忽视了公民权利和社会组织权力，造成的后果是政府权力膨胀、公民权利和社会权力不足，导致各个主体行动和治理的无序。

三是城市社区管理创新单一性与多元性冲突的困境。我国社区管理以前一直是政府主导型，政策目标内容单一，政策目标选择的路径单一，公共服务供给的方式单一，公共话语交流的渠道单一，无法应对经济社会转型后的群众需求多元、利益多元等各种多元性复杂状况。

城市社区治理模式的创新研究，对化解上述危机和挑战具有特别意义。研究城市社区治理模式及其转型的有关理论，对解决上述城市社区治理以及基层社会治理中的危机与矛盾，具有借鉴与应用意义。

2. 健全和完善城市社区治理体系，提升城市社区治理水平。

一直以来，我国大多城市社区展开了各种治理创新的社会实验，在化解社会矛盾、稳定社会秩序、发展社会经济等方面取得了一定的成绩。但是我国城市社区治理还需进一步创新，尤其在制度创新方面更需要加强。具体为：第一，城市社区治理结构不健全，基层党政组织社会管理职能有待提高；第二，中国民间社会组织（尤其是社区社会组织）发展缓慢，企事业单位社会管理权责不明；第三，公民参与社会管理的途径不畅；第四，社会管理尚未全部展开。构建能够规范社会行为、协调社会关系、解决社会问题、化解社会矛盾、维护社会秩序、促进社会和谐的社会管理体系，就需要不断加强和创新城市社区治理模式，进而使我国城市社区发展的阶段从行政社区发展到公民社区。

（二）研究的理论意义

城市社区治理是公共管理的重要组成部分，研究城市社区治理模式转型有利于丰富公共管理学理论、治理理论等,为各个领域的研究提供新的研究视野。在城市基层社会管理中大力推进公众参与,通过平等协商、服务管理的方式实现基层社会管理,无疑是基层社会管理的基础与重要环节。这对一些传统理论起着一定的冲击与重塑作用。

从社区治理的角度研究社区公民,在我国还属于新的研究领域,这方面的研究多集中在社会学和政治学领域,并且对社区居民转变为社区公民的研究还未产生具有实质性影响的研究成果。作为一种将来社区发展的趋势,社区最终目标是实现社区居民的自治,即"在一定的时空范围内,各种利益相关者主体通过民主协商,增进相互的信任,整合各种资源,合作式参与治理社区公共事务,并逐步使共同体实现'自我维护'的状态"①,完成从居民到公民的转变,进而达到公民社区的理想治理模式。而目前由国家自上而下推动城市社区治理,社区治理结构实际不平等。公民参与多为国家动员的模式,公民往往缺乏日常性的、深层次的参与历练,尤其是部分社区公民对参与社区公共事务十分冷漠,导致社区治理中公民参与严重不足。公民参与还没有发挥出推动基层城市社区治理变革的作用,公民参与意识、公民参与能力和公共精神等还没有形成,这就注定了变革的过程必然是一个漫长的过程。我们对"正在路上"的社区治理及刚刚兴起的公民参与不能苛求。随着经济的迅速发展,国家和社会逐步分化,基层民主逐渐发育,将会对行政社区管理体制产生巨大影响。因此,我们必须从理论上探讨如何实现从"社区居民"转变为"社区公民",为今后这种变革做理论准备。

但是,对社区公民的转变过程不能操之过急。从社区治理的实践看,公民参与的行为较为复杂,需要我们进行更深入的实证调研和理论研究,为促进公民参与社区治理和基层民主发展,为中国城市社区从行政社区转

---

① 陈伟东:《城市社区自治研究》,华中师范大学博士学位论文,2003年4月。

为公民社区，为国家治理能力现代化等提供先进的理论指导。这也正是本书研究的意义之所在。

三、研究现状及简要述评

（一）现有研究情况与总体把握

想全面地对社区治理中社区公民的生成机制进行研究，需要对学术界的研究现状进行全面系统地把握。一是对"社区治理"的研究进行把握，二是对"社区公民"的研究进行把握。本书首先统计分析了新中国成立以来学术界关于社区治理的期刊文章，以期从学术界关注社区治理研究的历史及其变化趋势，总体把握我国社区治理研究的变迁状况。统计数据来自中国知网（CNKI）期刊文章，搜索时间为 2015 年 3 月 27 日，统计的时间范围为 1949—2015 年，以下是检索出的全部期刊[①]论文情况（见表 1-1，表 1-2）。

[①] 对于论文来源需要作以下两点说明：（1）全国人文社会科学期刊已经超过 3000 家，发表社区治理研究的论文很多，CNKI 来源期刊是其中一小部分，但 CNKI 来源期刊具有极高的文献收藏价值和使用价值，并且覆盖每一个学科与空间，目前是作为考察与评价我国学术现状及学术影响力的有力工具，权威性毋庸置疑，因此其有效性是明显的；（2）CNKI 收录的文献来源包括期刊、报纸、硕士博士论文、会议论文、图书等，每一类型文献都有自身特点，从文献的时效性、规范性、理论性等方面综合考虑，学术文章能兼顾上述特征，因此本书数据检索与统计的基础是全部期刊。当然，少部分符合此条件的期刊没有进入中国知网，但由于本书并不对某一特定期刊进行统计分析，而是长时段的总体情况考察，因此对结果的影响差异可以忽略。转引自王敬尧、晏雯：《中国地方财政研究的特色与趋势——CNKI 近 20 年的关键词统计分析》，载《江汉论坛》，2014 年第 7 期。注：该文作者主张统计的期刊来源为全国中文核心期刊和 CSSCI 来源期刊，但笔者认为有些期刊不是这两类，但文章被引用率很高，具有一定的学术价值，值得参考。

表1-1 1915年以来"篇名"涉及"社区治理"的全部期刊论文统计

主题篇名	年份(年)	模糊匹配(篇)		精确匹配(篇)	
		年份总数	年代总数	年份总数	年代总数
主题篇名：社区治理	1915—1949	0	0	0	0
	1949—1979	0		0	
	1980—1989	0	8	0	0
	1990	1		0	
	1991	0		0	
	1992	2		0	
	1993—1994	0		0	
	1995	1		0	
	1996—1997	0		0	
	1998	2		0	
	1999	2		0	
	2000	17	135	2	53
	2001	8		1	
	2002	9		3	
	2003	29		14	
	2004	35		13	
	2005	37		20	
	2006	76	516	53	310
	2007	91		53	
	2008	82		44	
	2009	133		83	
	2010	134		77	
	2011	130	882	81	525
	2012	162		89	
	2013	209		122	
	2014	381		233	
	2015	93	93	60	60
	1915年以来	1634		948	

表 1-2 1915 年以来"主题"涉及"社区治理"的全部期刊论文统计

年份(年)	模糊匹配(篇)		精确匹配(篇)	
	年份总数	年代总数	年份总数	年代总数
主题：社区治理				
1915—1949	0	0	0	0
1950—1979	0		0	
1980—1987	0	103	0	4
1988	2		0	
1989	0		0	
1990	5		0	
1991	6		0	
1992	3		0	
1993	3		0	
1994	8		1	
1995	6		0	
1996	11		1	
1997	10		0	
1998	18		1	
1999	31		1	
2000	49	596	4	137
2001	46		4	
2002	65		5	
2003	133		32	
2004	126		35	
2005	177		57	
2006	238	1805	99	772
2007	328		130	
2008	351		153	
2009	415		185	
2010	473		205	
2011	532	3017	218	1330
2012	608		260	
2013	748		329	
2014	1129		523	
2015	209	209	106	106
1915 年以来	5730		2349	

从以上的统计可以看出：一方面，我国对社区治理的研究是伴随着改革开放的进程才逐步发展起来的。从 2000 年我国普遍推进社区建设时，学界几乎很少关注社区治理。2005 年以来，社区治理才被学术界更多地关注。总体上，单从数量上看，对其研究并不是很多。从学术界对社区治理的关注程度可以大致反映我国社区管理体制和治理模式的发展历程，从而帮助我们更好地把握社区治理的理论发展轨迹与实践路径。

除了以上期刊文章以外，笔者还对 1915 年以来学术界关于社区治理的著作进行了统计，以期更进一步印证以上的结论，从而可以更好地把握我国社区治理研究的进展情况。统计的网络资源主要来自于读秀学术搜索（http://www.duxiu.com/），搜索的时间为 2015 年 4 月 6 日，检索出的社区治理著作共有 51 种，按年代和学科的具体分布情况见表 1-3 和表 1-4。①从以下统计可以看出：一是我国的社区治理著作从 2002 年才慢慢兴起，到 2008 年逐渐增多，但单从数量上看还显得较少；二是我国的社区治理著作也出现了从不同学科进行研究的现象，但主要还是集中在政治学科，目前还少见从马克思主义学科去研究社区治理的著作。

表 1-3　按年代进行统计的"书名"涉及"社区治理"的著作数量分布

年代	数量	著作的详细情况
1915 年以前	0	无
1915—2001	0	无
2002	1	金太军主编：《当代中国政府管理与社区治理丛书》，广州：广东人民出版社 2002 年版。
2003	1	王邦佐等编著：《居委会与社区治理：城市社区居民委员会组织研究》，上海：上海人民出版社 2003 年版，共 420 页。
2004	2	（一）史柏年主编、郭伟和副主编：《社区治理》，北京：中央广播电视大学出版社 2004 年版，共 287 页；（二）潘小娟：《中国基层社会重构：社区治理研究》②，北京：中国法制出版社 2004 年版，共 242 页。

① 2015 年 4 月 6 日，当当网上"书名"与社区治理相关的著作，模糊匹配时有 141 种；亚马逊网上"书名"与社区治理相关的著作，模糊匹配时有 220 种。

② 此书还有 2010 年 9 月版，详细可见表 1-3 的 2010 年著作详细情况。

第一章　导　论

（续表）

年代	数量	著作的详细情况
2005	0	无
2006	2	（一）马西恒、〔加拿大〕鲍勃·谢比伯等：《中加社区治理模式比较研究：以上海和温哥华为例》，上海：上海人民出版社2006年版，共482页；（二）张宝锋：《现代城市社区治理结构研究》，北京：中国社会出版社2006年版，共303页。
2007	0	无
2008	3	（一）康之国：《构建城市和谐社区与社区治理创新研究》，北京：知识产权出版社2008年版，共285页；（二）吴志华、翟桂萍、汪丹：《大都市社区治理研究：以上海为例》①，上海：复旦大学出版社2008年版，共243页；（3）张晓霞：《城市新型社区治理中的权利冲突》，西安：陕西人民出版社2008年版，共260页。
2009	5	（一）胡祥：《城市社区治理的热点问题研究》，武汉：中国地质大学出版社2009年1月版，共273页；（二）陆幽泓主编：《社区治理的多元视角：理念与实践》，北京：北京大学出版社2009年版，共337页；（三）王巍：《社区治理结构变迁中的国家与社会：以盐田区为研究个案》，北京：中国社会科学出版社2009年版，共234页；（4）吴群刚主编：《2008年北京市社区发展报告：社区规范化建设与社区治理》，北京：北京出版社2009年版，共226页；（5）许益军等：《城市医疗卫生的社区治理》，南京：江苏人民出版社2009年版，共303页。
2010	7	（一）赵毅旭：《城市社区治理路径》，成都：四川大学出版社2010年版，共248页；（二）郭虹主编：《城市社区治理探索之路：社区参与治理资源平台成长纪实》，成都：四川大学出版社2010年版，共178页；（三）刘伟红：《社区治理：基层组织运行机制研究》，上海：上海大学出版社2010年版，共294页；（四）罗中枢、王卓：《公民社会与农村社区治理》，北京：社会科学文献出版社2010年版，共281页；（五）吴志华、翟桂萍、汪丹：《大都市社区治理研究：以上海为例》，上海：复旦大学出版社2010年版；（六）潘小娟：《中国基层社会重构：社区治理研究》，北京：中国法制出版社2010年版，共（七）王琳、漆国生编：《城市社区治理与保障研究》，北京：北京理工大学出版社2010年版，共256页。

---

① 此书还有2010年9月版，详细可见表1-3的2010年著作详细情况。

（续表）

年代	数量	著作的详细情况
2011	5	（一）谢庆奎、商红日主编：《基层民主与社区治理》，北京：北京大学出版社2011年版，共246页；（二）马西恒编著：《社区治理创新》，上海：学林出版社2011年版，共266页；（3）夏建中：《中国城市社区治理结构研究》，北京：中国人民大学出版社2011年版，共368页；（4）吴群刚、孙志祥：《中国式社区治理：基层社会服务管理创新的探索与实践》，北京：中国社会出版社2011年版，共267页；（5）马西恒、刘中起主编：《都市社区治理：以上海建设国际化城市为背景》，上海：学林出版社2011年版，共250页。
2012	9	（一）张康之、石国亮：《国外社区治理自治与合作》，北京：中国言实出版社2012年版，共262页；（二）钟金霞：《当代城市社区治理改革》，长沙：湖南大学出版社2012年版，共187页；（三）胡志全、马广鹏、吴永常：《农村社区治理及信息化管理模式研究》，北京：中国农业科学技术出版社2012年版，共108页；（四）雷弢：《权利空间与公民社会：北京业主维权运动与社区治理模式创新研究》，北京：北京燕山出版社2012年版，共185页；（五）陆自荣：《文化整合与社区和谐：兼析王阳明南赣社区治理及意义》，北京：中国社会科学出版社2012年版，共241页；（六）刘伟红：《社区治理：基层组织运行机制研究》，上海：上海大学出版社2012年版；（七）孟翔飞：《莫地的变迁：内城贫困区整体改造与社区治理研究》，北京：中国人民大学出版社2012年版，共324页；（八）中国社会科学院社会学研究所社区信息化研究中心编：《社区建设与社区治理》，北京：社会科学文献出版社2012年版；（九）钟金霞：《当代城市社区治理改革》，长沙：湖南大学出版社2012年版，共187页。
2013	3	（一）邱梦华、秦莉、李晗、孙莉莉编著：《城市社区治理》，北京：清华大学出版社2013年版，共228页；（二）黄立敏：《社会资本视阈下的"村改居"社区治理研究：以深圳市宝安区为例》，武汉：武汉大学出版社2013年版，共192页；（三）郭圣莉、刘晓亮：《转型社会的制度变革：上海城市管理与社区治理体制构建》，上海：华东理工大学出版社2013年版，共267页。

第一章 导 论

(续表)

年代	数量	著作的详细情况
2014	11	（一）张永理编：《社区治理》，北京：北京大学出版2014年版，共307页；（二）朱新林、田旭：《西藏城镇社区治理》，西安：陕西师范大学出版总社有限公司2014年版，共298页；（三）王卓：《灾后扶贫与社区治理》，北京：社会科学文献出版社2014年版，共429页；（四）吴素雄、何长缨、毛丹等：《农村社区治理的结构转型：温州模式》，北京：中国社会科学出版社2014年版，共286页；（五）陆晓春主编著：《走向善治：上海市社区治理实践案例选编》，上海：文汇出版社2014年版，共313页；（六）高大洪：《基于和谐社会建设的拉萨社区治理研究》，北京：社会科学文献出版社2014年版，共257页；（七）宋俭、丁俊萍主编：《社区服务型党组织建设与社区治理创新：武汉市硚口区发展社区的实践》，北京：中央文献出版社2014年版，共263页；（八）李立华主编，谢金辉著：《善治与自治——武汉社区治理实证研究》，武汉：武汉出版社2014年版，共143页；（九）贺佐成：《社会资本视角下城市虚拟社区治理研究》，广州：华南理工大学出版社2014年版，共241页；（十）周艳玲、李静芳：《社会资本视域下中国农村社区治理研究：基于N村的个案调查》北京：化学工业出版社2014年版，共121页；（十一）陈月生：《城市社区治理中群众诉求调处机制研究：以天津市唐家口街社区居委会建设为例》，天津：天津社会科学院出版社2014年版，共549页。
2015	1	李小甘主编：《深圳市南山区"一核多元"社区治理模式工作体系》，深圳：海天出版社2015年版，共204页。
共计	50	

表1-4 按学科进行统计的"书名"涉及"社区治理"的著作数量①分布

学科		数量	总计
政治、法律	中国政治	41	44
	中国共产党	1	
	世界政治	1	
	法律	1	
社会科学总论	社会学	3	3
文化、科学、教育、体育	教育	1	1
医药、卫生	预防医学、卫生学	1	1

另外,笔者还对博士论文进行了检索,以从整体上把握作为学术界较高水平的学位论文都是从哪些角度去研究社区治理的(研究视角将在下文分析)。统计的网络资源来自于中国知网(CNKI)优秀硕博论文,搜索的时间为2015年4月6日,统计的时间范围为1999年至2014年。检索中,当"题名"为"社区治理",匹配为"模糊"时,共有413篇论文,匹配为"精确"时,共有278篇论文。当"主题"为"社区治理",匹配为"模糊"时,共有2591篇论文,匹配为"精确"时,共有819篇论文。当"关键词"为"社区治理",匹配为"模糊"时,共有657篇论文,匹配为"精确"时,共有593篇论文。

最后,笔者还对从社区治理的视角去研究社区公民生成的博士论文进行了检索,以从整体上把握学术界对社区治理和社区公民研究的进展,检索结果表明:从这一视角去研究的博士论文并不多,主题比较鲜明的大致有十几篇,但这些也大多是对社区治理中居民参与②的研究,暂时没有涉及社区治理中公民生成的机制。

---

① 此处按学科进行统计的"书名"涉及"社区治理"的著作数量共计是49种,与之前按年代进行统计的"书名"涉及"社区治理"的著作数量51种相比,少了2种,从表1-3中可发现有两种著作分别有两个版本,可能系统默认不重复计算。

② 虽然检索到的论文题目中有"公民参与"字眼,但实际上在城市社区公民还没有生成,大多指的是居民参与。

（二）现有研究内容与分析范式

基层治理作为国家治理的关键环节，在国家治理体系中有举足轻重的位置，它构成整个国家治理体制的基础和基层社会保持活力以及可持续发展的根本保障。同时，国家通过有效的基层治理来实现政治统治和社会管理。城市基层是国家政权作用的末梢，面向广大居民，在整个基层治理当中更是起着重要的作用。随着改革开放的进程发展，我国对社区治理的研究也逐步深入。

梳理学界关于我国城市基层治理体制建立的原因，有四种观点。首先是"总体危机应对论"。共产党政权建立后，为应对政权组织力量的削弱、传统秩序的瓦解、社会整合能力的下降这种"总体性危机"，城市单位制应运而生，实现了国家权力对社会的有效控制和动员。[①] 其次是"社会再组织论"。随着市场化改革的深入，原来的单位体制无法适应新的社会形势，需要新的治理体制，街居制和街居—社区制产生。有学者认为，单位制的瓦解和社会力量的兴起，使生产单位和生活单位分离，导致单位组织无法完成整合利益的功能，个体的原子化需要"社会再组织化"来解决，社区变成重构城市基层组织网络的关键选择。[②] 再次是"职能转移论"。国家基于职能转移，推进社区建设。"国家试图把曾经由单位承担的社会职能转移到过去处于城市社会边缘的街道社区，由街道社区承担单位制度的式微所带来的社会功能的缺失，承担市场经济改革的社会后果。"[③] 最后是"社会支持网络重建论"。有学者从社会整体运行的宏观层面考虑，指出治理体制变化是"社会支持网络重建"的结果。计划经济时代，单位是人们规避各种社会风险的"港湾"，但随着单位制解体和市场经济时代的到来，"港湾"不复存在，社会生活中的风险加大，需要建立以社区为载体的新

[①] 参见谢金林：《城市基层权力变迁与社区治理的发展——基于国家—社会关系的视角》，载《云南社会科学》，2011年第4期。

[②] 参见吴晓林：《中国城市社区建设研究述评（2000—2010）——以CSSCI检索论文为主要研究对象》，载《公共管理学报》，2012年第1期。

[③] 黄杰：《单位制度和社区建设关系的再认识》，载《唯实》，2008年第5期。

型社会支持网络。①

制度变迁理论认为，一个制度的形成不是外部力量的强制推动就是内部力量的自发诱导。制度一旦形成，就会按照一定的路径执行，并形成一种路径依赖。② 从上面四个观点中，我们发现它们虽然对城市基层治理体制变迁原因分析的侧重点不同，但它们达成的基本共识是：社会变迁引起制度变迁，国家强制力量推动是我国城市基层治理体制建立的原因，并形成了一种依赖于国家整合和国家提供有效制度供给的变迁路径。

目前社区治理中存在着诸多问题。史云贵（2013）从多角度总结了当前社区治理中的问题与不足：（1）街道办与城市政府、社区互动机制上还有待于进一步完善；（2）多元社区治理主体的非理性博弈严重影响了社区治理的整体效能；（3）社区治理结构设置不尽合理；（4）城市街道、社区不堪重负；（5）社区治理的规章制度不规范；（6）社区人才严重匮乏；（7）社区内部组织重床叠架；（8）社会组织在社区治理中的应有作用尚未得到有效发挥。韩兴雨和孙其昂（2012）从城市社区治理转型的现代审视角度分析，认为社区治理存在以下困境和障碍：（1）高度集权管理体制；（2）行政化倾向严重；（3）社区权威空场；（4）政府角色定位模糊；（5）社区居民参与意识虚弱。③

就社区治理中存在的诸多问题，学着纷纷提出解决方案。陈辉（2012）从政府的角度认为，"社区治理中政府行为存在两种基本类型：官僚制政府和市场型政府。官僚制政府造就了刚性的组织体系和行政职能的越位，市场型政府导致社区公共服务的供给缺位。"要克服这一问题，就要诉诸基于社区共治的服务型政府。④ 陈华（2006）从第三部门的角度出

---

① 参见李培林：《社会生活支持网络：从单位到社区的转变》，载《江苏社会科学》，2001年第1期。
② 参见高瑜、金俊杰：《我国城市基层社区治理研究评述——基于制度变迁的视角》，载《安徽行政学院学报》，2013年第1期。
③ 参见史云贵：《当前我国城市社区治理的现状、问题与若干思考》，载《上海行政学院学报》，2013年第3期。
④ 参见陈辉：《服务型政府与社区治理创新研究》，载《行政论坛》，2012年第1期。

发，要在社区治理中改变传统的政府主导模式，让更多的私人和公共部门参与到社区治理中来，第三部门主要致力于社区服务和管理，基本宗旨是满足社区公民的需要，其力量就在于它扮演着把家庭和社区与广阔社会联系在一起的中介和催化剂角色。[①] 姜振华（2005）从社会资本角度出发，认为社会资本存量丰富且分布均衡，居民的社区归属感就强，社区治理的效果就好。社区治理的发展依赖于社区内丰富的社会资本，社会资本的存量和增量直接影响到社区治理的绩效。[②]

在社区治理模式方面，根据社区多元主体的权力与权利的关系，将现有治理模式分为三类：行政型、自治型、合作型。梳理学界对社区治理的研究成果，提出有三种社区治理模式：（1）强政府、强社会的政府主导型治理模式；（2）社区主导与政府支持的小政府、大社会的社区自治型治理模式；（3）政府推动与社区自治相结合的合作型治理模式。[③] 这三个模式正好对应社区治理研究经历的三个阶段：

1. 社区建设阶段（1980年—1990年）

改革开放以来，随着"单位制"的解体，人们的身份转变为"社会人"，失去了组织对其的管理，相应的，"单位"的社会管理和公共服务供给功能逐步消退，需要有一个全新的组织来取代逐渐消失的"单位"。正是此种背景下，加强基层社区建设成为弥补"单位"消解之后的首选。

我国的社区建设主要由政府推动下产生和运作，目的是弥补"单位制"解体之后留下的治理空白。根据我国相关法律规定，社区作为国家法定的基层组织，下设社区居民委员会，其主要为军烈属、特困家庭、贫困弱势群体、残疾人、老年人等提供帮助和服务。有学者认为社区建设是包

[①] 参见陈华：《社会资本视域下的我国城市社区治理》，载《中共南京市委党校、南京市行政学院学报》，2005年第6期。

[②] 参见姜振华：《社区参与：对社区居民与居委会互动关系的透视》，载《中国青年政治学院学报》，2007年第3期。

[③] 参见张宝锋：《我国城市社区治理结构研究综述》，载《华北水利水电学院学报》（社会科学版），2006年第1期；陈潭、史海威：《社区治理的理论范式与实践逻辑》，载《求索》，2010年第8期。

括区、街道、居委会的工作在内的巨大的社会系统工程,包括社区经济建设、社区文化建设、社区环境建设和社区服务建设等。①

回顾这一阶段,社区建设带有浓厚的政府干预色彩,社区的职责已经变为承担政府部门下派的各种任务,是行政命令的执行者,采用行政命令和政治动员等政府管控手段。这个体制的缺陷显而易见,学术界对于社区建设的批评日益增多,例如潘小娟就将社区居委会称为"政府的一条腿",不但社区的自治性质有限,而且行政职能泛化。②

2. 社区发展阶段(1990年—2000年)

社区建设中新旧体制存在激烈冲突,促使政府主导的社区建设转向政府让权的居民自治。在此发展阶段,学者们主要关注的是社区自治主体及其相互关系以及社区治理结构等方面。有学者认为社区的管理是一个自理与治理的过程,政府和社会应该分权,社区治理的主体是社会组织与社区自治组织,它们应在社区治理中发挥重要作用。③

在这样的理念下,学界普遍认为国家与社会是和谐共生关系。社区的治理中应提倡"合作主义",以政府和社区自治组织共同为治理主体,实现对社区的合作治理,并以"以制度创新避免社会对抗国家(强社会弱国家)和国家主宰社会(强国家弱社会)的局面,实现国家与社会之间的良性互动和平衡"④。社区治理的良性互动说主张在社区管理体制中,建立政府、社区自治组织、社区居民在内的多元治理主体格局,侧重国家和社会的良性互动,应形成多元互动新的治理结构。但是,当时的社区治理仍未脱离政府的管控,政府对于社区的行政干预仍然存在,而且,不论是社区组织自身还是社区居民,都存在着自治能力不足等缺陷。国家对社会组织

---

① 参见唐忠新:《中国城市社区建设概论》,天津人民出版社2000年版,第135页。
② 参见潘小娟:《中国基层社会重构——社区治理研究》,中国法制出版社2004年版,第101—103页。
③ 参见卢汉龙:《从党政管理到社区治理组织与体制》,上海社区发展理论研讨会会议资料汇编2002年版,第62—72页。
④ 侯伊莎:《政府、社区与公民:社区制的三维架构》,载《中国行政管理》,2005年第12期。

的培育扶持程度及权力让渡程度、公民参与的热情、体制机制困境都会影响"良性互动"的实现。①

3. 社区治理阶段（2000年至今）

社区作为城市居民基本的生活单位，伴随社会管理创新的步伐，社区社会组织和社区居民，自身的能力都得到了显著的提高。在前一阶段中，提出的良性互动学说在这一时期有了实践的舞台。这一阶段的社区治理研究，主要内容有两方面：第一，社区治理的主体。社区治理的主体应包括政府、社区组织、社会组织以及公民个人等；第二，社区治理的结构。社区应建立由以上主体共同参与的治理机构，共同参与社区治理。

"在社区治理中，治理的权力向度是多元的而不是单一的，它强调协调而不是控制，强调权利主体责任的模糊性和相互依赖而不是彼此孤立和封闭。"② "社区党组织、自治组织、非营利组织、营利组织将是多中心因素的主要构建者，法律则是维系多中心秩序的制度保障。"③ 以上观点的提出和进一步实践，暗示着我国的社区治理已经进入合作治理的阶段。在利益多元化的社区，只有广泛吸收各个利益主体的诉求，通过协商协调，调和各方面的利益诉求，共享社会资源，才能实现对于社区的良好治理。基于学界达成的以上共识，学者对社区治理实践中的多元合作进行了深入的调查研究，提出了一些具有建设性的意见，如李海金④对武汉市W社区的研究，骆勇⑤对上海市普陀区长寿路街道的研究，董秀⑥对深圳社工的调研等。

---

① 参见蔡小慎、潘加军：《转型期我国城市社区治理中的分权问题探讨》，载《社会主义研究》，2005年第2期。

② 张洪武：《论社区治理中的多元权力互动》，载《广东行政学院学报》，2005年第1期。

③ 张洪武：《多中心秩序与社区治理模式选择》，载《河北学刊》，2005年第4期。

④ 参见李海金：《城市社区治理中的公共参与——以武汉市W社区论坛为例》，载《中州学刊》，2009年第4期。

⑤ 参见骆勇：《公益性民间组织参与社区治理的现状、困境与政策干预——以上海市普陀区长寿路街道公益性民间组织参与社区治理为例》，载《理论与改革》，2009年第4期。

⑥ 参见董秀：《公民社会、公民治理与城市社区治理模式创新——基于深圳社工与义工联动治理模式理论与实践分析》，载《湖北行政学院学报》，2009年第1期。

社区的治理离不开社区居民的参与。

王敬尧（2006）将公民社区参与分为三个层面：第一，社区层面上的政治参与；第二，社区公共管理中的参与；第三，有关社区公共政策制定与执行的参与。① 社区建设中，居民参与至关重要。徐永祥（2000）认为居民参与的过程实际上是公共服务的提供者与使用者交流信息、传递信息的过程，所以从一定意义上说居民的参与状况决定着社区建设的效果。也有学者认为居民参与是社区建设的内在动力，其参与的规模、程序和制度化水平将直接关系到社区发展的整体变迁和目标管理；居民参与率及参与程度的高低也是衡量社区自治的重要标志。②

张大维、陈伟东（2008）认为，"参与式治理的核心就是要居民参与，没有居民参与就谈不上参与式社区治理。居民参与是指社区居民本着公共精神参与社区事务，从而推动社区发展和人的全面发展。"徐善登（2009）从治理的视阈，认为通过"国家与社会"或者"政府与公民"之间的良好合作来管理公共事务，促使公共利益聚合最大化和社会资源配置最优化。其实质是建立在市场原则、公共利益和价值认同之上的社会合作。善治是治理的最佳状态，善治有赖于公民自愿的互惠合作和对权威的自觉认同，没有公民的积极参与和自愿合作，至多只有善政，而不会有善治。张大维、陈伟东经调查研究发现现阶段我国城市社区居民参与存在很多问题，主要是：（1）参与率总体偏低；（2）参与明显不均衡：第一，参与意愿高，实际参与少。第二，非政治性参与多，政治性参与少。第三，动员式参与多，主动性参与少。第四，个体化参与多，组织化参与少。第五，弱势群体参与多，工薪阶层参与少。第六，参与类型在社区类型上存在差异性。（3）参与效能不高。③ 李海金（2009）总结了在社区建设中的几个问题：一是在当前的社区建设中政府的积极性似乎远远高于社区居民；二是

---

① 参见王敬尧：《参与式治理：中国社区建设实证研究》，中国社会科学出版社2006年版。
② 参见徐永祥：《社区发展论》，华东理工大学出版社2000年版。
③ 参见张大维、陈伟东：《城市社区居民参与的目标模式、现状问题及路径选择》，载《中州学刊》，2008年第3期。

社区居民对社区建设反应冷淡,对社区事务参与热情不高;三是从社区公共参与的类别来看,社区居民在参与文化娱乐活动等的积极性很高,而很少参与社区选举等政治性事务,公共参与中的选择性较明显;四是从参与动机来看,居民很少自主、自发地参与,一般是根据所参与事务与自身利益相关程度以及与社区自治组织成员私人关系的亲疏状况来决定参与的深度和广度。①

徐丽霞(2009)认为影响社区公民参与深度的因素主要有三点:一是社区性质决定了社区公民参与的深度;二是公共政策本身涉及的公共问题的性质及解决方案;三是社区居民的参与能力与水平。关于研究如何推动公民积极参与社区建设中,也有不少学者进行了理论探索。

(1)民主观。徐善登(2010)引入强势民主的理念,认为社区应当成为公民对话清楚地表达共同价值观念并形成公共利益观念的舞台,成为"小型社会和面对面的共同体"。②

(2)社会资本论。燕继荣(2010)从制度性参与的角度借用社会资本论进行阐述,认为要让"政府主导"之下产生的社区治理创新持续下去,就要培养和"制造"社区成员对于该制度的需求,而致力于"熟人社会"建设、促进社区自组织发展、加强社区成员交往和信任、提高社区成员的行动力,以强化制度构成的有效途径。③

(3)服务型政府。张大维等(2008)从社区行政化背景,主张政府从参与渠道、组织化程度、法律制度、社会资本、福利体系、政府和社区的回应度及效率等多途径解决居民参与问题。④

---

① 参见李海金:《城市社区治理中的公共参与——以武汉市 W 社区论坛为例》,载《中州学刊》,2009 年第 7 期。

② 参见徐善登:《社区公民参与特殊性之内外审视——基于治理视阈》,载《云南社会科学》,2009 年第 4 期。

③ 参见燕继荣:《社区治理与社会资本投资——中国社区治理创新的理论解释》,载《天津社会科学》,2010 年第 3 期。

④ 参见张大维、陈伟东:《城市社区居民参与的目标模式、现状问题及路径选择》,载《中州学刊》,2008 年第 3 期。

(4)利益观。陈伟东和李雪萍(2004)认为社区生活本质是社区利益相关者之间的合作伙伴关系,社区治理是社区利益相关者之间合作治理社区公共事务的过程,社区治理的基本要素包括治理主体(平等参与者)、治理客体(社区公共事务)、治理规则(社区成员认同的社区规范)、治理过程(社区治理是实体活动,表现为成员之间的合作互动行为)。王梅(2008)也认为,"社区治理是一种利益相关者的集体选择过程,即与社区需求和满足存在直接或间接利益关联的个人和组织之间的合作互动过程。"[1]

通过梳理和总结近年来我国学术研究成果,现有研究可以归纳为三个特点:

一是公民社会的研究多而从社区治理的视角研究社区公民的少。国内对公民社会的研究尚处于起步阶段,应用研究和理论研究都缺乏系统性,国外对公民社会的研究成果多,而国内外从社区治理角度研究社区公民的成果少,至于专门或者研究社区公民的生成机制的成果更为欠缺,是一个亟须开拓的研究领域。

二是应用性研究多而理论性研究不足。对社区治理和社区公民的研究,学术界多以应用性研究为主。其中,宏观应用研究,是"战略构想多"而"如何实施少",即研究"应该怎样"的多而研究"如何做"的少;相反,微观应用研究,是"目标设想多"而"经验总结少",即研究"应该怎样"的多而研究"如何做"的少。即使有理论研究,也往往关注于基本概念的辨析上,尚未形成有解释力的理论框架,而从"社区治理"视角研究社区公民的生成机制更是少之又少。

三是领域性研究突出而整合性研究不足。总体上,社区治理、社区公民研究存在于一些特定领域,多数学者往往从各自领域来观察和研究问题,呈现碎片化特征,而将两者结合起来的整合性研究成果(战略构想与战略实施的结合、应该怎样与如何实施的结合)较少。

---

[1] 王梅:《利益相关者逻辑下城市社区的治理结构》,载《北京行政学院学报》,2008年第2期。

四、基本概念与研究主题

（一）基本概念界定

1887 年，德国著名社会学家斐迪南·滕尼斯（Ferdinand Tönnies）的著作 *Gemeinschaft und Gesellschaft* 问世，该书后来由美国学者查尔斯·罗密斯（C.P.Loomis）译成英文，书名定为 *Community and Society*。斐迪南·滕尼斯首次提出与"社会"相对立的"社区"这个概念，但他并没有明确强调社区的地域性特征，更多的是关注人与人之间追求的共同价值取向，并且认为社区是由同质人口组成、关系密切、守望相助、疾病相抚、富有人情味的社会生活共同体。

"社区"概念的提出，为学界和政府部门研究社会、分析社会问题提供了一个重要的分析概念和方法，中外学者纷纷从自己的研究视角和理论背景出发，对它进一步界定设置，用以分析各自领域关心的问题，寻找解决的办法。如同社会学科其他基本概念一样，社区概念越来越成为社会科学领域的最基本、最重要的概念的同时，人们对社区概念的理解和应用却因人而异，社区定义五花八门。这些定义中，既有共识，也有歧义。到目前为止，人们对社区基本概念的理解与界定，仍然莫衷一是。于是，社区成了一个颇有争议的概念，自斐迪南·滕尼斯首次提出这一概念到 1981 年，华人社会学家杨庆垫已检索出 140 多种社区定义。[①]

第一次世界大战后，美国兴起了对社区的研究。美国学者查尔斯·罗密斯把滕尼斯提出的"社区"翻译成了英文"community"，并扩大了"社区"原来的内涵，不但包括社会生活共同体，而且还包括地域生活共同体。1955 年，美国社会学家 G.A.希勒里（G.A.Hillery）收集了有关社区的 94 个定义并作出结论："除了人包含于社区这一概念内之外，有关社区的

---

① 参见徐永祥：《社区发展论》，华东理工大学出版社 2000 年版，第 31 页。

性质,没有完全相同的解释。"① 他对此进行了归纳分类,运用统计分析,坚持认为大多数社会学家同意社区应当包括社会互动、共同关系、地理区域这三个特征。

1. 社区

"社区"一词最早在1932年年底引入中国,② 1933年,费孝通等一批燕京大学社会学系师生在翻译罗伯特·帕克的社会学论文时,始将英文Community一词译为社区。随着学界研究的发展,社区研究逐渐成为中国社会学、政治学、经济学等学科的重要研究主题。

笔者通过对我国学界对社区定义的梳理,不难发现定义纷繁复杂,从不同的研究视角和不同的学科领域出发,学者们对"社区"概念的界定各不相同。社会学界一般将"社区"界定为利益共同体,更多强调人与人之间的利益关联性;政治学界中的"社区"则强调其在政治范畴中作为地方行政区划的独立自治性;经济学界则往往将"社区"界定为物质精神等公共产品的最小消费单元。由于"事实"和"价值"两个层面的社区观一直存在着,关于社区的内涵界定在社会学和政治学等领域始终存在着严重分歧。

在中国,1986年,国家民政部第一次将"社区"这一概念引入中国城市管理,提出在城市中开展社区服务工作。1989年,社区服务的概念第一次被引入到法律条文中。2000年12月,中共中央办公厅和国务院办公厅,转发了国家民政部《关于在全国推进城市社区建设的意见》,标志着中国城市基层社会体制改革的全面启动。民政部门开始大力倡导社区建设和社区服务工作,政府开始重新审视国家、社会之间的关系,把以前管理的公共空间"让予"给社会,让社区发展成为一个独立的社会主体,发挥其应有的功能。自此,我国城市社区逐步有了自己的演变逻辑,社区建设的目标取向逐步向社区自治靠拢,随着基础民主和社区自治的发展成熟,社区

---

① G. A. Hllery. Definitions of Community: Areas of Agreement. *Rural Sociology*. 1955, June.

② 1932年底,燕京大学邀请美国社会学家罗伯特·帕克(Robert Ezra Park)来华讲学,罗伯特·帕克接受燕京大学邀请,把"社区"一词带入了中国。

治理的新模式也正在形成。

借鉴学术界已有的研究成果，笔者将社区界定为由一定规模的利益相关者群体组成的，共享着一定地域（包含着生产关系和生活设施），具有共同文化价值以维系人们间的社会关系网络，形成社区认同感与归属感。社区是人类居住模式的基本单元。一般而言，人口、地域、文化和组织构成了社区的基本要素，具体表现有以下几个方面：一是社区是利益相关者的共同体。社区的主体是生活在其中的社区居民，以社区居民的利益需求为导向，举行各种活动。二是社区是具有地域边界的共同体。社区是在一定的地域空间，按照一定的社会制度和社会关系组织起来，形成社会共同体。三是社区是文化价值的共同体。社区公民在共同利益追求中，形成了相似的价值文化取向及共同的社区意识、社区责任以及共同的社区的认同感和归属感。四是社区是公民生活和社会交往的公共空间的共同体。社区不仅是公民私人生活的领域，也是社区交往互动的公共空间。社区居民在完成自己日常活动之后，参加公共事务，表达公共利益，具有了公共精神，逐步转变为公民。

2. 城市社区

关于城市社区的界定，中国学术界与政府部门的界定是存在分歧的。梳理目前学界对城市社区的研究，发现它们更加强调的是社区研究的方法和过程，更关注对城市社区"共同体"的研究。一般将社区界定为一个有共同特质、归属感并且形成社会关系网络和进行社会互动的共同体，追求共同的文化价值，不仅包括血缘、地缘，还包括超越社区地域的某些共同体，比如信息化时期的网络交往共同体等，与传统社区强调地域性不同，更强调"陌生人社会"。本书采用 2000 年 12 月中共中央办公厅和国务院办公厅转发的《民政部关于在全国推进城市社区建设的意见》中对社区的范围界定，即"目前城市社区的范围，一般是指经过社区体制改革后作了规模调整的居民委员会辖区"。主要理由有以下几个方面：一是城市社区居委会辖区具备社区的基本构成要素和基本特征。城市社区居委会在市—区—街道—居委会的管理体制及相关的制度约束下发展。二是在城市特定的"行政区—社区体系"中,将社区界定为居委会辖区这一层面,有助于它区别开城区和街区。从空间讲,它是最小的地域组成单元,但不属于行政区域;从规模讲,调整后的居委会比街区小;从性质讲,城市社区居委会是城市基层群众自治性组织,但不隶属政府行政管理系统。这是自上而下的行政力和自下而上的自治力的交点,是居民个体和居民群体相连接的结点,是维护社会稳定和人民幸福的着力点。

有的学者认为"一个街道办事处所辖的范围大致就是社区的地域空间,为了淡化其行政区划的色彩而突出社区特征,许多学者称之为街区"①。又有学者指出,在很大程度上社区已成为街道办事处以及居委会这些基层管理机构的代名词。② 而政府部门更关注的是社区建设的区域性阶段成果。中国民政部社会事务司巡视员张明亮曾撰文指出"要按照便于服务管理、便于开发社区资源、便于社区自治的原则和地域性认同感等社区构成要素,对原有的街道、居委会规模作适当的调整,以调整后的居委会辖区作为城市社区的主导形式,形成社区地域……"③ 中共中央办公厅、国务院办公厅关于转发《民政部关于在全国推进城市社区建设的意见》的通知(中办发〔2000〕23号)中将社区界定为"居住在一定地域范围内的人们所组成的社会生活共同体"④。

在实际的社区建设过程中,对城市社区到底是指街道办事处所辖区域还是居委会所辖区域,也存在不同看法。20世纪80年代以来,社区服务和社区建设逐步启动,对城市社区空间定位出现了不同的观点。关于社区空间的定位,目前全国有三种做法:一是定位在居委会,以现有居委会所

---

① 参见中国城市社区党建课题组编著:《中国城市社区党建》,上海人民出版社2000年版,第14页。
② 参见桂勇、崔之余:《行政化进程中的城市居委会体制变迁》,载人大复印资料《公共行政》,2001年第1期。
③ 张明亮:《城市社区建设的探索和推进》,载《北京行政学院学报》,2001年第1期。
④ 中共中央办公厅、国务院办公厅关于转发《民政部关于在全国推进城市社区建设的意见》的通知(中办发〔2000〕23号),网址 http://zqs.mca.gov.cn/article/sqjs/zcwj/200912/20091200044439.shtml,2000年11月9日。

辖区域作为社区；二是定位在街道办事处，以街道办事处所辖区域作为社区；三是定位在街道办事处与规模调整前的居委会之间。第一种做法的弊端是，社区规模过小，资源分割，各类生活要素只能在有限的狭小空间内配置，造成资源的浪费和无谓损耗。第二种做法的弊端是，社区组织容易成为政府的附属物，不利于推进社区民主。第三种做法吸取了前两者的优点，避免了前两者的缺点。社区建设的主体是社区成员，社区成员参与和自我管理、自我教育、自我服务，是社区建设的生命力所在。只有定位在这个层面上，才能便于社区成员的民主权利发挥，把社区成员建设社区的积极性最大限度地激发出来。社区建设，特别是在社区的初始阶段，还离不开政府的指导、支持和帮助，将社区定位在这个层面，既使政府超脱于社区之外，又融于社区建设工作当中。[①] 正是对社区空间定位的不同理解，学术界和实际部门之间话语权不一致。学界一直在学术理论的指导下研究城市社区，但实地调查研究中又只能受行政区划的制约，致使理论不能更好地在社区建设的实践中运用，导致理论指导不了实践也不能在实践中验证和升华。本书研究中涉及大量的实证调研，最终目的是为城市社区治理转型提供有针对性的理论模型。所以本书在地域范围上，将研究中的城市社区界定为经过社区体制改革后作了规模调整的居民委员会辖区。本书从实际的行政区划入手研究城市社区，比仅仅从学术上的城市社区概念更有针对性、可行性、可操作性和合理性。这也符合实际调研中样本的选取，更符合社区居民中大多数人对社区的理解。社区治理中，居民参加的各种活动（包括地方政府部门、非营利性组织等的服务项目），均是在微观层面的社区居委会所辖社区内开展的。因此，把城市居民委员会辖区界定为城市社区治理研究的社区范围，可以更清晰地调查研究我国城市社区多元主体参与的活动空间、社区事务治理的范围、社区公共服务的提供及公民参与城市社区治理的多种路径等。

---

① 陈岩：《准确定位城市社区》，载《中国改革》，2006 年第 5 期。

3. 治理

对"管理"含义的理解较容易，但对"治理"的理解却不太容易。"治理"一词追溯到我国古代，如《荀子·君道》中有："明分职，序事业，材技官能，莫不治理，则公道达而私门塞矣，公义明而私事息矣。"《汉语大词典》对该词的解释包含四层内涵：一是指统治、管理；二是指理政的成绩；三是指治理政务的道理；四是指处理、整修。

学术界现在使用的"治理"一词的内涵，其来源主要是 governance，并不是中国古代的"治"、"理"或"治理"。"尽管尚没有一个很准确的中文词与 governance 相对应，似乎'治理'更能契合这个外来词。"①

研究"治理"一词的含义，必须从来源处寻找，"治理"并不是凭空创造出来的新术语，它的含义是管理学家、政治学家和经济学家的共同学术努力的结晶，他们创造性地赋予了该词新内涵。

"治理"（governance）源于拉丁文和古希腊语，本意是"控制、引导和操纵"。14 世纪，治理这个术语最先被用于法国，意思是"政府所在地"。它经常与"统治"（government）一词交叉混用，主要运用于与国家的公共事务相关的管理活动和政治活动中。1989 年，"治理"（governance）一词首先出现在世界银行对撒哈拉以南非洲的研究报告中。报告指出资金和技术援助并不是非洲急切需要的，"良好治理"才是最需要的。世界银行对"治理"这一术语的使用，奏响一种新的发展信号，即发展必须建立在一种信念基础之上，这种信念就是没有最低水平的依法治国和民主，就不可能促进经济繁荣。随着学界对"治理"的研究不断深入，它逐渐发展为一个内涵丰富多彩、适用范围广泛的理论，并在多个国家的政治、行政、社会管理改革中广泛使用。"治理"一词不仅开始流行于欧美国家，而且也引起了国际组织经常关注。它不仅被运用于政治学领域，还被广泛运用于社会经济与管理领域的研究。爱尔克·劳夫勒对"治理"含义进行了梳理和总结：

---

① 程杞国：《从管理到治理：观念、逻辑、方法》，载《南京社会科学》，2001 年第 9 期。

第一,治理是运用政治权力管理国家事务。

第二,治理包括传统、制度和过程,决定着权力如何使用、公民如何表达心声、公众关心问题的决策如何制定。

第三,治理是利益相关人之间靠彼此互动来影响政策成效的方式。

第四,治理产生于社会政治体制的排列模式或结构,是参与各方互动产生的"共同"成果。这一模式不能减为一方或特殊的几方。①

笔者梳理学界关于治理概念的界定,众说纷纭。罗茨作为"治理"理论的代表人物,从不同角度总结了"治理"的几种含义:

第一,作为共同行为的治理;

第二,作为新公共管理的治理;

第三,作为善治的治理;

第四,作为社会控制系统的治理;

第五,"通过网络,即掌舵网络"进行治理;

第六,作为新政治经济体系的治理;

第七,"国际依存"型的治理。②

我国学者王缉思为李侃如的《治理中国:从革命到改革》一书所写的序言中,从现代政治学角度分析了治理的内涵,认为在现代法治社会,执政党与政府以外的社会团体及公民个人参政议政、公民平等参与公共事务、居民自治、公民依宪监督、依照民意与听证会立法、司法部门监督行政等,都超出了政府管治的范围,因此有了比 government 的内涵更为宽泛的 governance 的概念。这样,治理的行为主体不但包括构架于社会之上的政府,还包括社会本身。③

"治理"最权威和最具代表性的解释是全球治理委员会的定义。该机构对"治理"的定义是:各种公共的或私人的个人和机构管理其共同事务

---

① 参见〔英〕托尼·鲍法德、爱尔克·劳夫勒编:《公共管理与治理》,孙迎春译,国家行政学院出版社2006年版,第164页。

② 参见谭功荣:《西方公共行政思想与流派》,北京大学出版社2008年版,第279—280页。

③ 参见〔美〕李侃如:《治理中国:从革命到改革》,中国社会科学出版社2010年版,"序"第3页。

的诸种方法的总和。这是一个使相互冲突或不同的利益可以得到调和从中采取合作行动的持续的过程。它包括有权强迫人们遵守的正式的制度和政体，也包括各种人们同意或认为符合其利益的非正式的制度安排。① 从这个界定中我们可以发现治理有四个基本的特征：一是治理是一个过程，在这个过程中各个利益主体相互参与，共同解决公共事务。因此，治理本身并不是一整套规则，反而是规则的创造者。二是治理过程的基础是协调，不是控制。治理无需对任何人进行强迫，因为参与治理的任何人本身就是治理者。三是治理涉及多个公共部门，也包括私人部门和私人。四是治理不是一种正式的制度，而是持续的互动。因此，"在全球层次上看，治理主要被看作政府间的关系，但是也必须被理解为与非政府组织（NGO）、公民运动、跨国公司以及影响日巨的全球公民有关的一个现象"。②

笔者比较赞同有些学者的观点，治理就是在一个既定的范围内运用各种权威维持秩序、增进公共利益的持续过程。在这个过程中，具有不同利益或相互冲突利益主体，通过协商、合作等方式，得以调和并且采取联合行动，既包括人们服从的正式制度和社会组织，也包括人们同意或以为符合其利益的各种非正式的制度。③

4. 城市社区治理

城市社区治理是治理理念在社区层面的具体应用，指对社区范围内的公共事务进行治理的过程。社区治理通常指两方面的内涵：一是静态的治理结构，更多强调宏观层面的治理和作为制度安排的治理，强调国家对地方的权力运用；二是动态的治理过程，在这个动态博弈过程中，政府不是社区治理的唯一主体，企业及各种 NGO 组织和公民团体及其他合作伙伴之间不是管理与被管理的关系，多元主体通过协商合作、参与对话等形式实

---

① 参见 The Commission on Global Governance, *Our Global Neighborhood: The Report of the Commission on Global Governance*, Oxford University Press, 1955, p.2。

② The Commission on Global Governance, *Our Global Neighborhood: The Report of the Commission on Global Governance*, Oxford University Press, 1955, pp.2-3。

③ 参见王名、冯玲：《治理理论与社区治理结构的变迁》，载《中国社会报》，2003年2月15日。

现利益诉求。

我国城市社区治理旨在是充分开发、整合社区各种资源,在参与社区公共事务的动态过程中,强化社区功能,增强社区活力,激发公民对社区的认同感和归属感。社区治理的工具是多样化的。社区治理不仅强调社区治理主体的多元化(地方政府、街道办事处、社区中的党组织、居民委员会、社区社会组织以及社区成员等),还强调社区治理方式的多样化。多元主体在社区治理中以公共精神参与公共事务,通过平等协商、沟通谈判和妥协互让等多样化的方式,表达公共利益诉求,实现公共利益的最大化分配。我国城市社区治理在现阶段基本上从静态的关系结构调整,进入到多元主体一起参与公共事务治理的社区治理时期。

城市社区治理的理论并不是对西方理论的照搬照抄,运用城市社区治理这一分析工具,探索我国城市社区建设是具有可操作性的。城市社区治理不仅是现代社区的本质和内涵的良好体现,而且还能映射出社区发展的实践情况。我们可以从城市社区治理的多元主体、参与式协商过程,以及公民参与城市社区治理多样化方式等视角,对中国城市社区治理理论及实践进行研究,以期创新制度和理念。笔者认为城市社区治理是指以城市社区地域为基础,多元主体(政府、社区社会组织和居民等)共同参与社区公共事务的治理,是社区内的多元主体依靠自身优势和资源进行的一种协商共治的模式。正如美国著名公共行政学者埃莉诺·奥斯特罗姆所说:"社区治理通过借助既不同于国家,也不同于市场的制度安排,可以对某些公共资源系统成功地实现开发与调适。它可以弥补国家和市场在调控和协调过程中的某些不足,成为国家和市场手段的补充。"① 根据本书的特定语境,笔者在使用城市社区治理时,有时也指城市社区建设或城市社区发展。

5. "社区治理"与"社区自治"的关系

我国学术界在社区研究中一直存在两种争议,即主张"社区自治"与

---

① 〔美〕埃莉诺·奥斯特罗姆:《公共事务的治理之道》,余逊达、陈旭东译,上海三联书店2000年版,第10页。

"社区治理"两个概念,学术研究和社区治理实践中经常交叉混用这两个概念。

有些学者认为,"社区自治"是我国城市社区管理体制的目标。他们的观点主要有:第一,社区自治就是社区居民有自我决定社区公共事务的权利以及权利行使的方式。社区自治体现了政府以民为本的民主执政思想,是指导社区发展的理论基础。第二,社区属于社会的范畴,政府属于国家的范畴,社区自治是政府与社会协调发展,实现双赢的重要途径。第三,从法律性质上来说,社区属于社会的范畴,社区自治组织就应当属于社团法人,社区要从政府的控制中释放出来,进行自我管理,国家应当从社会空间中后退。"社区自治是政府管理之外的社会自治,即政府管理行政事务,而社区居民通过自己选举产生的自治组织来管理社区公共事务。"① 而实践中"行政化倾向严重"则是阻碍城市社区发展的根本性问题,要解决此问题,改革的方向和路径就是政府从社会领域的退出。第四,社区自治体现在财产自治、选举自治、组织与管理自治、教育自治和服务自治等方面。"社区自治就是地方自治。"② 第五,社区自治机关属于国家的一部分,社区自治机关与区街政府的关系就是政府间的关系。第六,我国社区自治有两种取向,即居民自治取向与地方自治取向。我国宪法和城市居民委员会组织法规定居民委员会是基层群众自我管理、自我教育、自我服务的自治组织。目前我国城市社区建设也是依靠社区内的自治性组织居民委员会来实现的。③

社区自治的观点多是从国家—社会关系的视角解读社区建设。此观点存在以下重大缺陷:"一是社区自治组织的'全能化'倾向……二是政府

---

① 桑玉成:《从五里桥街道看城市社区管理的体制建设》,载《政治学研究》,1992年第2期。

② 于燕燕:《社区自治与政府职能转变》,中国社会出版社2005年版,第83页。

③ 参见胡慧:《转型时期城市社区自治理念、问题及建议》,载《武汉大学学报》(哲学社会科学版),2006年第4期。徐君:《社区自治:城市基层社会管理的发展走向》,载《国家行政学院学报》,2007年第4期。

组织与社区组织的'对立化'倾向……三是自治要素的'简单化'倾向。"① 有的学者认为社区自治组织"全能化",似乎它可以包揽除行政事务以外的其他所有社区公共事务,但却不能解释居民委员会难以应付城市居民多元化利益诉求的现实。有的学者过于强调社区自治组织的自主权,却忽视各行为主体之间权利关系的协调等。从我国城市社区的实践看,自下而上自主发育的地域社会生活共同体还在形成阶段。从社区建设的视角看,社区自治主要是实现城市基层管理体制改革和社会整合的手段,并为城市基层行政体制改革提供合法性的解释。笔者提的公民社区更是一种理想模型。有的学者也指出:"社区建设运动以及由此而引起的居委会组织变革,其本来的目的是转变政府职能,还原居委会的本来面目,实现社区自治;而在居委会组织变革过程中,虽然新的组织形式要素(如社区代表大会、居委会直选)已经产生,但是居委会组织变革真正指向的组织性质和实际运作机制却没有根本改变,甚至在某种程度上,原有的居委会组织性质还得到了加强。""居委会在变革中被赋予的新的要素可能只是为了应付特定的制度环境,而与它的实际运作没有任何关系,人们只是有意识地把这种正式结构与组织的日常运作分离开来,并且组织运作仍坚持原来的运作机制。"于是"结构科层化、职能行政化和人员职业化"是社区自治改革的主要表现形态。这实际上是一种"不理想的变革(演化)形态,也即没有实际发展(或效益提高)的变革和增长",社区自治陷入了"换汤不换药"的处境中,非但没有实现自治,还"更深刻地、更全面地复制了行政组织的科层特征",使居委会成为"政府一条腿"的作用有了更为合理的借口。② 正是学界对社区治理的概念、理念等的研究,开阔了社区建设研究的视野。

有些学者认为,社区治理强调社区多元治理主体和多样化的治理方式,多元主体在社区治理中以公共精神参与公共事务,通过平等协商、沟

---

① 陈伟东、李雪萍:《社区自治概念的缺陷与修正》,载《广东社会科学》,2004年第2期。
② 参见何艳玲:《都市街区中的国家与社会:乐街调查》,社会科学文献出版社2007年版,第136—141页。

通谈判和妥协互让等多样化的方式,表达公共利益诉求,实现公共利益的最大化分配。有学者认为,社区治理更能体现出现代社区的本质和内涵,也更能反映出实践中世界范围的多主体治理和参与社区发展的实际情况。① 笔者认为社区治理更符合我国现实,是具有解释力的理论分析工具,以社区治理来分析我国当前城市社区建设实践更具有可操作性。社区治理重视多元主体合作,重视公民参与,注重培养公民精神。狭义的社区自治,强调的是基于共同的地域和文化,社区内的居民、业主对社区事务的决定。

社区自治模式中,社区往往与政府成对立面,从传统"中央—省—市—县区—街道"的层级结构中就能发现政府组织和社区组织是分裂开的。随着社区社会组织的蓬勃发展,参与到社区治理中,社区自治已经不能涵盖社区事务治理的日新月异的变化。而在社区治理中,社区和政府不是对立的关系,政府作为社区治理的主体之一,以复合治理的方式影响社区,社区可以从政府部门获取更多的资源、信息、政策等支持。政府和社区成为新型的合作伙伴,共同促进社区的良性发展,促进公民参与,提升治理能力。基于社区建设实践中多元主体充分参与治理社区公共事务的实际情况,本书采用城市社区治理的概念。

6. 参与和居民参与

国内对社区参与的界定较宽泛。大陆学者认为"参与"在不同的领域表达名称不同,其基本含义在于:人们对某一领域的整个发展计划的制订与实施所施加的影响或直接参加了这一领域的整个发展过程,以及发展成果的分享。一般说,参与指某一群体的成员参加或介入公共事务。在家庭、工作单位、社团以及其他政治和经济活动中,均存在参与的可能性。这个概念不是仅仅与政治联系起来的,我们可以把参与市场或者某种职业看做个人的(经济—社会)的参与方式。学界一般是区分政治参与和社会参与的,本书研究的城市社区,指的是社会参与。社会参与往往为政治参与创造了前提条件。② 我们认为社会参与能够造就政治意识,例如通过动

---

① 参见周少青:《论城市社区治理法律框架的法域定位》,载《法学家》,2008 年第 5 期。

② Olsen 在 1972 年曾指出,在两种参与形式之间不存在确定的联系。

员参与社区建设的社会措施或者通过私人保安组织改善公共安全的直接公民参与形式。从这个意义上看，社会参与和政治参与具有直接的内在联系。为了某一集体（这里指社区）事物的官方动员（通过地方政府部门、居委会或村委会）完全可以理解为政治参与的形式。阿龙·维达夫斯基（Aaron Wildavsky）在其经典著作《向权力说真理：政策分析的艺术与技巧》中阐释，公民来履行政策是参与的一部分。从这点看更容易理解参与的内涵，对区分以制定政策的部分为一方的参与和以执行政策的部分为另一方的参与很有意义。在执行政策方面，"共同生产"的理论假设是：公民自愿提供某些公共品（例如邻里互助）。同时，这种方式的公共服务要求国家应提供这种参与性治理的框架条件（例如采取优惠条件等形式或组织方式）。① 梅丽莎·马歇尔（Melissa J.Marschall）指出，没有公民的积极参与，"政府提供公共品和服务的能力大打折扣"，这是核心问题。② 公民在其居住区的参与不仅减轻了国家的财政负担，而且比国家的生存保障更有效率，因为居民个人有很强的兴趣去构建并照料他们的集体。根据共同生产理论，公民的参与有助于改善公共品的质量。这样不仅提高了公民对国家的满意度，还弱化了他们对国家行为的批评，推动了他们对国家的认可，也提升了内部政治效能感或外部政治效能感，即一方面对自己政治塑造的才干和能力的信任，另一方面是对国家建设性地维护公民利益的信任。学界存在标准的参与概念和工具理性、目的理性的参与概念。后者强调直接或间接的政治决定的影响以及参加的自愿性（这种模式适合中国农村的政治选举过程）。标准的参与概念指公民（一部分是勉强的）参与塑造公共空间，因而包含了对某一共同体当中社会进程的共同参与。这个概念更适合中国城市社区现实进程的维度。在这个基础上，社会参与可理解为群体参与调节整个社会或部分群体的公共社会事务。政治参与是讨论某一群体的成员参与调节整个社会或部分群体的共同公共事务。从这个意义讲，社会参与是政治参与的预备阶段，从社会参与的经验中产生出更多的

---

① Gittell 1980. Pamerade/Burchell 2004。

② Marschall 2004 p.22.

政治参与。这个定义比西方社会设计的参与概念更宽泛,这个最低限度的定义包含了不同背景的社会——民主国家或非民主国家,农业国家或工业国家。

目前,在中国存在多种多样的参与形式。在城市范围内,采取的是与西方不同的形式或不同的政治输出手段。在这里,参与主要考虑某一集体当中现存社会关系的情况下,主要以解决与日常生活直接相关的问题为主。这还是标准的参与的概念。按照赖纳-奥拉夫·舒尔策(Rainer-Olaf Schultze)的观点,它是"以达成一致为导向的、相互交流的和富有表现力的"[①]。这里,标准的是指在一个地方集体中维护社会秩序的共同义务和共同价值观的实现。

王敬尧(2006)从广义和狭义两个层面来区别居民参与。狭义上,居民参与就是居民行使其投票权;广义上,是建立在居民投票基础上,对居民参与社区的公共事务进行了拓展。广义上,他认为社区居民追求个人利益,并积极参与社区公共事务,从而推动社区和人的同步发展。这种广义的社区居民参与包括三个层面:第一,社区层面上的政治参与;第二,社区公共管理中的参与;第三,有关社区公共政策制定与执行的参与。[①]

本书以此为参照,结合本书所研究的内容,将居民参与定义为:为实现社区的繁荣,社区居民通过各种制度化、合法化的途径和形式参与到社区治理中的各项事务的管理、决策和监督等过程中,进而政府与社会共担社区责任,共享社区成果。

7. 公民与社区公民

"公民"一词源于古希腊、古罗马时期,但只是指法律上享有特权的一小部分自由民,并不是现代意义上的公民。在封建社会,更没有公民一说,唯有臣民之称。按现代社会理解,公民是法制意义的概念,是指具有一个国家的国籍,并依据宪法或法律规定,享有权利并承担义务的人,具有政治治理的意义。按照马克思主义理论推演,只要人们在实践中发生有目的的行

---

① 转引自王敬尧:《参与式治理:中国社区建设实证研究》,中国社会科学出版社2006年版,第13页。

为，都会产生一定的利益关系。当这些关系的处理被当作感性的人的活动，当作实践去理解，那么居民作为主体的特征便得以体现了。①

本书提到的社区公民是指在社区这个与居民私人利益比较密切的具体场域和微观平台，居民先学会自助和互助，再逐渐参与社区的公共事务，具备了公民参与的意识和公民参与的能力，并能承担公民责任的具有公共精神的居民。本书侧重从社区层面探讨居民如何转变为公民，与通常说的公民含义有所不同。原子化和私人化的居民通过参与各类社区社会组织，变成守望相助、邻里和睦、关系密切的社会生活共同体。当前中国社区行政化的核心原因是社区居民的原子化和私人化。没有公民参与的私人组成的居民社区只能是行政化的社区。

8. 社区工作者（简称"社工"）

我国民政部对以社区居民为主要对象的社区工作者有着明确的组成划分，按照工作性质和时间的不同可以分为职业化、半职业化和非专业人员等三种，其中职业化的社区工作者指的是居委会队伍，半职业的社区工作者包括社区中介组织和社区志愿者等，非专业人员则包括相关的理论工作者或活动组织参与人员等。《社会工作者》一书中指出，社区工作者的主要职能是帮助预防、协调和解决社会问题，协助他人或其他机构来实现自身潜能的发挥和相关工作的完成，在促进社会公正的同时还应遵循助人自助的价值理念和运用科学专业的技能手段与科学方法。对于社会工作而言其既是一种助人的活动，又是一种专门的职业和专业，其中职业是指社会工作者所提供的服务应该按照职业标准进行详细的划分，专业则是指在完成社会工作的过程中相关人员必须掌握特殊的能力

---

① 马克思关于"主体"的界定是"从事一切实际活动的人。它的前提是人，但不是处在某种虚幻的离群索居和固定不变状态的人，而是处在现实的、可以通过经验观察到的、在一定条件下进行的发展过程的人"。"以一定的方式进行生产活动的一定的个人，发生一定的社会关系和政治关系。"他于1846年在《关于费尔巴哈的提纲》中写到："从前的一切唯物主义（包括费尔巴哈的唯物主义）的主要缺点是：对对象、现实、感性，只是从客体的或者直观的形式去理解，而不是把它们当作感性的人的活动，当作实践去理解，不是从主体方面去理解。"参见《马克思恩格斯选集》第1卷，人民出版社1995年版，第73、54页。

和配合专业的学习。

目前的社区工作者已经职业化但还没专业化。专业化的社区工作者不仅要面对较为复杂的社区工作内容和多样的社区服务对象，其本身还应该具有较强的专业知识和服务理念，在进行身份确定的过程中可以通过职业身份、工作内容和相关认证等三方面进行。

笔者文中的社工是指的是经过社区工作者能力培训后，掌握了一定社区工作的技术和方法的社区工作者，主要指居委会队伍。他们和专业社工机构的社工相比，区别在于他们是社区内部产生的社工，更接地气，不仅在进行社区工作或服务的过程中有较好的专业素养和掌握一定的专业知识，还有较好的本地工作、文化和生活经验。

（二）研究主题

笔者通过对我国学界对社区定义的梳理，不难发现定义纷繁复杂，从不同的研究视角和不同的学科领域出发，学者们对"社区"概念的界定各不相同。社会学界一般将"社区"界定为利益共同体，更多强调人与人之间的利益关联性；政治学界中的"社区"则强调其在政治范畴中作为地方行政区划的独立自治性；组织学界中的社区强调自组织网络；经济学界则往往将"社区"界定为物质精神等公共产品的最小消费单元。由于"事实"和"价值"两个层面的社区观一直存在着，关于社区的内涵界定在社会学和政治学等领域始终存在着严重分歧。

"在共同体存在的地方培育它，在共同体曾经逝去的地方塑造它，这才是未来产生大量社会益处的根本，这才应该是未来进步的头等大事。"[①] 人类社会生活方式的基本形态是以共同体为纽带的社区生活。笔者将社区界定为由一定规模的利益相关者群体组成的，共享着一定地域（包含着生产关系和生活设施），具有共同文化价值（自助、互助）以维系人们间的社会关系网络，形成社区认同感与归属感的社会生活共同体。

---

① 郑莉、仝雅莉编选：《和谐社会的探求——西方社会建设理论文选》，浙江大学出版社 2010 年版，第 284 页。

按照这个定义，现在的社区是有"形"无"实"的。社区本来倡导邻里互助、邻里守望，但很多社区是有居民，没有形成邻里，更谈不上互助和守望。尽管随着社区建设的发展，社区治理取得了一些成效，但也出现了很多问题。有学者指出现在的社区都是行政化社区。

关于社区公民的生成机制研究涉及社区社会组织、行政市场化改革、制度空间、社会结构等等，但是这些研究缺乏均衡性与相互关联性，本书以公民的自治需求为导向，以具体的案例分析为载体，将国家的政权构建、社区社会组织与社区公民等关联起来建构起社区公民生成的网络体系，进而提出切合实际情况的社区公民生成机制。

1. 政府"赋权增能"与社区公民生成的相关性研究

自改革开放以来，"单位制"逐渐解体，国家失去了对基层社会整合与控制的平台。正是在此背景中，社区制浮出水面，成为国家整合与控制基层社会的要件。但随着社区治理体制和模式的变迁发展，尤其是党的十八届三中全会提出了推进国家治理体系和治理能力现代化，其中社区治理作为社会治理的一个缩影也要现代化，需要政府"赋权增能"促进制度现代化和人的现代化。本书将从社区社会组织培育和管理等现实案例中来探讨国家政权与基层社会的互动关系，探寻国家治理体系现代化与社会管理的关系、社会管理的体制变迁和社区治理的模式，关注国家权力向社区渗透对社区公民生成的影响以及社区公民的发展将会面临什么样的现实语境。

2. 社区社会组织的培育与社区公民生成的相关性研究

笔者将社区社会组织分为四类：联谊类社会组织、互助类社会组织、治理类社会组织、志愿类社会组织。这四类组织对应公民生成的发展轨迹，即先学会自助，再学会助人，最后参与公共事务，培育出公共精神，逐步转变为公民。每类社会组织都有培育的操作技术流程，需要按一定的社会工作的技术和方法，才能让培育出来的这几类社会组织可持续发展。课题组在前期大量的调研和参与式社区工作者实务能力培训中，已经提炼出来了"六种技术和九种方法"。六种技术是指开放空间会议技术、参与式需求调查技术、社团孵化技术、圆桌会议技术、635点子群技术、参与式绩效评估技术,九种方法是指卡片法、归并法、打分法(如531打分)、中位数法、签名法、鱼骨图法、游戏法、心智图法和小组工作法。

3. 社工介入与社区公民生成的相关性研究

社工的介入是关键。社工主要是指从事社区工作的人员。它不仅包括专业机构的社工,还包括社区内生的社工,应重点培育社区内生的社工,因为他们更熟悉社区的实际情况,即更接地气。在培育社会组织时,应在居民参与中发现社区需求,居民需要什么组织再孵化什么组织,在民主协商中用"六种技术和九种方法"确定服务项目,在项目执行中培育社会组织,尤其是应把志愿者服务兑换机制建立起来;还要协调社会组织之间的关系,在组织协调中和谐社区关系。社工介入的过程也是社区居民转为社区公民的过程,有助于社区居民公共意识、公共精神的形成,培育他们的公共责任感,并促使他们角色的转变,最终成为社区公民,促进公民自治,达到社区治理中人的现代化。

4. 社区治理的微循环研究

在前面研究内容的基础上,提炼出社区公民生成的机制(四微机制),即从微群体到微项目,再从微项目到微社团,最后到微自治,它们构成了社区治理的微循环,并进一步探讨微循环的内在逻辑,找出每一步可操作的流程,促进社区治理,进而促进社会治理。

5. 结论

一是社区治理应走内生型城市社区治理模式。社区社工应走内生流程:政府可以鼓励居委会成员报考社工师;加强居委会成员的实务能力训练;实行社工师资格津贴;成立社区社会工作室;政府购买社区社工的创意项目,提供财政扶持;项目督导、项目评估;举办社工节,评选一系列优秀人才和成果。二是社区治理新理念应该转变成新的社区工作模式,使社区、社工、社团形成"三社互动"的机制。三是社区服务应转为公民导向,建立社区服务的多主体提供机制,提高社区服务供给水平。四是社区治理是社会化的过程。笔者还讨论了社区自治和居民自治何以可能的问题,认为:社区治理应该是多元主体参与协调的过程,尤其是公民参与的治理,只有这样,才能扩大居民参与的广度和深度,调动居民的参与积极性,引导居民学会自助和助人,进而关注和参与公共事务,促成他们公民身份的转变,促进居民自治和社区的发展;四微机制(即微群体、微项目、微社团、微自治)不仅是社区治理的微循环机制,行政管理和居民自治良性互动的操作性机制也是通过四微机制实现的;国家和社会的关系是平等合作的关系,国家向社会放权和赋权是社会成长的关键条件。

五、研究思路与研究方法

(一)研究思路与研究框架

针对我国许多城市政府部门推行的改革实验,学术界进行了大量研究(规范研究和实证研究),贡献了有价值的研究结论,这为本书的写作提供了很好的知识基础。围绕研究问题,笔者认真梳理了这些成果并尝试进行归纳整理和分析,以期在前辈理论贡献的基础上构建符合本书研究主题的分析框架。

本研究将遵循"一条主线,三个目标,三个前提假设,四个机制"展开,以社区公民生成的发展轨迹为主线,设定现实目标、理论目标和政策目标共三个目标,探索居委会包办的程度和公民的生成可能性成反比、政府管制的程度和公民的生成可能性成反比和社会工作的介入和公民的生成可能性成正比三个前提假设以及它们之间的关系,用普遍的田野调查验证和比较分析等方法,得出社区公民生成的事实逻辑与社区公民生成机制,并得出四微机制及它们的内在逻辑,从而提升居民自治的能力,达到社区治理的微循环,提出针对性、可操作性的对策建议,总体研究思路技术路线图(如图1-1):

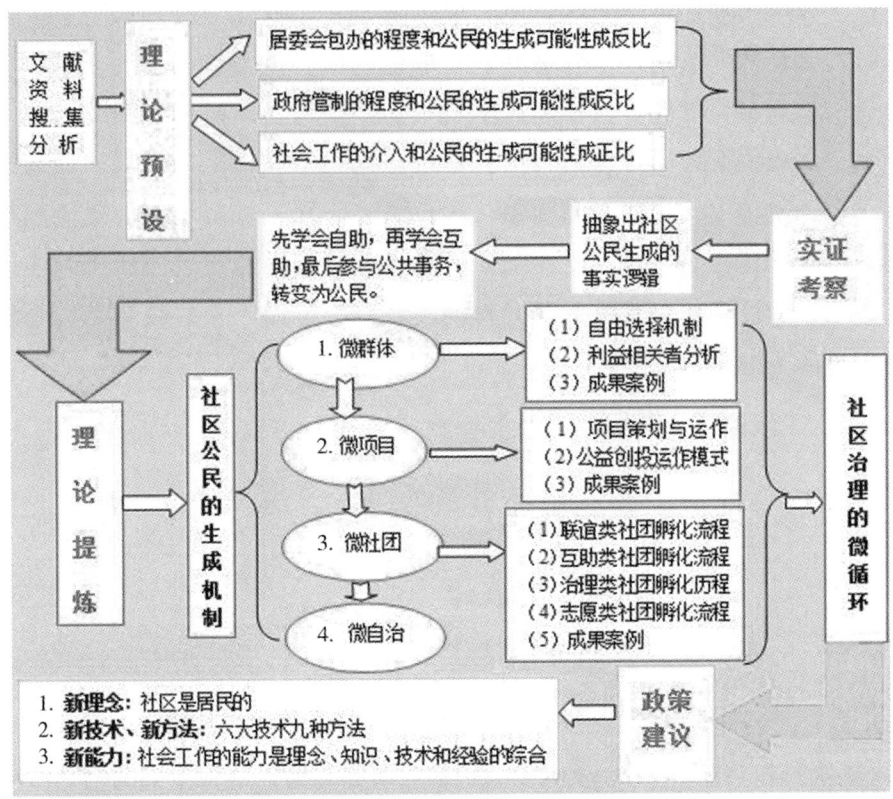

图 1-1 研究思路技术路线图

（二）研究方法

客观、全面地研究公民社区的生成机制需要有好的视角和切入点。首先就是科学工具的选择问题，即研究方法的选择。研究方法是看待客观世界和研究现实问题的工具，例如历史唯物主义、马克思主义的阶级分析方法、比较分析方法等都是有效的方法，它们为我们认识世界、改造世界提供了强大的思想武器，并指明了前进的方向。尽管社会科学的研究过程不完全受方法工具的制约，但是科学方法的指导可以避免研究异变成研究者主观臆断的错误知识的产生过程。科学的研究方法有效保障了研究结论的效度和信度，并且它让研究者在同一话语体系中对话，碰撞出思想的火花，使集体智慧更好地结晶，更有助于知识的储备、传播和发展。

选择定性研究方法的依据。布鲁斯·伯格指出："'质'就是事物是什么，怎么样，什么时候发生和在哪里发生等一系列相关的问题。因而，可以推断出，定性研究是研究关于社会现象是什么、怎么样、何时发生以及在哪里发生等相关问题的研究。"[1] 因此，选择定性研究有如下原因：一是从研究目的看，定性研究更加注重研究问题和背景之间的关系，更加注重现实问题的实际发生、发展过程以及现象对行为主体所具有的意义。定性研究的主要目标在于对被研究对象建构"解释性理解"。本研究旨在探寻社区治理转型背后的逻辑，找到公民在社区如何生成的机制。所以，定性研究更能满足本研究目标的要求。二是从研究思路看，定性研究本质上遵循归纳法，即从特殊情景中归纳出一般性的研究结论，就是所谓"从资料的阅读中产生理论假设，然后通过假设验证和不断比较逐步对研究问题作出充分和系统化的理解"[2]。本研究以笔者的参与式需求调查和观察体验为基础，以期探寻并确定本书的分析框架，扩大和修正对研究假设的理解。对社区社会组织、公民、社区以及它们之间的关系进行描述和解释。三是对本研究而言，定性研究比定量研究的优势更突出。定性研究更注重在负责的社会生活背景和心理中理解社会现象的意义；定性研究更适合在微观层面对个别事物进行深入的、多角度的分析研究，挖掘个案的典型内涵，形成对社会现象和社会事件的深层理解；定性研究注重在时间的变化中探寻事件的变化动态，注重动态考察，更有助于我们发现复杂社会现象和事件背后的内在规律。本书以阐释对象事件和验证前提假设为目标。但是，本书并不排除定量研究的分析技巧。实际的研究中，定性材料可通过定量的方法得以深化阐释，这对深挖定性材料的意义具有重要的作用。

有学者指出，科学研究的方法分三个层次："一是方法论，主要指研究的思想体系（包括基本的理论假定、研究原则、研究逻辑等）；二是研

---

[1] Bruce L.Berg, *Qualitative Research Method for the Social Science*, Allyn and Bacon Press, 1995, p.3.

[2] 陈向明：《质的研究方法和社会科学研究》，教育科学出版社2000年版，第8页。

究方式,主要指贯穿于研究过程的程序与操作方式;三是具体方法与技术,指研究的某一阶段使用的方法、工具和手段。"① 本书在方法论上,采用人文主义和实证主义相结合,利用整体主义方法论对现实生活中的宏观与微观现象进行描述性和解释性分析。在研究方式上,主要采用:第一,文献研究。依据研究主题和分析框架,梳理了国内外相关研究文献和最新成果,并分类整理分析,为论文的写作奠定了良好的理论基础。第二,多学科交叉研究。随着社会的瞬息变化,单学科在解释所有社会问题上显然很乏力。为此,笔者借鉴吸收政治学、社会学、法学、管理学、经济学、人类学等相关学科最前沿的理论,多视角全方位解读社会现象,以期有更多的学术对话和学术发现。第三,个案研究。论文围绕公民社区生成机制的一系列问题,对选取的个案进行深度剖析,以期从微观视角窥探宏观社区治理结构的变迁轨迹,找到公民社区生成的轨迹。第四,调查研究。本书研究的主题和前提假设预是在笔者已有的社会调查基础上提出的,希望通过扎实的田野调查,更加透彻地掌握现实社会中的人、行为和事件。通过第一手资料的梳理和分析研究,试图发现隐藏在复杂多变的社会现象中的本质规律。在具体方法与技术上,笔者采用实地走访观摩、问卷调查、数据统计分析、座谈讨论、深度访谈等方式,广泛收集与本研究有关的资料,并作统计分析,同时就相关问题与政府相关部门负责人、企事业单位代表、社区社会组织成员以及社区居民进行座谈,并对其中的代表人物进行深度访谈。

(三) 研究工具

案例研究以及内涵。本书选择了单案例研究。按照案例研究专家殷的观点,"所谓案例研究室遵循一套预先设定的程序、步骤,对某一经验性、实证性课题进行研究的方式"②。"案例研究的问题类型是'怎么样'和

---

① 袁方:《社会研究方法教程》,北京大学出版社1997年版,序言第1页。
② [美] 罗伯特·K.殷:《案例研究:设计与方法》(第3版),周海涛主译,李永贤、张蘅参译,重庆大学出版社2004年版,第19页。

'为什么'，研究对象是目前正在发生的事件，研究者对于当前正在发生的事件不能控制或极少能控制。"① 案例研究就是针对具有代表性的人、社会组织、社会事件等，通过系统的调研，研究者可以从价值中立的立场研究它们发生的机制和发展过程，并给出普遍性的研究结论的一种研究方式。

选择案例研究的依据。本书之所以选择案例研究这一分析工具，是因为相对于其他研究工具（扎根理论、分析性叙述等），它的优势和特征更适合本书的研究过程。选择的主要依据有：一是案例研究法适合研究的问题类型是"怎么样"和"为什么"。"实际上，对于探讨组织背景中人的关系、行为、动机和激励问题，案例研究是非常出色的研究方法。"② 在关键研究主题的束缚下，本书关注的是：居民如何变成公民？公民社区如何生成？生成的逻辑和轨迹是什么？这些问题需要深入剖析案例，探寻内在的逻辑和规律。二是从研究对象的控制程度、范围以及时代性看，"案例研究适合于研究发生在当代但无法对相关因素进行控制的事件。"③ 本项研究中，笔者仅是社区治理结构变迁的观察者和特定情景（培训会场、社区社会组织培育和督导过程）的参与者，因此从研究对象的时代性质和发生过程看，案例研究适合作为首选的研究工具。三是案例研究可综合使用资料搜集的技术和方法，验证结论的证据来源性广，包括文献、访谈记录、开放空间会议技术、参与式需求调查以及实物证据等。本研究拟采用个别深度访谈、开放空间会议技术、参与式需求调查以及文献研究法等展开数据的搜集。同时，笔者也采用了一些学者和机构的研究成果作为二手资料。笔者还采用证据的交叉印证方法，以期提高研究的效度。

---

① 〔美〕罗伯特·K.殷：《案例研究：设计与方法》（第 3 版），周海涛主译，李永贤、张蘅参译，重庆大学出版社 2004 年版，第 11 页。

② Bruce L.Berg, *Qualitative Research Method for the Social Science*, Allyn and Bacon press, 1995, p.23.

③ 〔美〕罗伯特·K.殷：《案例研究：设计与方法》（第 3 版），周海涛主译，李永贤、张蘅参译，重庆大学出版社 2004 年版，第 10 页。

案例研究的类型。依据分析单位的复杂程度和选取的案例多少，美国学者殷将案例研究分为四种类型（如表1-5所示）[①]：

表1-5 案例研究的类型

	单案例研究	多案例研究
整体案例研究	类型1	类型2
嵌入案例研究	类型3	类型4

本研究采用单案例的嵌入式研究类型（即类型3），它指具有多个分析单位的案例研究模式。本研究采用嵌入式案例研究方法，有利于探寻社区治理转型的发展轨迹，进一步发现社区公民的生成轨迹，推动社区治理模式的发展，促进社区自治。在案例研究过程中，笔者会搜集综合的调研数据来描述社区治理转型中各个行为主体之间的关系。

（四）研究环境选择

案例研究的逻辑不是统计性的扩大性推理（即从样本推论到整体），而是分析性的扩大推理（从个案上升到理论）。案例研究的实质是通过单个或多个案例的分析达成对某一类现象的有限认识。为此，本研究选择典型案例，通过对案例的深挖和数据分析，提出一般性的研究结论。[②]

"定性研究非常关注特例，并且，数据的解释往往是在个案的特例中而不是在普遍性中被认识的。"[③] 经过笔者多次的调研观察以及对各种文献的梳理分析发现，互助类社团、治理类社团、志愿类社团这三个案例可以成为一组深入理解社区治理结构变迁的典型案例。从方法论的角度看，这些案例基本满足了研究型案例的选择标准（见表1-6）。

---

① 参见〔美〕应国瑞：《案例学习研究——设计与方法》，中山大学出版社2004年版，第43页，有改动。

② 参见王巍：《社区治理结构变迁中的国家与社会》，中国社会科学出版社2009年版，第24—25页。

③ 〔美〕约翰·W.克雷斯威尔：《研究设计与写作指导：定性、定量与混合研究的路径》，崔延强译，重庆大学出版社2007年版，第158页。

表 1-6　斯蒂芬·范埃弗拉提出的 11 条案例选择标准①

案例选择的标准	本研究案例的标准符合程度(强、中、弱)
数据丰富	强
IV、DV 或者 CV 具有极端值	中
IV、DV 或者 CV 在案例中具有较大的差异	强
竞争性理论可以对案例提出不同预言	中
与当前的政策问题相似	强
具有典型案例的特征	强
适合进行案例间的受控比较	弱
其他理论无法解释的结果	强
内在的重要性	强
易于重复先前的检验	强
允许新的类型的检验	强

注：IV、DV、CV 分别代表自变量、因变量和条件变量。

六、创新之处与不足之处

（一）创新之处

1. 研究范式的创新。目前学术界对我国社区治理相关主题的学理性研究往往局限于以下两个方面：一是用西方学术理论，来解读中国本土的实践；二是用中国个别案例，来验证西方某一理论。这两种研究总体上都是从西方研究范式出发，来阐释中国社区治理的实践，容易不接"地气"，

---

① 原表来源于斯蒂芬·范埃弗拉：《政治学研究方法指南》，北京大学出版社 2006 年版，第 84 页。

水土不服。本书拟通过研究范式的转换,从中国的实践中提炼出本土的理论,来研究中国特色的社区治理主题。范式转换的实质是提出一套新的分析问题和解决问题的方法。①

2. 研究思路的创新。目前学术界对社区治理中居民转变为公民的研究系统强还不够强,针对社区居民转变为社区公民的生成机制的研究也较少。有一些学者进行的专题研究,容易陷入"教材式"困境。本书转换研究思路,以问题意识为导向,从我国社区治理的现实困境出发,分析困境的表现、原因及其影响,并围绕二次赋权,从三个典型案例中分析社区公民生成的事实逻辑,进一步提炼社区公民生成的机制。

3. 研究素材的创新。社区治理研究容易因为难获得充分的"第一手资料"、"全面的数据"等而显得空洞无力。本书努力有以下突破:一是对社区治理的文献、相关政策文件等进行全面梳理;二是笔者所在中心,是民政部社区建设的研究基地之一,从社区建设在全国推进开始就专门从事社区建设研究,获得了大量全国层面的数据,本书运用了其近十年来的数据库资源,并进行了历时性和共时性统计分析整理,从中抽选与本书主题相关的资源;三是运用了笔者及所在中心团队进入"第一现场"获得的大量实证调研资料。

4. 研究方法的创新。本书综合运用了个案研究、定量研究、实地调查研究和文献研究方法,尽可能做到规范研究与实证研究的有机结合,补充了以往研究中从纯文本意义上研究马克思主义中国化的研究方法,基本实现了多方法研究。

5. 理论观点的创新。通过社区治理中社区公民生成的机制研究,提出了具有中国特色的社区公民生成机制理论,并认为其是中国特色社会主义理论体系的重要组成部分,是对马克思主义理论在当代中国的运用和发展。

---

① 参见〔美〕托马斯·库恩(Thomas S.Kuhn):《科学革命的结构》,金吾伦、胡新和译,北京大学出版社 2003 年版。

（二）不足之处

第一，笔者尽量做到对我国社区治理从理论和实践上进行全景把握，但由于个人能力有限，未免会有不足之处。本书侧重从整体上研究社区公民生成的路径和机制，没有过多分析全国不同社区之间的差异性。

第二，本书中的几个案例具有点状特征，但是从面上的辐射能力还需要实践去检验。笔者从个案当中深挖了它内在的特征，但还需要以后通过更多的案例呈现的特征，来进一步总结共同的特征。本书注重实践层面的可操作流程，虽然也提炼了公民生成机制的理论，但提炼的不够深入。限于我国社区建设起步较晚，目前还处在本土理论和实践的探索阶段，且由于材料掌握和理论功底不够，本书对社区公民生成机制理论的把握也需要验证和完善。

第三，受内容边界的限定，主要针对的是城市社区治理的研究，对农村社区治理的理论和实践缺乏研究。因此在研究内容和研究结论上亦可能具有一定的不完善之处。由于笔者能力所限，本书在语言表述和观点论证上还存在不足之处，尚需进一步完善提高。

第二章　我国城市社区管理体制和治理模式的理论基础和变革历程

一、城市社区管理体制和治理模式的理论基础

(一) 马克思主义和谐社会理论

马克思主义和谐社会理论是指以科学实践观为基础，以人自身、人与人、人与社会、人与自然和谐的诸多关系为主要内容的理论。首先是人自身和谐。它是最基础的内容，是组成社会和谐的最基本单元，是人与人的和谐、人与社会和谐、人与自然和谐的根本前提。只有个人拥有健康的身体、较强的才能和较好的精神素养，才能处理好人与社会、人与自然的关系。其次是人与人的和谐。马克思指出，人作为生物个体存在，是社会的人，只有真正融入社会中才是真正意义上的人。人的社会关系只有得到了丰富与发展，人的全面发展才有可能实现，人才能"终于成为自己的社会结合的主人，个人也就成为了自然界的主人，成为自身的主人"①。只有这样，才能实现人与人的和谐。再次是人与社会的和谐。马克思认为，人既

---

① 孙寅生：《构建社会主义和谐社会的哲学意蕴》，载《中共贵州省委党校学报》，2005年第1期。

不是抽象孤立存在也不是纯思辨的形而上学的东西,而是现实的社会存在物。"人不是抽象的蛰居于世界之外的存在物,人就是人的世界,就是国家,就是社会。"① 作为社会化的动物,人的社会属性只有通过参与社会生产和社会交往才能体现。人只有在社会这个大舞台上,才能完成知识的积累、才能的提升、潜力的发挥、人生价值的体现。和谐社会的内涵就是要理顺各种社会关系,正确处理各种社会矛盾,为个人自由而全面的发展创造良好的环境。最后是人与自然的和谐。作为马克思主义的和谐社会理论中最重要的内容,它是指人在成为社会存在物之前,是自然界长期发展的产物。人作为一个生命组织,只有依靠自然界生存,在自然界中才能自我实现。人类在社会实践活动中,只有在尊重自然规律的基础上发挥人的主动性,才能实现人与自然的和谐。社会主义和谐社会理论,是党的理论创新的新成果,是对当代中国马克思主义的新发展。构建社会主义和谐社会不仅是对马克思和谐社会理论原则的继承,又是以新的内容丰富和发展了马克思主义的和谐社会理论。②

(二)公民治理理论

20世纪90年代,公民治理理论由美国的著名学者博克斯在其扛鼎之作《公民治理:引领21世纪的美国社区》一书中进行了比较完善的建构。它是在新公共管理理论某些缺陷的批判中构建的,并在此基础上有所超越,是一种新型的公共行政价值观。公民治理是公民社会的系列理论之一。该理论特点是从"官僚中心"行政模式转变为"公民中心"治理模式。博克斯认为,21世纪将是以公民治理为中心和主导的时代。③ 在这本书中,他首次建构了21世纪美国社区的新型治理模式。公民治理理论仍

---

① 贾华强、马志刚、方拴喜:《构建社会主义和谐社会》,中国发展出版社2005年版,第78页。

② 参见张雪:《公民治理理论视角下居委会角色的调整及重塑》(硕士论文),重庆大学2012年4月。

③ 参见〔美〕理查德·C.博克斯:《公民治理:引领21世纪的美国社区》,孙柏瑛等译,中国人民大学出版社2013年版,译者前言第2页。

然坚持规模原则、民主原则、责任原则、理性原则①，重新定位公民、代议者、公共服务职业者角色。博克斯的公民治理模型的三个价值是："地方控制而不是州或国家级政府控制的公共治理"、"小型而富有回应性而不是庞大而臃肿的政府"、"公共服务职业者是公民的咨询者和帮助者，而不是公共组织的控制者"。② 具体是指："促使人们回归地方控制"③，"而州政府和国家政府仅仅履行那些为数有限的、特定的功能，并且这些功能十分关键（例如国防），又是地方政府或州政府难以履行的"④；"应建立瘦型而有效能的政府组织，以积极回应公民的要求"⑤；"应该将科学管理的原则注入到公共组织中……使用经过专业训练的职业人员而不是政治任命官员来执掌公共服务的事务"⑥。

第一，公民资格。博克斯对于公民资格的观点主要表现在三种基本的公民资格角色中，即"搭便车者"、"看门人"和"积极参与者"。搭便车者对社区的事务了解极少，也不想要参与社区管理事务，而是让别人作为他或她的代理人代为履行其作为公民应有的权利和义务，因而只是一个纯粹的公共服务的"消费者"⑦；"看门人"虽然对于社区的事情和政治非常关注，但只有当他们自身的权利受到侵犯，或者一些其他事情影响到他们

---

① 参见〔美〕理查德·C.博克斯：《公民治理：引领21世纪的美国社区》，孙柏瑛等译，中国人民大学出版社2013年版，第14页。
② 〔美〕理查德·C.博克斯：《公民治理：引领21世纪的美国社区》，孙柏瑛等译，中国人民大学出版社2013年版，第2页。
③ 〔美〕理查德·C.博克斯：《公民治理：引领21世纪的美国社区》，孙柏瑛等译，中国人民大学出版社2013年版，第5页。
④ 〔美〕理查德·C.博克斯：《公民治理：引领21世纪的美国社区》，孙柏瑛等译，中国人民大学出版社2013年版，第4页。
⑤ 〔美〕理查德·C.博克斯：《公民治理：引领21世纪的美国社区》，孙柏瑛等译，中国人民大学出版社2013年版，第6页。
⑥ 〔美〕理查德·C.博克斯：《公民治理：引领21世纪的美国社区》，孙柏瑛等译，中国人民大学出版社2013年版，第7页。
⑦ 参见〔美〕理查德·C.博克斯：《公民治理：引领21世纪的美国社区》，孙柏瑛等译，中国人民大学出版社2013年版，第47页。

第二章　我国城市社区管理体制和治理模式的理论基础和变革历程

的生活时，他们才会亲自去管理①；而"积极参与者"则"致力于主动参与公共生活，他们参加社区理事会或委员会，出席社区的相关会议，在社区的政策制定和执行中扮演重要角色"②。在这三种类型的公民中，"有时，'搭便车者'和'看门人'更多地从经济角度来认识社区，把社区当作一个'服务包'，而不是像家庭那样获得个人认同的地方。如果他们对社区采取的公共政策行动非常不满，他们就会离开这个社区，搬到一个更能符合他们服务要求的地方。"③公民治理理论旨在确立积极的公民资格模式，即民众投身于思考、设计，影响公共部门决策制定，至少在一定程度上，满腔热情地考虑公共利益。④积极的参与者关心且重视社区的成长与发展，希望自己能在社区事务中起到积极和持续的影响。公民资格意味着创造公民参与的结构，激发自主治理的激情。公民具有积极、能动的公民资格，他们已经不仅仅是"纳税人"和公共服务的消费者，更是社区公共事务管理的直接参与者，是社区的"治理者"。⑤博克斯在书中提出应成立若干个公民委员会，"每一个公民委员会都有既定的权威程度、选择成员的方式、成员任期等"⑥。公民和行政官员之间形成相互的信任和公开对话的认知，共享各种资源信息和由此产生的价值，把公民的期望和职业者的专业知识以及经验有机结合起来。

---

①　参见〔美〕理查德·C.博克斯：《公民治理：引领21世纪的美国社区》，孙柏瑛等译，中国人民大学出版社2013年版，第47页。

②　参见〔美〕理查德·C.博克斯：《公民治理：引领21世纪的美国社区》，孙柏瑛等译，中国人民大学出版社2013年版，第99页。

③　Ostrom, Tirbout, and Warren 1961; Tiebout 1956. 转引自：〔美〕理查德·C.博克斯：《公民治理：引领21世纪的美国社区》，孙柏瑛等译，中国人民大学出版社2013年版，第47页。

④　参见〔美〕理查德·C.博克斯：《公民治理：引领21世纪的美国社区》，孙柏瑛等译，中国人民大学出版社2013年版。

⑤　李艳霞：《转型期中国公民治理的主体性制约要素分析》，载《东南学术》，2007年第3期。

⑥　〔美〕理查德·C.博克斯：《公民治理：引领21世纪的美国社区》，孙柏瑛等译，中国人民大学出版社2013年版，第62页。

在新公民资格的视野里，公共行政角色是转换型的、促进型的公共服务者；是任务导向与平衡的会议召集者，以及一位倾听的行政者；① 公共行政的民主化意味着创造条件让公民与公共服务者一起讨论、决定与执行公共机构的工作。② 需要指出的是，这里所谓的积极行政并不是加强行政权力，而是积极主动地去培育公民和行政官员相互合作的环境，培育新的积极的公民资格。③

第二，选择服务。在公民治理时代，民选产生的核心治理主体必须应遵从于民主和责任原则，这就涉及代议者的角色和作用需要变革的问题。随着政府组织规模的日益庞大和其复杂性的不断加深，现代社区，即使是最小的社区，也都不得不采纳代议的政府形式，而不是直接民主。代议者也就是指所谓的民选代表，他可以选择作为民众的代理人，努力感知大多数公众的要求并据此来获得选票；或者他可以选择作为公共利益的受托人，发现界定社区发展有效的长期愿景的途径。④

如同公民资格，管理当局也有三种基本类型：代理人、倡导者和受托者。代理人的管理当局通常寻求执行大多数民众的意愿，同时会听取那些非常关心管理当局政策选择的绝大多数人的要求；倡导者的管理当局选择追求特定的目标，在推进政策或者获得某种政策结果时往往显现出某种特殊利益，对政策导向也表现出了很明显的倾向性；受托人的管理当局则力求确定某项被公认为代表了公众利益的公共政策，将其自身的角色和作用看作是界定和执行广泛的公共利益，公众在社区的事务管理中被赋予了充

---

① 参见吴菲：《博克斯公民治理理论视角下城市社区治理问题研究——以聊城市蓝山社区为例》，辽宁大学硕士学位论文，2014年5月。
② 参见吴菲：《博克斯公民治理理论视角下城市社区治理问题研究——以聊城市蓝山社区为例》，辽宁大学硕士学位论文，2014年5月。
③ 参见吴菲：《博克斯公民治理理论视角下城市社区治理问题研究——以聊城市蓝山社区为例》，辽宁大学硕士学位论文，2014年5月。
④ 参见〔美〕理查德·C.博克斯：《公民治理：引领21世纪的美国社区》，孙柏瑛等译，中国人民大学出版社2013年版。

第二章 我国城市社区管理体制和治理模式的理论基础和变革历程

分的知情权，政策也代表了社区多数民众的意愿。①

公民委员会实施服务监督功能，使管理当局的角色变迁进入了一个新的阶段，扩大了公民参与政策制定和执行的基础，但是权力的委托——代理问题依然存在。我们总是把管理当局看作是做出最重要决策的地方，但是所有有关社区服务的决策都集中于一个机构时，势必会违反个人知识局限性思想以及责任合理性原则，同样也会违背民主原则。所以，在这里博克斯向我们介绍了另一部分被称为"社区协调委员会"的公民治理模式。这一角色性的转变使管理当局的功能从原有的核心决策主体成为公民参与、公共政策制定、政策或项目执行的协调人。②

对于社区协调委员会，政府往往不能自作主张，尤其是有关社区民众根本利益的政策。相反，它们需要向公众传递政策方面的议题，为社区的公众创造条件，使他们可以充分地了解和关注一些信息及问题，同时要积极促进公民同行政机构的接触，要使公民在其已经确定的偏好中来进行选择，并非按照自己的意志去做出决定。协调委员会应作为公民的代表机构存在，其成员也应通过创造与维持公开对话和保证自主治理的方式来表达公众的利益。③ 在这种治理体系中，决策所呈现出的规模原则往往是在"最低"层次上所做出的，这就为公民的参与、民主原则的实现提供了机会。那些民选代议者将更多的政策权交给公民团体，而自己的工作则更加侧重于协调和联合共同行动。④ 他们还要确保公民委员会将不会成为利益集团或公共服务职业者的代言人，而是时刻将最广泛的民众利益放在心上，以保证责任原则的实现。当公民在认真细致地研究公共政策方面的问

---

① 参见吴菲：《博克斯公民治理理论视角下城市社区治理问题研究——以聊城市蓝山社区为例》，辽宁大学硕士学位论文，2014年5月。
② 参见〔美〕理查德·C.博克斯：《公民治理：引领21世纪的美国社区》，孙柏瑛等译，中国人民大学出版社2013年版，第75页。
③ 参见〔美〕理查德·C.博克斯：《公民治理：引领21世纪的美国社区》，孙柏瑛等译，中国人民大学出版社2013年版，第75页。
④ 参见〔美〕理查德·C.博克斯：《公民治理：引领21世纪的美国社区》，孙柏瑛等译，中国人民大学出版社2013年版，第76页。

题以及其所在社区的发展前景时，管理当局在角色上的转变以及与公民关系之间的改善就可以促使他们做出更加理性的决策，因此也体现了理性原则。①

第三，公民治理的职业训练。伴随着社区的不断壮大，职业者已不再把公共服务当成一种兼职活动，而是把自己的工作生涯投身于公共服务中，其角色也已经不同于接受服务的人了，其工作要被民选代表、公民、同事等来评价。每个职业者角色从属于治理成员对角色设定的改变，从属于对职业者角色感知变化的事件，从属于社区的需要，或者从属于职业者与治理成员就角色设定进行的协商的内容。② 公共服务职业者追寻一系列实质性的职业目标，有价值中立（将政策的制定与执行相分离）、合法性（建立公共行政的权威和地位）、可持续性（寻求经济发展与环境保护之间的平衡）、社会公平（寻求如何应对经济体系对处在底层的民众的影响）以及促进公民的话语权（为自主治理创造公开和接纳公民参与的机制）等目标。③

博克斯根据职业者所参与的有关公共政策的过程，将其角色分为三类，分别是执行者、控制者与帮助者。执行者和控制者分处于试图作为影响公共政策的职业角色的两极，而帮助者则处于两极间的无数多个中间点角色中的一个。执行者角色一般提供职业化的服务，对于合法的政策决定都忠实地履行，同时尽可能地远离因为公共政策制定可能会带来的麻烦和危险，属于传统的价值中立型。控制者角色有时会超越他们被预期所限定的职业者角色，试图通过影响上级、代议者及公民及的态度，而影响公共政策过程或者结果。帮助者角色同执行者角色一样，也会提供职业化的服务，但是他们更关心实质性的政策，更愿帮助公民实现真

---

① 参见吴菲：《博克斯公民治理理论视角下城市社区治理问题研究——以聊城市蓝山社区为例》，辽宁大学硕士学位论文，2014年5月。

② 参见〔美〕理查德·C.博克斯：《公民治理：引领21世纪的美国社区》，孙柏瑛等译，中国人民大学出版社2013年版，第101页。

③ 参见吴菲：《博克斯公民治理理论视角下城市社区治理问题研究——以聊城市蓝山社区为例》，辽宁大学硕士学位论文，2014年5月。

第二章　我国城市社区管理体制和治理模式的理论基础和变革历程

正的公民自我治理。他们往往通过为代议者解释公众的意愿，向公民提供进行理性决策所必需的专业知识，以及对政策制定和执行过程中的监控，来保证公民参与的对话机制，对于政策的制定和执行起到了积极的推动作用。①

公民治理理论中被称为公民治理的职业训练，就是刚刚提到的公共服务职业者中的帮助者角色。现代的公共服务职业者，简单说来就是政府的工作人员。他们让渡了控制政策制定过程的权力，与公民沟通成为治理制度的本质，其中包括帮助公民增加话语权来达成政策结果。这不仅符合大多数人的意愿想法，同时也在一定程度上尊重了弱势人群的利益。②

公共服务职业者角色既有着专业的知识，又担负着特别的责任。责任要求他们不仅要服务某个人、某个群体，同时也应更好地服务于那些提供对于决定社区集体行动至关重要的话语权机会的目标。他们为了满足社区治理的民主原则和理性原则，为自由开放的话语权获取提供了最好的机会，实实在在地起到了作为帮助者的帮助作用。③

第四，公民治理理论的原则。20世纪初，随着行政国家膨胀，行政环境发生巨大变化，传统的价值因素受到很大冲击，逐渐被集权、大型政府、专业人员等观念取代，公共事务逐渐成为职业政治家与专业行政人员的专属，而最应该参加公共事的公民只能被动接受政府所给予的结果。正是在这样的背景下，博克斯才提出构建"公民治理"这一基于公民对公共事务（尤其是社区事务）参与的合作治理模式。这一模式重新赋予公民及行政人员新角色，试图从过去的经验中总结可行的价值与规范，以期构建

---

① 参见吴菲：《博克斯公民治理理论视角下城市社区治理问题研究——以聊城市蓝山社区为例》，辽宁大学硕士学位论文，2014年5月。
② 参见吴菲：《博克斯公民治理理论视角下城市社区治理问题研究——以聊城市蓝山社区为例》，辽宁大学硕士学位论文，2014年5月。
③ 参见吴菲：《博克斯公民治理理论视角下城市社区治理问题研究——以聊城市蓝山社区为例》，辽宁大学硕士学位论文，2014年5月。

21世纪的行政模式,并重新找回民主的本质。①

针对社区公民治理模式,博克斯提出应当践行四个原则:一是适度规模原则。有些政策属于全国性的,有些则适合地方特点,政策范围应视议题性质而定。二是民主原则。公共部门应重视对人民需求的回应。三是问责原则。居民是社区的拥有者,职业政治家及专业行政人员的功能是给予支持和协助,而不是高高在上和发号施令。四是理性原则。必须认识到决策是极其重要的工作,需要花费时间审慎思考,同时要给人们表达自己与听取别人的机会,并应尊重他人的观点。②

第五,公民治理与居民参与。居民参与作为公民治理理论的重要制度设计之一,实践中它也是公民治理的核心机制。公民参与的过程也是现代公民张扬自主个性、行使权利、发挥主观能动性和实现主体性的过程。公民应该具备现代公民意识和健全的公民资格,体现其中心和主体的地位。公民资格是实现公民治理的最根本的基石。

"参与"从字面看是指对于某种行动的分享,即为了落实民主政治、追求公共利益及实现公民资格,由公民个体或团体通过多种渠道,参与所有公共事务的决策与执行。公民先从日常与自己关系紧密的地方性事务参与,再逐步扩大到全国性的公共事务参与。③

居民参与作为现代民主政治的一种具体表现形式,包括直接参与与间接参与。从一般意义讲,公民的直接参与更容易实现民主。博克斯认为,21世纪将是公民治理的时代。公民将会有深入地参与社区事务的意识,并自我决定社区的未来愿景和达致愿景所必需的社区政府结构。20世纪那种从扩大中央控制结构与追求效率着手的行政改革观念和做法,在21世纪将被彻底颠覆,政府形态将恢复到以公民为中心的结构。同时,过去被视为

---

① 参见谌书琪:《城市社区自治中居民参与的问题及对策研究》,中南大学硕士学位论文,2013年5月。

② 参见 Richard C. Box, *Citizen Governance: Leading American Coiu Bunities into 21st Centuries*, California: SAGE Publications Inc. 1998. pp.19-20。

③ 参见谌书琪:《城市社区自治中居民参与的问题及对策研究》,中南大学硕士学位论文,2013年5月。

主导政府行政的职业政治家与专业行政人员的角色也会有所改变，在以公民治理为主的结构下，他们只是作为日常运作的专家顾问与管理者。①

（三）公民参与理论

最先阐释公民参与理论的是谢尔·阿斯汀。他指出："公众参与是一种公民权利的运用，是一种权力的再分配，使目前在政治、经济等活动中无法掌握权力的民众意见在未来能有计划地被列入考虑。"②《布莱克维尔政治学百科全书》则重点指出两类公民参与：充分的公民参与和有限制的公民参与。随后，米尔巴斯、亨廷顿、佩特曼等学者对公民参与理论进行了更深入的研究，其代表成果分别为：《政治参与》、《变革社会的政治秩序》、《参与和民主理论》。国际公民参与协会围绕政策从多个层面对公民参与下定义：在公共政策的制定过程中具有发言权；能够对公共政策的制定产生实质性影响；公民参与淡化了特权的决定性角色，肯定了更多利益主体的利益诉求，并对该诉求进行沟通和适度满足；公民参与的参与更具有开放性，允许更多的主体参与其中；参与过程能够清晰定义公民参与的机制和方式。③

公民参与主要有三个基本要素：一是参与主体。公民参与的主体是拥有参与需求的公民，包括作为个体的公民和个体公民组成的各种民间组织。二是参与领域。它主要是指公民参与的公共领域，以公共利益和公共理性的存在为主要特征。三是参与渠道。社会提供各种各样的渠道，通过这些渠道公民去影响公共政策和公共生活。④

---

① 参见谌书琪：《城市社区自治中居民参与的问题及对策研究》，中南大学硕士学位论文，2013年5月。

② Sherry Amstein, "A Ladder of Citizen Participation", *Journal of American Institute of Planners*, 1969. Vol.35.

③ 参见房秀兰：《居民参与社区治理的理性思考——以苏州H社区为例》，苏州大学硕士学位论文，2014年4月。

④ 参见谌书琪：《城市社区自治中居民参与的问题及对策研究》，中南大学硕士学位论文，2013年5月。

公民参与中最主要的形式是政治参与（即参与国家的政治生活和政治决策），因此有学者把公民参与等同于政治参与。但是，公民参与和政治参与之间不能完全画等号，公民参与的范围比政治参与更大。除政治生活外，公民参与还应该包括公共的文化生活、经济生活和社会生活。尤其是随着社会的迅速发展，公民参与的范围不断扩大，已经不限于国家的正式领域，反而逐渐扩大到社会的非正式领域。对政治国家和社会而言，公民参与都是实现善治的必要条件。总而言之，只有通过公民参与，民主政治才能真正运转起来。可以说，没有公民参与就没有民主政治。①

梳理学界已有的成果，笔者认为公民参与（又称为公共参与、公众参与）是指在现在民主政治发展的进程中，赋予公民参与的权利，以影响公共政策和公共生活的一切活动，它是现代民主政治的主要发展动力。本书提到的公民参与主要指公民在社会生活领域的参与，尤其是公民在社区的参与情况。

（四）增权理论

在西方国家，增权理论（empowerment theory）被应用到社会学、政治学、教育学的研究和实践中，随后被研究学者引入到中国，主要应用于社区、家庭、群体和个人中，就是通过各种途径提高个人的社会能力，充分挖掘自我潜能，对于社会的持续发展有极大的促进作用。增权理论包括权力、无权、去权以及增权等概念。② 权力是指个人或群体影响其他人或组织态度和行为的能力，无权指权力的丧失，而去权是无权的结果，即个人被去权后开始自我贬低甚至失去参与事物的信心和意愿。③ 而增权就是为了改变这种状态，通过外部干预帮助个人或群体增加对权利的认识，增强

---

① 参见谌书琪：《城市社区自治中居民参与的问题及对策研究》，中南大学硕士学位论文，2013 年 5 月。

② 参见左冰、保继刚：《从"社区参与"走向"社区增权"——西方"旅游增权"理论研究述评》，载《旅游学刊》，2008 年第 4 期。

③ 参见郭华：《增权理论视角下的乡村旅游社区发展——以江西婺源李坑村为例》，载《农村经济》，2012 年第 3 期。

他们的能力,从而减少或消除无权感的一个过程。① 增权实现的前提是依靠努力能够改变无权状态。而增权的关键在于引导个人或群体以积极乐观的态度处理事务,提高个人能力和权利意识,从而实现权力关系的平衡。② 由此可知,增权是一种以无权、去权的个人或群体为服务对象,采取各种举措引导其积极乐观面对事务,提高其能力,赋予其权利,消除其无权感的增权过程。

二、我国城市社区管理体制的变迁轨迹

(一) 单位与单位制

"单位"在中国是十分具有特色的一个概念。它主要指"我国各种社会组织所普遍采取的一种特殊的组织形式"③。单位作为计划经济时代的产物,肩负重要的使命,是城市居民生活的主要依靠。城市居民的生老病死、衣食住行都与单位紧密相连。个人隶属于单位,单位直管个人,若个人没有单位依靠,就是流民。国家正是通过单位,实现对社会的直接管理。这是计划经济时代所采用的管理城市居民的主要制度和方式。它具体表现为"党和国家的政策规定、计划指标以及行政命令按照行政隶属关系下达到各个单位,再通过各单位的具体执行而贯彻于全社会。离开单位,我国社会就无法正常运转"④。

国家牢牢掌控所有社会资源,采用单一的行政力量主导单位,单位多变成行政组织的"大腿",传送这些资源到城市居民中,居民多依靠单位,

---

① 参见 Zimmerman M.A., Taking a Impowerment Research: On the Distinction Between Psychological and Individual Conceptions, *American Journal of Community Psychology*, 1990(18), pp.169—177.

② 参见聂玉梅、顾东辉:《增权理论在农村社会工作中的应用》,载《理论探索》,2011年第3期。

③ 路风:《单位:一种特殊的社会组织形式》,载《中国社会科学》,1989年第1期。

④ 路风:《单位:一种特殊的社会组织形式》,载《中国社会科学》,1989年第1期。

不享有参与权、决策权和自治权。城市居民委员会基本无立足之地，成了摆设。

梳理我国城市基层社会管理体制变迁的脉络，不难发现，我国城市基层社会管理体制变迁的路径是从单位制到街居制，再到社区制。虽然早在1954年，我国就通过《城市街道办事处组织条例》和《城市居民委员会组织条例》，从法律上确立了街道办事处和居民委员会在城市基层管理中的地位和职能，这标志着街居制已经成为我国城市基层社会管理体制的重要内容。但从现实情况看，改革开放前的相当长一段时期，街居制并未充分发挥它的作用和功能，光芒被单位制所掩盖。一直到改革开放后，随着计划经济体制的改革和单位体制的解体，街居制才又重新回到了它的舞台，占据了一席之地。因此，我们认为城市基层社会管理体制变革之路的起点是单位制。

追溯单位制的源起，它来自中国共产党在战争年代形成的一套特殊的管理体制，即"公家人"管理，主要对以共产党员为核心的公职人员（包含党群团体、军队、政治机构和公营企事业中的成员）实行供给制。供给制的范围包括衣、食、住、行、学、老、病、死、伤残等，根据每个人的职务和资历制定不同等级的供给标准。新中国成立后，供给制逐步改成了工资制，但"公家人"管理模式通过单位制度得到延续。

从制度和组织的关系分析，"单位制"是维持"单位"内外权力关系、配置资源和权力、分配社会福利和制定各种规则的系统制度，而各种"单位"则是运作这些制度的主要角色。[①] 在单位制下，单位有如下功能[②]：

一是单位属于政治型组织，它的使命是对员工进行教育和有效政治控制。中国的政治组织结构是国家（政府）—单位—公民（个人）。"国家依靠单位体制和对单位的严密控制实现社会和政治的整合。单位是国家政权的一部分，国家通过单位对社会成员进行经济、政治以及思想的管理，

---

① 陈伟东：《城市社区自治研究》，华中师范大学博士论文，2003年4月。
② 参见魏娜：《社区组织与社区发展》，红旗出版社2003年版，第88—90页。

进而达到控制社会的目的。"①

二是单位是分配资源和调控资源的组织。著名社会学家费孝通指出："改革前，城市居民大多被纳入行政化或准行政化的单位之中，而统揽全部社会资源的政府（或称）国家则依据各单位的性质和规模进行有计划的资源分配。在这种情况下，居民生活对单位的依附性很强，任何个人一旦离开单位组织，就如同沙滩枯鱼，虽说枯鱼之间的相濡以沫尚能苟延，但终究活不长久。"② "在社会长期发展的过程中，单位构成基本的调控单位和资源分配单位。"③ 政府通过单位实现社会资源的分配，在政府的统一控制下，单位组织的资源来源于政府，政府统一规定分配制度，单位只起辅助政府进行资源分配的作用。单位组织的资源来源于政府的分配，个人的资源来源于单位的分配，这种分配关系形成了一个显著的依附链条：个人依附单位，单位依附国家。

三是单位又是一个社会组织。单位相当于一个"微型社会"，肩负着社会组织的一切功能。单位承担着本来应该由社会组织承担的一切职能（包括医疗、福利、子女教育等），单位变成了一个"五脏俱全"的小社会。对于单位成员来说，"单位作为其成员的社会生活场所的意义，日益超过了它作为劳动组织或工作组织的意义；单位为其成员提供福利的意义，日益超过了它的社会专业分工的意义。"④

四是单位是一个教育组织。单位需要肩负一定意识形态的教育功能。政府和政党通过单位的教育，统一人们的思想，并通过单位进行有效的动员，使人们逐渐形成统一的思想意识和行为规范，否则要受到单位的"教育"。

国家通过各种形式组建"单位"，形成独特的"单位人"（以依附性而不是自主性为特征的社会成员）和"单位社会"（整个社会是以"单

---

① 顾昕：《单位福利主义与中国的"制度性失业"》，载《经济社会体制比较》，1998年第4期。
② 费孝通：《社区自理开篇》，载《社会》，2000年第10期。
③ 王沪宁：《从单位到社会：社会调控体系的再造》，载《公共人力资源》，1995年创刊号。
④ 李路路、李汉林：《中国的单位组织》，浙江人民出版社2000年版，第244页。

位"为基本细胞组成的一个紧密"蜂窝结构")。①

除此之外,从某种意义上说,单位制是为了应对新中国成立后的严峻形势而选择的一套社会组织体系。单位制是在当时高度集权的政治体制、高度集中的计划经济体制以及整个社会秩序的背景下应运而生的,它发挥了重要的功能作用,具有重要的历史意义,包括进行广泛的政治动员、促进经济发展和强化社会控制等。同时,它也有很多弊端。首先,通过严密的单位组织系统,使国家具有超强的动员能力,以达到某些经济建设和国家发展目标。其次,单位制的高度组织化,改变了国家—民间精英—民众的三层结构,变为国家—民众的两层结构,国家可以将各种信息直接传达到民众手中,但却没有有效的形式实现民众自下而上的沟通,社会秩序完全依赖国家控制的力度。

(二) 单位制弱化的发展演变历程

有学者梳理了单位制弱化的演变阶段,其演变过程是:单位对政府的依赖减弱,单位功能增强——单位成员对单位的依赖性减弱,单位制功能衰退。② 具体发展演变历程是:

第一阶段:政府维持单位财政的能力下降,单位能力强化。

一是中国各级政府对单位采取全额资金提供的能力下降,默许各单位利用他们所掌握的公共物品进行创收活动。随着各个单位创收活动的开展和"小金库"(即未纳入预算内由单位自己来支配的收入)的充实,使政府对单位的控制力减弱,单位能力增强。二是单位演变成一个具有一定独立性的利益小集团。由于各个单位之间的实力悬殊,掌控公共物品的能力不同,权力差异较大,使单位间的差距逐渐变大。有些单位为了给自己的职工谋取更多的利益,占用公共资源,形成单位间的不平等。三是单位权力的增强,单位内的成员更加依附于单位。这是单位制弱化进程中的特殊阶段。

---

① 陈伟东:《城市社区自治研究》,华中师范大学博士学位论文,2003 年 4 月。
② 魏娜:《社区组织与社区发展》,红旗出版社 2003 年版,第 90—93 页。

第二章 我国城市社区管理体制和治理模式的理论基础和变革历程

第二阶段：改革开放的深入推进，政企、政社的关系逐步得到改善，单位制开始衰落。

一是产权制度结构的调整，加重了政府与企业、事业单位的分离。单位产权是社会主义国家产权结构层次比资本主义国家产权结构层次多出来的一个中间层，它以福利产权为特征，以单位（企业或事业单位）经营公共物品为基础发展起来的特殊产权。中国的单位产权结构的调整经历了渐进改革的制度演变历程。从政企分开到企业组织合法地位的确立，再到国有企业产权的逐渐明晰以及企业合法地位的法制化，事业单位从政府的附属组织转变为专业性社会组织。

二是分配制度转为货币化，进而利益调整从隐性向公开、从体制内向体制外推荐，单位的保障功能逐渐失去作用。传统的公有制下，货币工资和实物分配占据同样重要的地位，甚至福利性实物分配更重要，例如住房、医疗等。单位在实物分配中占据核心地位，不同单位的经济社会地位不同，从而获取社会资源的能力差异明显，造成不同单位成员在享受社会资源分配上的不平等。尤其在福利实物分配中，一些"实惠"单位的职工比"非实惠"单位的职工获得更多的实物分配利益，这更加表明单位制的实质是表面的收入分配公平掩盖了实际的不公平。与此同时，单位的各种创收和"小金库"对政府集中分配社会资源造成巨大冲击。政府分配制度从货币和实物形式的福利分配为主调整为以货币分配为主的改革，使福利分配的单位制向社会化转变。以上这些因素构成了单位制分化解体的关键因素。

福利分配货币化制度的改革还有更重要的意义，主要表现在以下几个方面：第一，它让政府（包括单位）丧失了从经济上控制单位成员和社会群体活动的具体手段，单位成员对单位的依赖性逐渐减弱，从"单位人"变成"社会人"。第二，货币化分配使单位制的隐性收入分配变得公平、透明，推动社会收入分配制度的公平化。第三，货币化的分配增强了社会成员的财产意识和独立意识，更加有利于"公民意识和公民精神"的培育。

三是就业体制及人才政策的改革使单位对人的束缚减弱。市场经济体制的基础是确立通过市场来自由选择和使用人力资源的机制。从单纯依赖单位向非单位体系转变的就业体系，促进以市场调节为主的城市就业包括个体、私营和三资企业逐渐在劳动力就业中占重要地位。随着改革的不断深入，使"单位人"转为"社会人"。在传统国有企业、事业单位，劳动用工制度转为聘任制，劳动关系契约化，职工对单位的依附关系逐渐减弱，而单位对职工权力的控制也大大减弱。

四是户籍制度的改革加速了人员流动，扩大了社会人员自由选择的途径。户籍制度虽然改革较缓慢，但以身份性特权导致的户籍体制壁垒的缺口已经出现，并不断扩大。

（三）社区制的确立与特点

根据《民政部关于在全国推进城市社区建设的意见》的精神，社区建设中的"城市社区的范围，一般是指经过社区体制改革后作了规模调整的居委会辖区"。但是，实际发展的情况已经超出居委会的辖区，并扩大到街道办事处的辖区。无论是社区居委会还是街道办事处都建立了新的社区管理体制。社区制基本包含如下结构特征。①

1. 街道办事处

街道办事处的主要工作职责包括：宣传、贯彻、执行党的路线、方针、政策和国家的法律、法规；开展社会主义精神文明建设；社会治安综合治理；指导街居经济工作；管理社会闲散劳动力；民政福利工作；市政建设和管理；指导居委会的工作；完成市、区政府交办的其他事务。

社区建设自 2000 年开始后，许多城市先后推行了城市基层管理体制的改革。改革的主要内容包括：第一，"一个确立"，即确立街道办事处对辖区管理负总责的地位，实质上就是"以块为主、融条于块"的制度变革。第二，"两个赋予"，即赋予街道办事处对职能部门派出机构的领导权或统筹协调权，对城市管理综合执法分队的指挥调度权，对辖区内各管理机构

---

① 参见夏建中：《中国城市社区治理结构研究》，中国人民大学出版社 2012 年版，第 123—128 页。

第二章 我国城市社区管理体制和治理模式的理论基础和变革历程

工作的监督权；赋予相应的财权，保证街道办事处所需的全部费用。第三，"三分开"，即实行政企分开、政社分开、社企分开，首先进行政企分开的工作。

街道成立了新组织"城区管理委员会"，该委员会由街道办事处、政府各职能部门、区域内各单位、居委会代表和居民代表构成，主任是街道党委书记或街道办事处主任。其主要职能：根据区政府的要求，研究制定辖区管理工作的目标、任务和发展规划；协调解决管理中的问题，对管理中的重大事项提出建议或意见；管理委员会议定的事项，由街道办事处组织有关单位落实。

改革后，街道办事处在社区的管理体制和组织结构方面的特征如下。

街道办事处的组织架构。街道办事处作为市辖区、不设区的市人民政府的派出机构，其结构设置大致分为三个序列：一是党的系统，即街道党委（工委），一般设书记、副书记，下设组织科、宣传科（精神文明办公室）、纪律检查委员会、党委办公室、团委、妇联、工会、武装部、老干部办公室等工作部门。二是政府系统，即街道办事处及其所属机构，负责街道的行政工作，设主任、副主任，一般下设行政办公室、民政科、居民科、城建科、司法科、综合治理办公室、社区服务办公室、文教科、计划生育科、劳动科（劳动力管理）、统计科、财政科等；有些地方设有市场中心（原市场科）和城管大队（原市容所），有的地方没有财政科和司法科。第三个系统是街道集体经济组织。不过北京市从1999年实施新的街道管理体制改革后，街道集体经济组织已经全部脱离街道办事处。北京市的街道管理体制改革措施可概括为"一收二放"。"一收"指回收街道的企业经营权。"二放"指下放综合管理权和专业管理权。

党是街道一切工作的领导核心。在街道，党组织仍是各级权力机构的核心。街道党委或党工委是街道的领导机构，街道重大事情的决策权归属街道党工委或党委扩大会。1989年以后，各大城市的街道党委陆续改组成党的工作委员会，定为区委的派出机构，不再由街道党员代表大会选举产生，派出所所长等条上机构的负责人也被任命为党工委的成员。相对于街道党委，街道党工委的成立强化了整个社区权力结构的行政中枢。作为区委的派出机构,街道党工委代表区委承担相应的工作职责,对地区性、社会性、群众性、公益性的工作负有全面责任,对辖区内区属企事业单位党组织实行指导协调;与辖区市属以上单位党组织是组织协调关系;与辖区内其他经济和社会组织的党组织是组织领导关系。街道党委(工委)书记是"一把手",主持召开会议。办事处的主要领导一般都参加党委会或党委扩大会。从参加会议的人员构成情况看,这两个会议实际上是街道党政联席会议,街道的一切重大事项基本上都要提交这两个会议讨论决定。而街道办事处及其所属机构,都是在党委(工委)领导下工作。

街道办事处是社(辖)区内最高的权力机构。在街道办事处辖区内,一般都有政府职能部门的派出机构,如派出所、工商所等。我们通常将它们和街道办事处的关系称为"条"和"块"的关系。两者的关系是"以条为主,块做配合",街道办事处多配合和辅助"条"完成各种工作。

"两级政府、三级管理"改革的核心是"强化区、街管理功能",实际就是增强街道办事处的权力,尤其是辖区内的政府各个部门派出机构的权力。两者权力消长的变化轨迹是"以条为主,块做配合"到"条块结合",再到目前的"条专块统、以块为主"的权力格局。街道办事处成了有实权的一级政府组织或"准政府组织",它有权组织、协调辖区内的公安、工商等机构,有权对区人民政府有关部门的派出机构主要行政负责人的任免、调动、考核和奖惩,提出意见和建议。

除了对辖区内政府职能部门派出机构有以上权力外,街道办事处为了"商讨、协调社区建设和社区服务事项",也有权"召开辖区内其他政府或企业单位参加的社区联席会议"。

2. 社区居委会

居委会的主要职责有:计划生育、福利民政(包括老年人、残疾人、困难人群补助等)、治安保卫(包括流动人口管理、防火等)、人民调解、社区公共卫生、青少年教育等。居委会承担的工作可分为八大类:一是社会治安;二是人民调解;三是计划生育;四是妇女工作;五是青少年教

第二章 我国城市社区管理体制和治理模式的理论基础和变革历程

育；六是社会福利；七是老龄工作；八是公共卫生。资源共享，共同推进社区建设事业的发展。不同社区规模不一样，社区协商议事会的成员一般为5—18人不等。

过去居委会的党组织大多是党支部，改革后，根据中央有关文件的精神，党员的管理应当由单位与所在社区共同负责，所有离退休党员和外来人口中的党员，其组织关系应该转入所居住的社区居委会。目前，全国各地为了贯彻中办发23号文件的精神，先后对居委会进行了改革，改革后的居委会呈现出以下几个方面的特征。

（1）赋予居民概念新的内涵。之前对社区居民界定为居住在本社区中的自然居民或个体居民，但改革后扩大了居民的内涵，既包括自然居民也包括法人居民或单位居民，即辖区内的单位也列入了社区管理的对象，和社区自然居民一样，参加社区组织的活动和受社区组织的管理。

（2）社区管理组织的架构有了新变化。全国层面的社区管理组织的架构略有不同，但绝大多数的城市社区都包括社区居委会、社区居民代表会议、社区协商议事会和社区党委四部分。社区居委会：和过去的居委会一样，是社区常设机构和日常办事机构，成员一般为7—15人不等，包括自然居民委员、法人居民委员、在职和离退休居民委员。社区居民代表会议：由社区的居民代表构成，是社区的最高权力机构，代表人数为100人左右，构成来源为自然居民代表、法人居民代表、外来人口居民代表以及在职和离退休的居民代表。社区协商议事会：社区居民会议推荐产生，成员由社区党组织或社区居委会协调辖区单位、社区民间组织、业主委员会、物业公司等各方代表以及居民个人构成，定期召开会议，对社区内共同关注的重大事情协商、研究，通过议事协商机制，共同解决社区建设中的问题，实现共驻共建。社区党委书记一般由街道办事处党工委任命。

（3）社区居委会成员的结构变化较大。年龄结构：居委会成员的年龄逐渐年轻化。尤其是在沿海发达地区，根据在某社区的调查，社区居委会的年龄均在30—35岁之间。身份结构：改革前，一个破桌子，几个老婆子；改革后的社区居委会委员的身份有一些是事业编制的干部。事业单位的干部多通过"公开招聘、择优录用"的方式选拔。这些人中，有的不是社区的居民，他们似乎更像是纯粹的行政性的管理干部，而不具备社区本来应该具有地缘关系和邻里关系的要素。

3. 社区内其他社会组织

除了以上社区居委会等四大组织外，社区内还有备案注册的、仅登记备案的或草根的民间组织。如市民学校、老年协会、社区志愿者服务队、老年舞蹈队、合唱团、乒乓球俱乐部、社区绿化队、巡逻队、社区爱心银行、爱心超市、业主委员会、物业公司等。这些组织有的是社区居委会直接建立的，有的是政府购买专业社工机构的服务项目成立的，有的是居民自发组建的。全国各地其他社会组织发展的参差不齐，有的只是应付上级的检查和考核而不得不成立的一些组织，大多还是依靠居委会来运作，严重依赖居委会。笔者在 WC 区调研时，采访了一位舞蹈队的队长，那位阿姨说："我们主要靠我们的书记来为我们筹备资金。"①

4. 社区制与街居制的比较

20 世纪 80 年代以前的城市社区管理体制，基本都是计划经济体制下城市基层社会的管理模式。这种管理模式的特点是：第一，指导思想基本上都是以阶级斗争为纲，街道办事处和居委会对于辖区内的居民，更多从专制的角度监督和控制，很少对居民进行服务。第二，在国家政权体制中的地位是"单位制"的补充，实质是配合国家各个职能部门设在街道的对应部门的工作，如工商、环卫、房管、税务、公安派出所等。第三，由于管理工作的性质相对简单，管理对象较单一，管理队伍的成员文化水平较低、年龄偏大，大多是听话、认真的离退休干部和家庭妇女中的积极分子。第四，管理队伍的人员较少，待遇较低，地位较低，不少居委会的工作人员几乎是义务工作的。第五，街道办事处干部和居委会的工作人员都是上级任命的，基本没通过居民民主选举。虽然居委会被称为居民自治组织，但很多并未经过居民选举，即使经过选举，也不是严格按照选举程序进行，多是采取征求个别居民意见的方式或"走形式"的开会。

---

① 来自华中师范大学湖北城市社区建设研究中心在 WC 区调研的访谈录音。

第二章 我国城市社区管理体制和治理模式的理论基础和变革历程

总之，这种管理体制完全是国家控制整个社会的模式。这种模式下，"党政不分"、"政企不分"，党和政府包揽一切，掌控一切社会组织，控制社会的所有资源，对所有事务和社会活动事必躬亲，非政府组织、志愿者组织、草根组织没有生存的空间。

改革后的社区制较街居制呈现以下特点：第一，社区管理组织（即街道办事处和社区居委会）的结构中，党委或工委仍是核心领导。第二，条块权力格局发生了新变化，由"以条为主，块做配合"转变为"块起居中协调的重要作用"。辖区内"条"上各政府职能机构派出的组织、各种单位、社会团体或居民自治组织都必须接受街道办事处和社区居委会的领导。第三，社区内已经改变了党和政府包办一切的局面，出现了更多的社区社会组织（包括志愿者协会、各种社团等），逐步形成了社区合作多主体共同治理的机制。社区层面上，政府部门、社区社会组织（包括居委会）、辖区单位、物业公司等各个主体在社区党组织的领导下，建立起相互依存、分工合作的伙伴关系，确立共同的目标，实施对社区公共事务的共同治理。其中，社区居委会发挥主导作用，利用协商议事会等各种形式，组织发挥社区的各种力量，搞好社区共治，积极反映各方的利益需求；对公共性、公益性、群众性、社会性的社区事务，定期进行议事、协商、监督、评议，加强沟通，增进居民的公共意识和公共精神，激发公民参与社区公共事务的热情。

任何事物都有两面性，社区制虽然较街居制进步了很多，但还是存在一些问题，具体表现在：

（1）社区治理主体多元化不足。政府组织或派出机构作为社区唯一治理主体的现象还一定程度的存在，并且垄断社区的资源。社区居委会名义是居民自治组织，但其身份、任职、考核、薪水等方面对政府的依赖导致其还是政府行政管理体制在社区延伸的"腿"，是政府或基层政权的"附属物"，有的还成为了"准政府"。结果导致行政色彩更加浓郁，缺少居民自治。

（2）社区管理手段还是以行政方式为主。社区居委会作为居民自治组织，应该采用社会工作的专业技术和方法在社区开展工作，促进居民自治。但现实中，居委会习惯了被命令的角色，工作方式也多采用政府部门的行政方式，忘记了自己的职责。居委会的工作重心多是完成街道办事处布置的各项任务，很少有时间为居民服务，更没时间和精力做居民自治的工作。居民在社区是主体或主人，仅成为了一句口号，在居委会的日常工作中很难落实这个口号。居委会俨然成了社区的一级"衙门"，行政色彩越来越浓，居委会包办社区的一切，以行政管理的方式进行布置工作，很少主动和居民联系，为了自己工作的正常开展，仅和社区中少数居民骨干保持联系。

（3）社区社会组织缺乏。目前，很多社区里从名目上看，有很多社会组织，但具体调查后发现，很多社会组织的成员同时又是多个社会组织的成员，社会组织的负责人又是另一个或几个社会组织的负责人。笔者将社区社会组织分为四类：联谊类社会组织、治理类社会组织、志愿类社会组织、自治类社会组织。目前，全国很多社区的社会组织的类型也多为自娱自乐的联谊类社会组织，志愿者组织很多是"挂在墙上的名字"，实际很少开展活动，有志愿者精神但没志愿者组织。治理类组织有些社区已经建立，但大多社区还是缺乏此类组织。

（4）社区居民表达需求的渠道和平台少，行使民主权利的广度和深度不够，社区居民参与公共事务治理的热情不高，公共精神和公共责任缺乏。例如社区内公共环境中宠物扰民的整治，很多社区居民秉持的理念是"事不关己、高高挂起"，只要不侵犯我个人的利益，别人的利益我不关心。

（5）社区社会资本的培育不足。社区居委会的很多工作透明性和公开性不足，尤其是财务公开制度更是没有建立或没落实。自由、竞争性的选举仍然局限在一小部分社区中。

从社会转型的社区发展看，我国的社区制已经完全取代了街居制，初步形成了社区内多组织并存的局面，形成了多主体共同治理的机制。但社区建设主要是政府推动的，导致社会资源多是自上而下分配的，所以社区制既承接政府的管理任务，又承接城市社区居民和社会的自治任务。正如学者指出的，"社区自治组织——社区居委会具有'行政组织'和'自治组织'的二重性，而这种二重性也决定了当前我国城市大部分社区治理结构的二重性，即管理或控制与自治的二重性。"① 作为政府派出机构街道办事处的"腿"，社区居委会既是政府方的代表，有来自政府的大量资源（包括权力资源），也是城市社区各种活动和事务的组织者。它兼具政府的行政组织和居民自治组织的双重身份，而且前者的身份更多一些。正因为这样，社区居委会的发展呈现出的行政色彩愈加浓烈。从这个意义上看，居委会不是真正的居民自治组织，而是政府在社区的派出组织。全国各地的城市社区居委会，有的政府行政色彩浓烈些，有的居民自治色彩浓郁些。

三、我国城市社区发展的治理模式演变过程

通过对我国城市社区发展的管理体制类别的分析和现实情况的实际调查，结合学界已有的对城市社区发展的治理模式类别的研究②，按照社区发展的动力来源，把当前城市社区的治理模式分为政府主导型（动力来自政府）、合作型或混合型（来自政府和社会的合作）、自治型（动力来自社会）三种治理模式，在实践中分别对应上海模式、江汉模式、沈阳模式。

（一）行政型社区——政府主导型治理模式

这一模式的特点：一是政府组织是社区治理的主体。虽然，从社区组织形式上看，居委会在法律上是基层群众的自治组织，但实际上它的独立性和自治性并未充分发挥。相关法律规定，街道办事处作为城市政府的派出机构，只能对居委会进行指导，但在实践中，居委会的选举、经费的来

---

① 郭虹（报告执笔人）：《社区治理结构的二重性与政府在社区建设中的职责——成都市城市社区治理结构研究》，新疆哲学社会科学网（网址：http://www.xjass.com），2010年7月20日。
② 参见魏娜：《社区组织与社区发展》，红旗出版社2003年版，第101—106页；夏建中：《中国城市社区治理结构研究》，中国人民大学出版社2012年版，第133—325页；张宝锋：《城市社区自治研究综述》，载《晋阳学刊》，2005年第1期。

源及工作任务的确定均受到街道办事处的领导和控制，政府组织不仅可以直接给居委会下派各类任务，还能确定具体的考核指标，导致行政事务和自治事务不分。二是政府承担对社区治理的无限责任和社区治理的风险。当政府提供的服务无法满足社区居民的需求，就可能导致社会不稳定因素的产生。三是社区治理的手段多采用行政方式，政府通过对组织和资源的掌控来达到治理的目的。四是政府大包大揽了社区内的社会公共事务的处理，致使社会组织的发展受到极大的限制，其社会功能得不到发挥。五是社区居民参与社区公共事务治理的热情不高，有人得了"社区冷漠症"，社区居民严重依赖政府和居委会，自觉参与社区活动和行使权利的意识淡薄。

政府主导型治理模式的价值理念是社会国家化，实用主义色彩浓厚。它的优点是较适合我国现阶段的实际情况，能充分发挥政府组织动员社会资源和社会力量的能力，短时间可以提高社区建设的效率。但是这种模式的缺点是对社会发展趋势的战略考虑不足，对社区自治水平的提高和社区长久发展不利。

这一时期的制度背景主要表现在：第一，单位制是政府控制社会及其成员的主要方式，单位承担了社会成员的衣食住行等一切职能，社区只是"补单位之缺、拾单位之遗"。第二，国家与社会的关系表现为强国家、弱社会。社会组织发育迟缓，政府的力量渗透到社会生活的各个方面。第三，城市政府多采用层级管理的方式，对基层社区进行具体和微观的管理。

（二）合作型社区——政府推动与社区自治结合型治理模式

这一模式的特点是：首先，社区治理的主体由政府组织扩展到社区内的自治组织和非政府组织。政府组织在合作主义的理念下，通过授权和权力的下放，把本来由政府承担的社会职能转交给社区内的社会组织承担，政府组织的社会职能减弱，社会组织的社会职能逐渐加强。第二，社区自治组织在法律规定范围内的权利得到体现，社区自治能力得到增强。社区民主选举、自我管理、自我教育与自我服务的能力均得到了提高。第三，社区的资源投入以政府投入为主，社会组织投入为辅，逐渐增加了多渠道的资源投入方式。社区充分利用各种资源，为社区居民提供更好的社会服务。第四，社区居委会成为社区组织的主体，它的性质是半自治半行政，是政府和社区的桥梁和纽带，政府组织的权威和社区组织的权威共同发挥作用。第五，社区居民参与社区公共事务的决策和社区公益活动的热情更加高涨，扩大了居民社区参与的范围。社区组织的体制和管理制度的改革为社区居民的参与提供了一定的制度途径，因此居民表达需求的渠道更加通畅，居民的决策权、选择权、选举权等更好地得到了行使。这种治理模式是政府组织与社区组织改革和体制创新的新尝试。但政府组织一改往日包办一切的习惯，在培养、指导和协调社区组织的过程中让位于社区社会组织将是一个漫长而艰难的制度创新过程。

这一时期的制度背景表现为：一是单位制开始弱化，单位承担的社会职能向社区转移；二是政府与社会的关系开始发生变化，两者从领导、控制向指导、协调与合作的方向发展，大量社会组织开始发挥越来越重要的作用；城市政府管理层级减少，街道办事处逐渐被社区组织取代，从而完成政府组织的简化和职能转变的过程。

合作型模式是政府主导型和自治型的折中，在政府推动下培育社会，在社会发展下规范政府，价值取向是自治，政府的介入是必经的过渡。随着社会的强大，政府最终淡出社区，被组织让位于自组织。

（三）自治型社区——社区主导与政府支持型治理模式

这种治理模式的特点主要是：一是社区治理的主体是社区自治组织与社会组织。政府组织在社区建设的第二个阶段通过与社区组织的合作，逐渐培育出社区社会组织的自治能力，社区组织真正成为承担社区公共事务管理和决策的自治性组织。二是政府和社区共同承担社区资源提供的责任，逐步培育吸收社会资源的能力。三是社区民主政治得到发展，民主决策、民主选举、民主治理成为社区民主政治发展的基本特征，也为更大范围内的民主政治体制的创新提供经验和社会基础。因为城市和农村基层社区的自治是我国民主政治发展的基础。四是社区组织是一种网络组织，是由社区内的各种组织组成的资源互补、信息共享的灵活性的社区组织。政府从法律、制度上为这些组织的发展提供保障，同时又通过法律、制度对社区组织进行监督和管理。

这一时期的制度背景表现为：社区取代单位承担了对社会进行整合的功能，社区组织成为基层社会组织的主体；在政府和社会的良性互动过程中，强国家和强社会的关系模式逐渐建立；城市管理层级减少，效率提高。

自治型模式的价值理念是个人本位主义即国家社会化，采用的是挑战终极回应思路，符合历史发展走向，但完全从西方的理论出发，没有认识到我国的国情，自治的理想目标在目前依然缺乏推动的主体和资源。实际上自治型模式在理论和实践上是自相矛盾的，在理论上主张政府行政权力退出，在实践中却又将政府作为预设的推动主体。但社区自治仍应成为我们坚持的方向，因为社区自治的意义不仅是城市基层社会的管理，它已经上升到在市场经济条件下建构党和政府合法性来源的政治高度。

对于同一个社区这三个阶段是历史性的，但中国各地城市之间在社区发展阶段上也存在一定的差异，它们同时也是共时性的三种模式。我国城市社区建设由第二阶段向第三阶段的发展需要一个较长的过程。由于我国城市基层政权结构、社会结构均处在动态的演变过程中，全国城市之间社区建设的基础不同，城市社区治理模式也应该是多元化的，这也是全国很多地方陆续推出的具有特色的社区管理体制改革的原因所在。从三种模式的治理结构与不同社会发展程度的对应看，我们可以得出这样的结论：随着社区共同体发育程度的变化，社区治理的基本结构必然发生适应性的调整，而社区共同体发育的标志，主要体现在多元治理主体理念的变化、社区社会组织的发育程度、居民的公民意识、公共参与能力、公共精神等若干方面。①

---

① 参见马西恒：《社区治理创新》，学林出版社2011年版，第46页。

第二章　我国城市社区管理体制和治理模式的理论基础和变革历程

表 2-1　城市社区发展阶段与治理模式

阶段	第一阶段	第二阶段	第三阶段
模式	行政型社区模式	合作型（半自治型）社区模式	自治型社区模式
治理主体	政府行政组织为主、自治组织为辅	政府行政组织和自治组织、社会组织合作	自治组织为主
组织模式	层级式组织结构	层级组织与网络组织	网络组织
资源获取	政府、单位、社区	政府、社区	政府、社区
人员	政府控制下的人员选拔	任命、选举、招聘、志愿者相结合	选举人员、招聘人员与志愿工作者
权力形式	政府权力	政府权力与社区权力相结合，正式权威与非正式权威结合	社区权力、公共组织与政府权力
参与机制	政府主导	政府指导下的有限参与	广泛参与
民主机制	政府组织指导下的社区民主选举	法律保障下的民主选举	法律保障下的民主选举
责任机制	政府无限责任	政府有限责任与社区责任相结合	政府有限责任与社区责任相结合
制度背景	单位制；强国家、弱社会；城市政府管理微观、具体、组织层级多。	单位制向社区制转化；合作模式下的政府与社会的关系；城市政府管理由微观向宏观转变，层级减少，权力面向基层，效率提高。	社区制；强国家、强社会格局；城市管理层级少、效率高。

第三章 当前我国城市社区治理主体困境的表现、原因及其影响

把"完善和发展中国特色社会主义制度,推进国家治理体系和治理能力现代化"作为全面深化改革的总目标,是党的十八届三中全会《中共中央关于全面深化改革若干重大问题的决定》的一大亮点,它不仅是完善和发展中国特色社会主义制度的必然要求,也是实现社会主义现代化的应有之义。推进国家治理体系和治理能力的现代化,需要理顺各治理主体的关系,正确处理好政府、市场、社会关系。社区治理作为国家治理的微观基础,对推进国家治理体系和治理现代化至关重要。本章笔者主要从当前我国城市社区治理主体面临的困境及表现入手,阐述其原因及影响,以期更好地推进社区治理的进程。

一、当前我国城市社区治理主体困境的表现

一个治理体系与治理能力现代化的政府,必然是一个内部权限分工合理、职责范围有限、高效运转、与市场社会良性互动的政府体系。改革开放以来,我国政府职能随着市场经济的不断发展与深化进行了适应性的调整与转变,从全能型政府到经济建设型政府再到服务型政府,我国政府体制改革取得了显著的成绩,市场经济的活力不断得到释放。然而,传统的政府主导型的发展模式未得到根本性改变,依然采取稳定压倒一切、发展

第三章 当前我国城市社区治理主体困境的表现、原因及其影响

压倒一切的管理导向。随着经济社会问题的不断复杂化，国家决策范围不断扩大，政府已经无力包揽一切社会事务，政府失灵现象在众多领域开始显现。

因此，为适应经济社会发展的现实需要，有效的政府必然是职责有限的政府，将市场与社会纳入国家治理的主体范畴，建构政府、市场、社会各归其位，既相互制约又相互支撑的分工体系；尊重市场经济发展的客观规律，让市场在资源配置中起决定性作用；促进社会主体组织化发展，分散国家治理资源，在多元、集体、互动的治理模式中，解决庞杂、专业的社会问题；促进政府职能转变，为创新公共服务管理模式提供坚实基础。

治理所要揭示的是作为行为体（如公共机构、组织、个人，权力机关、非权力机构或国家、市场、社会等）与公共事务之间的关系。治理不是单一行为体的治理过程，而是政府必须和其他行为体合作。同时，治理对民主政治中委托—代理关系给予肯定，体现一种还权于民的努力方向。[①]当前我国城市社区治理普遍存在着"社区失灵"现象。城市"社区失灵"主要表现之一就是社区治理主体的困境，造成社区治理成本过高。具体表现如下。

（一）社区治理中政府的越位、错位与缺位

1. 政府及相关职能部门的"越位"

城市社区管理主体不明，"政社不分"。受传统计划经济体制的影响，政府主导社会的观念根深蒂固，在我国城市社区管理上，具体表现就是"政社不分"。政府和相关职能部门在城市社区管理、建设方面的作用应该是指导和监督，但实际情况是政府与城市社区管理部门职责定位不准，政府职能未完全转变，致使政府和相关职能部门过多地、过细地干预城市社区的事务，这必然带来政府及相关职能部门在角色和职能上"越位"。在社区层面，街道作为政府在基层的代表，多以行政命令的方式干预社区的

---

① 王诗宗：《治理理论及其中国实用性》，浙江大学出版社2009年版，第115页。

事务，这种"越位"严重阻碍社区自治功能的实现。社区的法人地位，社区独立规范的财务管理，社区各种社会组织的培育与管理，社区办公场所与活动场所的配套落实，社区工作者的队伍建设、考核机制、培训制度、晋升和淘汰制度、工资增长机制、激励机制、福利待遇等方面，政府未给予明确的说法，或未真正落实。①

2. 政府及相关职能部门的错位

政府及相关部门的职责定位不准，经常出现错位的现象，影响社区治理的具体框架的建构。区政府通常以会议的形式下派任务到街道，与街道签订各种责任目标，作为考核街道的标准，街道办事处实际上成了区政府有关部门的一条"腿"。各种部门给街道下派的任务远远超出街道办事处的职责和工作任务范围，街道办事只好转嫁给社区居委会。② 区政府、街道和社区关系定位的错位，致使区政府、街道和社区没有走出行政单一化的循环圈。政府和相关部门的错位，导致它们在社区治理的过程中常处于主导地位，忽视了居民在社区治理中的作用。

3. 政府及相关职能部门的"缺位"

政府及相关职能部门的"越位"的同时，对该管理的事项管理不到位或根本没去管理，又引起政府及相关职能部门在角色和职能上的"缺位"。政府这样做没有顺应城市社区居民自主、自治意识日益增强的民主发展趋势，更谈不上充分发挥城市社区居民自治组织的积极作用，使街道办事处仅仅成为政府政策的执行者，并通过街道办事处下辖的居委会来处理城市社区大部分具体的日常事务，因而城市社区管理还没有成熟的社会组织，影响了城市社区建设的发展。③

---

① 朱分华：《城市社区治理主体问题研究——以北京市丰台区太东里社区为例》，中共北京市委党校硕士学位论文，2010年7月。

② 朱分华：《城市社区治理主体问题研究——以北京市丰台区太东里社区为例》，中共北京市委党校硕士学位论文，2010年7月。

③ 刘学贵：《论现阶段我国城市社区管理的现状及对策》，载《云南行政学院学报》，2014年第1期。

第三章 当前我国城市社区治理主体困境的表现、原因及其影响

(二) 社区治理中居委会的行政化与负担重

1. 社区居委会行政化的表现

第一，组织功能设置行政化。全国的社区本来因人口结构、地域特色等存在较大差异，每个社区居民的需求也各不相同。社区居委会在组织结构设置上应根据社区的实际需求设置，但实际上我国社区居委会设置基本雷同。根据相关法律的规定，社区居委会是基层群众自治组织。它的核心职责是做好居民的自我管理、自我教育、自我服务、自我监督。但现实情况是居委会有双重身份，一方面它要承担政府及其派出机构的大量行政事务，另一方面它要承担居民自治的工作。由于时间和精力有限，为了应付上级的检查和考核，只好将大量的精力投入到行政事务中，很少有时间去做居民自治的事项，结果是导致社区居委会无暇顾及居民的需求，更不重视居民参与。有学者在对武汉市 C 社区居委会 2003 年工作日志统计情况中发现来自政府的事务占全年工作总量的 42%（具体见表 3-1）。①

表 3-1　武汉市 C 社区 2003 年社区事务统计情况

项目	次数	占总工作量的比例
政府事务	842	42%
居委会主动开展的事务	682	34%
居民的事务	348	18%
其他部门和组织的事务	110	6%

笔者在调研中发现，很多居民认为居委会就是一个行政单位而非居民自治组织，与自身的距离很远。② 有学者做的问卷调查发现，只有 17.1%

---

① 参见张鸣宇、汪智汉：《转型时期居委会的三重角色——以武汉市 C 社区为例》，载《社会主义研究》，2005 年第 4 期。
② 根据华中师范大学湖北城市社区建设研究中心在 WC 区调研的访谈录音整理。

的居民认为居委会是自治组织，具体情况见表3-2①。可见，居委会行政化色彩是多么浓重。

表3-2 您觉得居委会是一个什么性质的机构

"官"（政府机构）	55.9%
介于"官"和"民"之间	27%
"民"（自治组织）	17.1%

第二，自治章程、人事决定及工作制度行政化。一是自治章程行政化。目前许多社区的居民自治章程、居民公约是由上级民政部门或街道制定，直接分发给各社区遵照执行的，并没经过居民会议或居民代表会议讨论和通过，社区对自治章程没有话语权。这充分体现出基层政府对社区居委会自治范围和自治程度的严格控制。二是人事决定行政化。《中华人民共和国居委会组织法》规定，居民委员会由居民会议选举产生，居民会议有权撤换和补选其成员。许多社区居委会换届虽然经过了社区选举，但候选人资格大多由政府确定，实质上还是政府主导下的社区选举，社区选举流程基本流于形式。有些地方，政府虽然规定新进社区居委会工作者必须通过市区招考——选举——街道党工委集体研究决定等程序。但在人事制度安排上，街道选聘社区居委员会成员的情况依然存在，街道办事处经常调动社区居委会成员，这完全不符合社区居委会自治组织的群众性和自治性要求。三是工作制度行政化。居委会工作职责等规章制度大多也是由上级政府或相关职能部门直接指定并分发下来的，这些工作制度的内容体现了很多行政方式和手段。但是居委会作为自治组织，应该用社会工作的方法和技巧去处理居民的事务。行政化的工作制度只会使居委会偏离它的功能和角色，不能很好地开展居民自治工作。

第三，工作经费收支行政化。社区居委会的工作经费主要来源是政府的财政拨款，其他还有社区物业收入和社区自筹。但是社会物业收入一般

---

① 参见张雪：《选举中的群众——基于武汉市江汉区社区直选的实证分析》，华中师范大学硕士学位论文，2013年5月。

不高，同时由于社区居委会开发和利用社会资源的意识不强，辖区单位共驻共建的意识也不高，社区自筹方面的收入也不多而且不稳定。社区居委会普遍反映工作经费不够用。一般街道对社区居委会的工作经费实行统一管理，社区没有独立的财务账号，由街道财政设立社区账户，并统一做账。社区经费一般是经市区直接下拨到街道，由街道统一收支，社区需要到街道报账。街道有时已经规定了一些经费的用途，社区没有太多的自由支配权。因此，社区只得依赖街道办事处。

第四，运行方式行政化。由于工作制度行政化的特点，社区居委会运行方式也是行政化的。社区工作者思想上也把自己当成了行政人员，平时办理的服务事项也采用行政方式，没有摆正自己的角色，致使社区居委会的服务功能被淡化，居委会与居民之间缺乏沟通和交流，居民对社区的认同感和归属感不强，居民对社区事务的参与自然也较少。

第五，考核机制行政化。名义上对社区居委会的监督考核有两种形式：一是居民民主评议，二是由街道和政府有关职能部门对社区进行考核评比。由于街道和政府职能部门的考核结果与社区的工作经费、人员任免等挂钩，因此社区居委会把街道及政府职能部门的考核看得很重要，此占据绝对的主导地位，而忽视居民民主评议的考核。两种监督考核形式中，左右着社区居委会工作取向的街道和政府职能部门考核比居民群众的考核效力大得多。自然，社区居委会为了顺利通过考核，投入大量精力完成政府和街道的考核任务，忽视居民的需求，因此也逐渐拉远了和居民的距离。

2. 居委会负担重的表现

为了改善社区负担过重的局面，许多地方进行了减负增效的改革。2014年，HB省民政厅就委托我们华中师范大学湖北城市社区建设研究中心开展此项工作的调查研究①，并呈送了政策咨询报告。在《HB省社区减负增效工作专项研究报告——基于11个社区的典型调查调查与问题挖掘》

---

① 根据学术规范，笔者对一些名称进行了技术处理。

中，明确指出HB省社区负担过重，突出表现在很多方面。各种政府公共服务下沉到社区，而"权随责走、费随事转"等各种政策措施落实不到位，导致社区居委会行政化倾向越来越严重，社区工作负担也越来越繁重。笔者以湖北省为例，居委会负担重主要表现在以下七个方面。

第一，承接的管理服务多。

目前社区承担了大量的行政管理事务，部门工作"进社区"实际上是部门工作"给社区"。典型调查发现，HB省平均每个社区承担215项工作，平均每个社区"两委"成员和专干要承担16项左右工作任务，其主要涉及组织部、人社局、卫计委等23个行政职能部门（详见表3-3），其中行政管理事务有170项，占79.07%，而服务性事务只有45项，占20.93%（详见附录《HB省社区负担列表》）。社区承担了大量的本该由政府完成的事务，如计划生育、安全生产、社会治安、信访维稳、充分就业等。

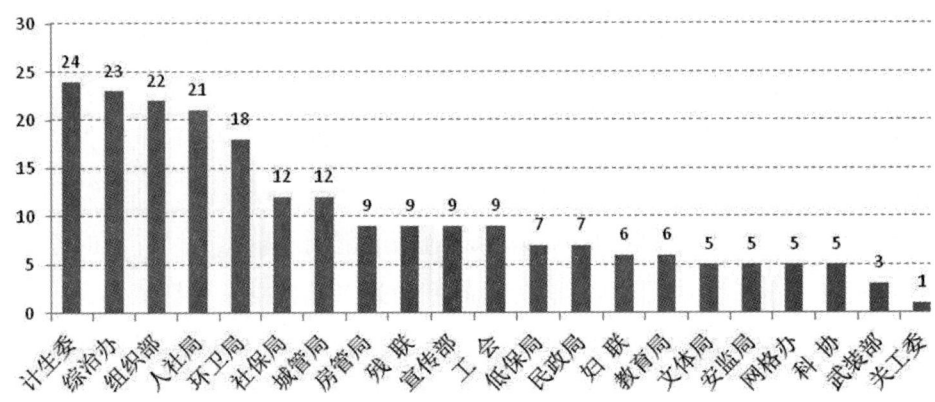

表3-3　2013年社区工作量统计表

第二，应对的检查考核多。

社区在承接各部门工作任务的同时，更要接受省、市、区、街道各级部门的评比考核。典型调研发现，目前HB省社区评比考核主要涉及23个行政职能部门，68项事务（部分考核内容见表3-4）；并且考核内容高度重复，考核频次过高。社区每年要应对140多次检查、评比、考核，年底有时一天要迎接3~5批工作检查。如卫生创建工作，社区要接受街道办事

第三章 当前我国城市社区治理主体困境的表现、原因及其影响

处、区城建局、市城建局、"两代表一委员"、第三方专业公司、数字城管等多方主体的重复检查，并且几乎是天天查、周周查、月月查；同时，考核标准过于严格，实地调查发现，目前HB省平均每个社区签订目标责任书多达30项，成立专门领导小组多达50个，部分部门考核实行"一票否决制"。

表3-4 社区检查、考核、评比统计表

部门	内容		部门	内容
纪委	廉政文化进社区工作检查	11	妇联	"五好家庭"创建检查
	创建基层满意社区考核	12		全国妇联基础组织建设示范社区评比
组织部	基层党建三年行动计划检查	13	人社局	充分就业社区评比
	先进基层党组织评比	14		小额贷款成功人数指标考核
政法委	平安社区创建	15	民政局	全国综合减灾示范社区检查
	综合治理工作先进单位评比	16		全国和谐社区示范单位评比
城建局	创建全国卫生环保城市检查	17	科协	科普示范社区创建
	五小企业检查	18	爱卫会	爱国卫生先进集体评比
计生委	超生指标考核	19	文明办	全国文明社区创建检查
	性别比达标情况考核	20	工会	先进基层工会评比

注：此表中的检查评比考核仅仅是部分具有代表性的类型，在访谈中发现目前湖北省共有检查评比考核68项，涉及23个上级政府部门，详见附录《HB省社区负担专项调查清单列表》。

第三，完成的台账报表多。

目前社区台账、报表成为社区负担的重要来源，社区每天苦于做台账、报表，而大大缩减了为民服务的时间。典型调查发现，台账最多的社区有68类293项，最少的社区也有8类58项，平均每个社区161.4本台账，要填报表80多种、400多份，其中还不包括未造成册部分资料（详见表3-5）；并且，台账内容高度重复，标准僵化，编造现象严重。上级部门提出大量的不合理、不科学的台账要求，而忽略社区实际，导致"本社区有

表 3-5 社区台账状况统计（单位：本）

内容\社区	党建	计生	综治	妇联	民政	低保	社保	劳动保障与就业	文明创建	卫生	房管	残联	工会	总计	平均数
JB 社区	13	4	8	4	2	15	1	11	49	0	0	0	0	117	9.0
HNX 社区	12	39	64	6	21	11	17	15	0	3	11	0	0	199	15.3
BHSZ 社区	22	18	17	2	18	3	10	25	12	11	3	4	5	150	11.5
ZSQ 社区	33	67	73	3	30	8	17	36	8	12	5	1	0	293	22.5
HXQ 社区	37	0	103	1	14	0	9	0	0	0	3	0	0	167	12.8
LK 社区	12	27	10	0	0	0	0	6	0	3	0	0	0	58	4.5
DZY 社区	43	9	50	4	0	3	3	0	0	0	4	0	0	136	10.5
HSG 社区	58	10	28	7	44	30	18	0	12	10	0	0	0	217	16.7
XSS 社区	16	53	25	0	23	0	0	23	7	6	0	5	0	158	12.2
SK 社区	14	16	43	0	22	0	0	26	1	0	0	0	0	122	9.4
LHM 社区	15	12	62	0	12	0	57	0	0	0	0	0	0	158	12.2
总计	275	255	483	27	196	70	132	162	89	45	26	10	5	1775	136.5
平均数	25.0	23.2	43.9	25.0	17.9	6.4	12.0	14.8	8.1	4.1	2.4	0.9	0.5	161.4	

注：以上平均数是按四舍五入，精确到小数。

第三章 当前我国城市社区治理主体困境的表现、原因及其影响

的内容要填,没有的要编";同时,检查时"重材料,轻效果"。职能部门对社区工作的考核,检查台账的时间占到80%—90%,而忽视了工作的实际效果,社区工作的好坏以台账的好坏作为最终评判依据。

第四,出具的证明盖章多。

随着经济体制转型,单位体制逐步解体,相关社会证明的出具主体从单位转移到社区,这些证明数量异常繁多。实地调查发现,目前社区被要求出具证明的内容从购房贷款、房产继承公证、无犯罪记录证明,到办理准生证、家庭困难证明,甚至是婚姻状况证明、残疾人身份证明等,累计共52项(部分证明见表3-6)。同时,一些证明内容超出了社区职责权限,如工商部门要求社区出具"经营户不扰民证明",保险公司要求社区出具"意外伤害证明"等,且证明事项一旦出现纠纷,就要求社区承担担保责任,但由于社区没有执法权等原因,社区难以追责。

表3-6 社区盖章证明统计情况列举

序号	涉及单位名称	证明或盖章名称
1	人社局	就业、失业、无业证明
2	组织部	政审、组织关系证明
3	公安局	无犯罪证明
4	工商局	经营户不扰民证明
5	烟草局	烟草专卖管理登记表盖章
6	房管局	居民无其他住房的证明
7	计生委	申请一孩、二孩证明
8	学校	小、中、大学生社会实践证明
9	残联	残疾人居家抚养申请表盖章
10	银行	小额贷款证明
11	保险公司	居民意外受伤证明

注:此表中的盖章证明仅仅是部分具有代表性的类型。在访谈中发现,目前湖北省共有盖章证明52项,详见附录《HB省社区负担列表》。

第五，连接的信息网络多。

目前社区信息网络平台数量过多。典型调查发现，四种类型的社区都拥有9—20个信息网络平台（详见表3-7），同时，社区信息网络平台缺乏整合，基础信息录入工作严重重复。一方面，同一个主管部门不同信息网络平台缺乏整合，需要重复录入基础信息。如人口计生部门在每个社区有四个信息网络平台：HB省人口计生共享平台、HB省人口计生服务管理系统村（居）在线服务平台、HB省人口和计划生育服务与管理信息系统、HB省人口基础信息共享平台，每个信息网络平台都需要录入居民的基础信息；另一方面，不同部门信息网络平台缺乏整合，需要重复录入基础信息。卫计委、房管局、综治办、社保局、民政局等众多部门在社区都有其主管信息网络平台，每个信息网络平台的居民基础信息都要由相应的专干录入。

表3-7 HB省信息平台系统（部分）概况

序号	信息网络平台的名称	主管部门
1	城镇居民医疗网上服务系统	社保局
2	社会保险公共服务平台（网申系统）	
3	住房保障管理信息系统	房管局
4	城市管理综合信息平台	城管局
5	劳动就业平台	人力资源局
6	劳动和社会保障管理信息系统	劳动局
7	志愿者注册和管理系统	民政局
8	居家养老服务平台	
9	网格化管理平台	综治办
10	HB省人口计生服务管理系统村居在线服务平台	卫计委
11	HB省人口和计划生育服务与管理信息系统	
12	HB省人口基础信息共享平台	
13	HB省人口计生便民办证系统	

注：此表中的信息平台并不完整，仅指上文中提到的类型。实际上在访谈中发现，目前湖北省共有29个社区信息平台，详见附录《HB省社区负担列表》。

第三章　当前我国城市社区治理主体困境的表现、原因及其影响

第六，承担的临时任务多。

社区除承担日常性工作外，还经常承担一些临时性工作，这无疑更增加了社区的负担。同时，由于临时任务的嵌入，也影响了社区其他常规性工作的开展。社区干部经常要参加各种会议活动，在调查的 11 个社区中，每个社区每年要参加 160 多次会议。实地调查发现，社区共承担了计生流动人口调查、辖区餐饮服务单位基本情况调查、经济普查、民工工资调查等 20 项临时任务，并且部分临时任务的下派部门并没有按照"人随事调、费随事转、权随责走"的原则，给予社区一定的人力、物力、财力的支持，这极大地加重了社区的人力、财力的负担。社区承担的临时性、突击性任务主要来自综合治理、城管、信访、维稳等方面，其次是各类创建达标活动。此外，社区还要完成房屋拆迁、慈善捐赠、无偿献血、报刊征订等摊派任务。在一些地方，社区还要承担招商引资、协税、发展商务等经济工作。

第七，社区内悬挂的各类牌子多。

所调查的 11 个社区，共悬挂各种牌子 86 块，涉及组织、纪检、综合治理、公安、司法、民政、教育、工商、卫计、人社等部门。不同的部门对社区挂牌有不同的要求，致使同一个房间要挂若干块牌子，有的多达 20 多块。一些部门还要求在社区成立工作机构，有的社区成立的各类组织领导机构达 50 多个。

（三）社区治理中居民社区参与不足

居民社区参与（也称社区参与）是指"社区居民以各种方式或手段直接或间接介入社区治理或社区发展的行为和过程"[①]。社区参与的客体是社区日常活动和公共事务，包括社区社会组织的活动、社区权力组织的构建，社区决策等。社区治理的目标就是社区居民在广泛自愿地参与中，实现自我管理、自我服务。有学者指出，2000 年以来，随着社区发展体制的

---

① 朱分华：《城市社区治理主体问题研究——以北京市丰台区太东里社区为例》，中共北京市委党校硕士学位论文，2010 年 7 月。

创新，居民社区参与有了新的特征：第一，在社区自治的进程中，居民更多地希望参与社区事务的决策过程；第二，社区横向组织的发展，如社区社会组织的培育和发展；第三，在社区体制创新的过程中，出现了强调参与规则和制度化的公民参与的趋势。① 但是，目前我国城市社区治理实践总体上还处于初级阶段，居民社区参与仍处于一个较低的层次。②

1. 参与主体不平衡

好的社区参与表现为参与的主体在量上追求普遍化，在质上追求多元化和知识化；而合理的参与结构则表现为依据社区发展的要求，形成合理的参与结构主体。居民参与结构不尽合理，即参与的规模小、参与人员结构单一、参与者知识层次相对较低，参与的质与量两个方面都偏于失衡。③对于社区公共事务最关心、参与最积极的社区居民有这两类人群，一是社区的党员（尤其是退休老党员）；二是参与过社区活动的社区居民（尤其是"骨干"分子和积极分子）。这两个群体有以下几个特征：一是年龄层次偏高；二是知识层次偏低；三是性别比例失调，绝大部分都是中老年女性。社区治理需要居民主体的广泛参与和深度参与，这种固定人群的小范围参与直接影响居民自治的实现。

2. 居民参与意识淡薄，参与水平低下

虽然城市社区治理已经取得了一些成效，也得到了城市居民的肯定与支持，但从总体上看，我国居民参与城市社区治理的主动性、自觉性仍不强。受传统政治文化的长期影响，大多城市居民形成了一种权威崇拜、与世无争的政治心理，他们还未意识到自己是城市的主人，并认为城市管理是政府的事情，自己左右不了。这种消极被动的政治心态，使得居民很难

---

① 参见缪青：《公民参与和社区和谐：理念、变迁和制度化的趋势》，载《中国特色社会主义研究》，2007 年第 3 期。

② 参见朱分华：《城市社区治理主体问题研究——以北京市丰台区太东里社区为例》，中共北京市委党校硕士学位论文，2010 年 7 月。

③ 参见朱分华：《城市社区治理主体问题研究——以北京市丰台区太东里社区为例》，中共北京市委党校硕士学位论文，2010 年 7 月。

以主体的身份主动地、广泛地参与到城市社区治理中来。"而在西方一些国家，比如挪威，无论是老人、妇女，甚至是孩子对城市的规划都是有建议权的，他们可以对于城市的规划提出自己的意见。"① 同时虽然有相当数量的居民参与了城市社区治理，但他们不是基于公民的责任感，不是基于对公共事务的关心，而是受从众心理的支配，或从维护自己直接的切身利益出发进行参与的。由此也就决定了广大居民参与城市治理的水平普遍不高。②

（四）社区治理中社区社会组织发育不足

社会组织是社会事务的有效分担者，然而，目前全国社会组织普遍发育不足，社区事务承接主体单一，尤其是社区社会组织的培育和孵化更是如此。下面介绍下 WH 市 WC 区社会组织发展的情况。笔者和中心课题组成员主要考察了 WC 区共 6 个街道、分布在 23 个社区的 71 个社区社会组织，回访或重点调查社会组织 9 个。③ 具体情况见表 3-8。

其中，维权类组织 11 个，志愿类组织 6 个，专业服务组织（AXTS、CX 社工组织）的站点 5 个，物业自管组织 5 个，社区福利服务组织 6 个，联谊类组织 38 个。

考察社会组织的发展水平，主要从其组织要素和组织性能两方面看。一个有活力的社会组织应该具备领袖团队、活动章程、治理结构、服务边界四个要素，在组织性能上应该具有活动自主性、服务回应性、发展持续性、治理参与性。不具备这些要素的社会组织并不是真正的社会组织。WC 区社区社会组织存在如下主要问题。

---

① 苏国君：《我国城市社区治理中公民参与研究》，内蒙古大学硕士学位论文，2009 年，第 7 页。

② 参见郭礼峰：《我国公民参与城市治理问题研究》，上海师范大学硕士学位论文，2011 年 3 月。

③ 根据学术规范，笔者对调研的对象名称进行了技术处理。

表 3-8 调查对象基本情况①

方式	街道	社区	调查的社会组织	数量	备注
集中调查	LD 街	QPJ	俏夕阳艺术团、棋航托管班、山花艺术团、JJ 学院物业自管会	4	
		THL	拍拍健身队、导游志愿服务队、艺术沙龙、安馨综合服务队	4	回访
		ZSQ	祥云山庄物业自管会、追梦人艺术团、夕阳红书法社、京剧票友会	4	回访
		YZL	枫叶艺术团、艺术花鼓队、翰艺物业管理服务部、居民矛盾调解服务站、新龙康家政服务中心、顶秀家园业委会、胭脂山庄业委会	7	
		HYS	文华艺术团、夕阳红太极拳队、JG 艺术团、楚馨社工站	4	回访
	JYQ 街	JDHY	文艺表演队、环境保护协会、扶贫助困队	3	
		RQHF	炫酷舞蹈队、Simle 俱乐部	2	回访
		SQL	老年书画协会、阳光腰鼓队、星光俱乐部	3	重点回访
		XSL	老旧物业服务站、映山红艺术团、新生里社区志愿者服务站、法律援助中心、社区便民服务站、家政服务中心	6	回访
分散调查	ZHL	XCH	CX 社工站	1	
		HBX	JSKY 物业自管会	1	重点
	ZNL	TJL	ATY 院落自治小组	1	重点
	SGH	FYT	AXTS 社工站	1	重点
		DT	CX 社工站	1	重点

① 笔者所在的中心的课题组于 2013 年 6 月 30 日—7 月 5 日分别对 WC 区 JYQ 街、LD 街的街道办事处及所辖的 9 个社区进行了实证考察,于 2013 年 7 月 16 日—7 月 23 日,对 WC 区的 ZHL 街、ZNL 街、SGH 街的街道办事处及所辖的 5 个社区进行了实验方案验证性调研,并对第一轮调研过的 5 个社区进行了重点回访。这些资料是当时课题组搜集整理的。

第三章 当前我国城市社区治理主体困境的表现、原因及其影响

（续表）

方式	街道	社区	调查的社会组织	数量	备注
蹲点	NH	全部（7个）	（社区社会组织29个）	29	
合计	6	23		71	

注：不包含政府规定建立的组织（志愿类的如JG志愿者、WTX志愿者和党员服务队）。蹲点调查为前期调查，没有详细显示。

第一，数量问题。一是总量较少。从区民政局部门统计的登记和备案的社会组织看，全区社区社会组织总量557个，平均每个社区只有3.15个（见表3-9）。按照WH市统计年鉴（2012）发布的人口数据计算，WC区2012年每万人拥有社区社会组织平均4.5个，远低于发达地区如上海（33个）、苏州（25个）。WC区社会组织在各街道分布不均衡，最多的平均每个社区6.6个，最少的只有1.2个。二是结构不均衡。目前各类社区社会组织发育不平衡，总体上存在联谊、娱乐类比例高，占总量的58.2%，维权类组织、福利类（公益服务、专业服务）组织少，分别占2.9%、5.4%。基本的维权组织，如业主委员会，调查到地方，除了NH街道各社区比较多以外，其他街道比较少，老旧社区基本没有，新型小区也基本上没有（见表3-9）。三是开展活动的志愿类组织缺少。诸如JG志愿服务队、WTX志愿服务小组、党员志愿服务队等，都是按政府主管部门要求设立、由社区工作者组成，"一套人马、多个牌子"，因社区工作量问题，基本不能开展经常性服务。能够起作用的是一些大学生志愿者，如武汉理工大学、湖北工业大学的志愿者在很多社区都有活动，但并未建立组织。以下是WC区备案社区社会组织情况（具体见表3-9）。

表3-9 WC区备案社区社会组织情况

街道	社区数	组织总数	类别				
			联谊类	福利类	维权类	志愿类	服务类
YY	17	59	36	2	6	15	
XJP	21	84	50	4	1	1514	

（续表）

街道	社区数	组织总数	类别				
			联谊类	福利类	维权类	志愿类	服务类
JYQ	14	50	26		7	10	7
ZHL	7	21	11		1	6	3
LDJ	10	30	19	1		2	8
HHL	7	39	20	1	1	10	7
ZYJ	10	15	11			4	
BSZ	12	15	7			8	
SYL	10	31	22	1		4	4
ZNL	31	101	61	3	12	7	18
SGH	22	42	28	2		9	3
LJS	6	17	17				
NHJ	7	46	10	1	2	7	26
SDJ	3	7	6	1			
合计	177	557	324	16	30	97	90
比例	平均每个社区3.15个		58.2%	2.9%	5.4%	17.4%	16.1%

数据来源：WC区民政局，略有改动。2012年数据统计中不包括业主委员会。

第二，治理困境。一是理念落后。部分社区社会组织（尤其是退休居委会主任、书记牵头的）负责人认为组织就是"配合政府工作的"；还有的认为搞社会组织就是挑战党的领导。二是社区社会组织内部治理结构不完整。在登记的不少组织中，尤其是文体类组织，没有完整的治理结构，基本上就是一人领导制，既无组织章程，亦无组织架构、财务制度。队长集会计、出纳、后勤、外联、技术等部门于一身，甚至简单的账本都没有。在详细调查的24个社区社会组织中，自治章程、组织机构完整的只有4个，有自己账目记录的有9个，实行账目公开的只有2个，有固定活动场所或办公场所的有11个，能够定期开展活动的有14个，有比较稳定经费来源的有8个，全部条件具备的只有1个（见表3-10）。三是自我发展能力不强。在发展资源上，不少的组织离开政府资源输入就无法运行，基本上是平时不活动，节日、庆典等节点才组织活动，政府拨给一次经费、

第三章 当前我国城市社区治理主体困境的表现、原因及其影响

开展一次活动，不给经费则没有活动。除了少数组织能够通过市场化运营获得资源外，多数组织靠收取成员一点会费艰难维持。承接政府公益活动上，在以上24个社区社会组织中，只有JYQ街道SQL社区的星光俱乐部有过。在组织的独立性、自主性上，表现为组织领导人没有自主制定发展规划甚至章程，文件起草由外部力量代为完成。调查中发现，不少联谊类组织负责人并不清楚自己的组织有无自治章程，虽然在居委会的档案资料中资料有完整的章程。在队伍建设上，有的组织成员日益减少，刚成立时四五十人，两三年后剩下不到20人。

表3-10 部分社区社会组织治理结构情况

所在社区	序号	组织名称	自治章程	组织机构	财会制度	账目公开	活动场所	定期活动	经费来源
YZL	1	枫叶艺术团	有	不全	无	无	固定	无	不稳
	2	艺术团腰鼓队	有	不全	无	无	不定	无	不稳
HYS	3	文华艺术团	有	不全	无	无	不定	无	不稳
	4	夕阳红太极拳队	有	无	无	无	无	无	无
JDHY	5	文艺表演队	有	有	无	无	无	无	不稳
	6	环境保护协会	有	有	无	无	无	无	不稳
QPJ	7	俏夕阳艺术团	有	有	无	无	固定	无	不稳
	8	棋航托管班	有	有	有	有	固定	有	稳定
	9	山花艺术团	有	有	无	无	无	无	不稳
	10	JJ学院自管会	无	有	无	无	无	无	稳定
THL	11	拍拍健身队	有	无	无	无	不定	有	无
	12	安馨综合服务队	有	无	无		无	有	无
ZSQ	13	追梦人艺术团	无	无	无	无	固定	无	不稳
	14	夕阳红书画社	有	无	无	无	固定	无	无
	15	京剧票友会	无	无	无	无	无	无	不稳
	16	祥云物业自管会	有	有	有	无	无	无	稳定
RQHF	17	炫酷舞蹈队	无	无	无	无	固定	无	无
	18	Smile俱乐部	无	不全	无	无	不定	有	不稳

（续表）

所在社区	序号	组织名称	自治章程	组织机构	财会制度	账目公开	活动场所	定期活动	经费来源
SQL	19	老年书画协会	有	有	有	无	固定	有	稳定
	20	阳光腰鼓队	有	有	无	无	不定	有	不稳
	21	星光俱乐部	有	完整	有	有	无	有	稳定
NS	22	NN老年大学	有	完整	有	无	固定	有	稳定
TJL	23	ATY物业自管	有	完整	有	有	固定	有	稳定
HBX	24	JSKY物业自管	有	完整	有	无	固定	有	稳定

注：表中组织大部分是居委会作为典型推荐给调查组的。

第三，外部环境问题。一是硬件条件不足。部分组织因开展能力训练而需要比较固定的活动场所以及必要的设备，但由于没有政府和其他社会力量的资助，硬件上缺口比较大。室外场所比较有限，而且有部门限制（如水务局限制江边活动），公园、广场、旅游景点成了热点地带，有的娱乐健身类的组织之间甚至出现抢场地现象。二是制度障碍。街道和社区没有明确的思路、发展社会组织的规划和培育制度，街道也没有把社会组织工作纳入考核指标体系。JYQ街道计划从2013年起每年拿50万元资助社区特色文体活动，涉及了社会组织发展，但目的不是培育社会组织。建立社会组织还有较高门槛（人数、资金），如JYQ街道，只登记40人以上的社会组织，40人以下的只是"给予关注"（街道干部语）。三是缺乏培育社会组织的工作机制。目前区、街政府组织尚未建立社会组织孵化、培育机制和机构。相当一部分社区社会组织是在居委会动员和直接干预下建立起来的，有的组织负责人就是现任或前任居委会干部。极端的情况是，有5个社区书记或主任一人兼任了社区所有社会组织的领导人。

第三章　当前我国城市社区治理主体困境的表现、原因及其影响

二、当前我国城市社区治理主体困境的原因

（一）基层行政机制改革滞后

1. 基层治理行政机制改革滞后，政社职责不清

基层治理行政体制改革滞后，体制机制不顺，职能部门、街道与社区关系不顺、职责不清，这是社区治理存在困境的根本性原因①，具体表现为：

第一，行政体制改革滞后，社区仍被"行政化"。由于我国行政管理体制的严重滞后，社区仍是沿袭传统的行政化管理模式。具体而言，一方面，社区工作导向行政化。在社区行政化的背景下，社区居委会不得不承担很多不该负责的行政和社会管理事务，使得社区居委会的行政色彩加重，反过来，也加强了社区居委会行政化趋势；另一方面，社区考核方式行政化。目前社区考核主要采取街道和政府等有关职能部门对社区进行考核评比，没有采取居民民主评议社区居委会的方式，而这种自上而下的行政化的考核方式，使得社区疲于应付，增加了社区负担。

第二，政府和社区关系不顺，职责不清。政府与社区关系不顺，权责不分，职责不清，这直接导致社区职能超载，并且承担的行政管理性事务多，服务性事务少。行政化的"领导、指令、管理"模式，没有因城市化进程加快、社区不断扩大而转变为"指导、协调、服务"模式，结果社区承担了大量的本该由政府完成的事务，如计划生育、安全生产、社会治安、信访维稳、充分就业等。

---

① 中心课题组按照分层抽样的办法，抽取部分社区，利用开放空间会议技术、结构式访谈法进行典型调查，找出了社区负担过重的原因。受此启发，本书找出了社区治理存在困境的原因。

2. 社区服务资源分割，部门各自为政

社区建设在传统的"条块"行政管理体制指导下，必然导致社区服务资源分割，部门各自为政，缺乏整体性和统一性，其具体表现在：

第一，社区服务资源分割。社区建设是一项综合性的事业，涉及范围广、内容多，这就需要有效地整合社会资源。但在实际中，公安部门、卫生部门、社保部门等各个不同部门的资源是相互分割的，下到社区后也是分散的，这既增加了社区的负担，也严重制约了社区的发展，如各部门、各系统、各数据库之间缺乏信息共享机制与手段，造成社区服务资源分割现象严重，最终形成了"信息孤岛"，不利于信息的整合。

第二，部门各自为政。在社区建设中，"部门主义"盛行。各部门都从本部门利益出发，而不顾整体利益，从而使社区建设的重复性、矛盾性问题尤为突出。各部门一方面偏好于扩展自己的职能，通过管理更多的事，来获取更多的权力和资源；另一方面偏好向下转包责任，借口属地管理，将权力和资源留在自己手上，却将责任转包给街道和社区，从而加重社区负担。

（二）基层干部的群众意识淡薄、能力不足

目前，从整体上看。职能部门的基层群众意识淡薄，广泛存在"形式主义"，具体表现在：

第一，群众观念淡薄。有的机关干部基层群众意识淡化，官气十足，不深入基层、深入群众，不知道群众想什么、急什么、盼什么，更谈不上造福百姓，做决策、办事情只想获得上级的欢心，不管群众的疾苦，对合理诉求麻木不仁，对群众的生活漠不关心，解决实际问题推三阻四，敷衍塞责；办事情不相信群众、不依靠群众，发动群众参与只做表面文章，不办实事，严重损害了干群关系，伤害了党群感情。

第二，"形式主义"盛行。在社区建设的实际中，"形式主义"广为盛行，政策脱离实际。部分职能部门脱离群众，闭门造车，凭印象和主观臆断做决策，而不是深入社区实际，在充分调查的基础上进行科学决策。同

时，工作流于形式。部分职能部门热衷于"提新口号，定新指标，挂新牌子，铺新摊子"是典型的"发烧友"。特别是在对社区的考核中，各职能部门不断增加考核指标，并且将考核指标"细化"，但许多指标都脱离社区实际，使得社区压力加剧。

另外，社区工作人员普遍素质不高、能力不足，工作疲于应付。大多数社区专职工作者没有社会工作专业的学科背景，主要表现在：

第一，社区工作队伍素质整体不高。虽然已经扩大社区工作者来源，一批优秀人才进入到社区工作，但总的来说，社区工作队伍整体素质不高，与社区所从事的工作任务、工作要求和居民群众的期望相比，还有很大的差距，还存在来源渠道不一、年龄结构不合理、文化层次不高、工作能力不强、服务意识薄弱等问题。

第二，社区工作者对专业化的社区工作方法并不熟悉。他们不懂得运用社区工作方法和技巧开展居民教育、培养居民组织、引导居民进行民主决策和民主管理，只能采取传统的行政工作方法，以会议落实会议，以文件落实文件。这样不仅仅效率低，而且费时费力，只能起到事倍功半的效果。

（三）居民"搭便车"心理普遍存在

居民受传统文化中"重家庭、轻社会"思想的影响，易产生"搭便车"心理。众所周知，中国是以漫长的封建历史和发达的农业文明著称于世的，一家一户式自给自足的小农经济结构，使血缘关系成为整个社会关系的原型和基础，并在此基础上形成"家—国—体"的社会体制和社会结构。正如黄建中先生所说："中土以农立国，国基于乡，民多聚族而居，不轻离其家而远其族，故道德以家族为本位。所谓五伦，属家者三，君臣视父子，朋友视昆弟，推之则四海同胞，天下一家。"[①] 尽管把"天下"作为社会主流意识形态所倡导的道德价值，但个人最主要的利益关怀是"家"，是一种建立家族联系之上并只关注家族利益的利己主义。"重家庭、

---

① 郁龙余：《中西文化异同论》，生活·读书·新知三联书店1989年版，第172页。

轻社会"的意识导致"各人自扫门前雪，莫管他人瓦上霜"的心态。

"任何时候，一个人只要不被排斥在分享由他人努力所带来的利益之外，就没有动力为共同的利益作贡献，而只会选择做一个搭便车者。""如果所有的参与人都选择搭便车，就不会产生集体利益。……另一种情况是，有些人可能提供集体物品而另一些人搭便车，这会导致集体利益的供给达不到最优水平。"① "搭便车"心理影响居民对社会公共生活的关心程度和参与社会公共活动的积极性，在一定程度上制约了社区治理中居民参与的效果。

（四）政府扶持社区社会组织力度不够

政府作为资源的输出方，对社区社会组织的扶持和培育力度不够，造成社区社会组织经费拮据、人才缺少、活动场地不够等，进而影响内部治理结构，使之发育严重不足。政府对社区社会组织在社区治理中发挥的作用认识不够，只有少数基层政府组织持着积极肯定的态度大力培育社区社会组织，通过出台相关扶持政策鼓励和引导社区社会组织发展。加上政府对企业赞助社区社会组织公益事业的税收优惠力度不够，严重影响了企业支持公益事业的积极性，导致社区社会组织获取的经费也很微薄。目前，社区社会组织的发展处于一种自我独立成长的无力境地。②

（五）社区公共精神培育不足

公共精神也称之为公民性或公民意识，是指在由公民组成的共同体中，公民对共同体中公共事务的积极参与，对共同体价值的认同和对公共规范、公共原则的维护。公共精神是衡量一个国家公民素质和社会风气的重要标杆，关系着一个国家的政治、经济、社会、文化的发展。一般认

---

① 〔美〕埃莉诺·奥斯特罗姆：《公共事物的治理之道——集体行动制度的演进》，余逊达、陈旭东译，上海三联书店 2000 年版，第 18 页。
② 参见李琰：《中山市社区社会组织发展存在的问题及对策研究》，华中师范大学硕士学位论文，2014 年 5 月。

为，公共精神包括两个层面：一是社会层面的公共精神，主要体现为社会公德，即一定社会的全体居民为维护社会公共生活的正常进行，共同遵守的最基本、最简单的生活准则和行为规范。它强调的是公民个体在社会场所中对其他公民不进行干预和侵犯的责任，以及公民在特定情境中的互助责任。基本的社会公德一旦缺失，社会就会陷入以邻为壑的冷漠和人人自危的脆弱关系当中。二是政治层面的公共精神，即政治品德。它是公民在政治生活中采取适当行为所应当遵循的道德约束，强调的是公民个体对整个社会共同体予以维护和认同的责任，以及公民对国家和公共利益的发展予以关心和积极建设的品质。没有政治品德，国家就不可能正常地生存和运转，更谈不上繁荣昌盛了。[1]

社区的本质是什么，在滕尼斯的视野中，Gemeinschaft 不仅包括地域共同体，还包括血缘共同体和精神共同体，这三种共同体体现了不同的发展阶段。"血缘共同体作为行为的统一体发展和分离为地缘共同体，地缘共同体直接表现为居住在一起，而地缘共同体又发展为精神共同体……地缘共同体可以被理解为动物生活的相互关系，犹如精神共同体可以被理解为心灵生活的相互关系一样。因此，精神共同体在同从前的各种共同体的结合中，可以被理解为真正的人和最高形式的共同体。"[2] 从此可以看出，社区从本质上来说就是渗透着这些精神、价值和情感的社会生活共同体。

社区精神的培育对于社区共同体塑造或培育至关重要，甚至是核心要素。社区的本质应该是共同体，而共同体的社区精神是社区的核心内核。当社区建设缺乏核心内核时，其取得的效果必然是形式上的、外在的或者是外延式的结果。因而，因社区精神培育的不足，必然导致社区共同体本质的流失，或者说我们社区建设的实际行动及其效果在一定程度上偏离了社区的本质要求。尽管从中央到地方都在呼吁和推动城市社区建设，但社区共同体本质却在我们大张旗鼓的社区建设中悄无声息地流失。

这种流失，首先给社区建设带来困境。社区共同体本质的流失使当前

---

[1] 参见褚松燕：《论公共精神》，载《探索与争鸣》，2012年第1期。
[2] 〔德〕滕尼斯：《共同体与社会》，林荣远译，商务印书馆1999年版，第65页。

社区建设面临巨大困难，社区设施和服务取得明显效果，但社区参与和社区精神却步履蹒跚，陷入社区资本匮乏、社区组织困难的困境。同时，社区本质的流失也制约着未来社区的建设模式与发展方向，自然影响到未来社区建设的效果。其次，社区本质的流失影响到居民生活和社会和谐。因为共同体精神培育不足，人与人之间的关系并没有因社区建设而出现传统"社区"扬弃性的回归，人际关系亲密程度并没有明显改变，人与人之间的交流也并未出现明显增加。而这些均潜在地影响到每一个社区居民生活的幸福感。因为社区本质的流失使人际关系离和谐社会的社会理想或目标还存在较大距离。从根本上说，社区本质的流失直接制约着和谐社会局面的形成。最后，社区本质流失影响居民对国家的认同。因为社区本质是共同体，既然是共同体，即意味着有着相对一致的价值观念和政治认同。社区共同体一方面是对社区的认同，但社区认同的作用却不仅局限于社区，认同感和认同精神具有扩展性，居民对社区的认同是对国家认同的基础，因而社区共同体本质的流失在一定程度上影响居民对国家的认同程度。从另外一个方面而言，居民对社区和国家认同程度如何，直接决定着居民在国家与居民、社区与居民的关系中居民的行为选择，认同程度愈高，居民会积极地参与到社区或社会建设中去，反之亦然。这进而影响到整个社区和社会的建设。所以，社区本质流失不仅影响居民生活，也影响到社区和社会建设。

从宏观整体上看，社区建设的内容可以分为"硬件"和"软件"两大部分。硬件主要包括社区服务基础设施和组织体系的建设，而软件主要包括社区公共精神和社区网络的培育，二者互相促进。尤其从"社区"的本质和其建设的应然目标上看，社区应该是一个充满人文关怀、充满温情、人际关系和谐的生活共同体，其重点在于社区共同体精神的培育。社区建设主体在社区建设内容的选取上往往注重的是社区硬件，而对于社区"软件"或社区公共精神培育重视不够。[①] 费孝通先生说："社区建设硬件是必要的，但软件更重要，要使社区真正成为一个守望相助的共同体，还得依

---

① 参见张勇：《同构性与非平衡性：我国城市社区建设模式反思研究》，华中师范大学博士学位论文，2011年，第164—165页。

第三章　当前我国城市社区治理主体困境的表现、原因及其影响

靠居民的共识。""在社区里，个人凭什么接受管理或制约，又为什么要'管闲事'？要让大家接受管、愿意管，主要还靠文化认同，在价值观、思想方法和生活方式上找到同一的感觉，共同管起来。"① 目前，我国城市社区建设中，把硬件建设作为社区建设的第一"抓手"，大力促进了社区"硬件"的发展，尤其是将社区硬件设施状况作为首要的有关社区建设的评比指标之一。当然，这是因为社区硬件建设成果更具可视化和评比衡量的易量化。

从社区办公用房到社区工作人员的配备与经费保障，各地社区建设逐渐解决了"无设施、无人员、无经费"的"三无"问题。尤其有些地方的各级政府认为政府所能够做的或主要能够做的，也是最能取得"立竿见影"效果的就是加强和推进城市社区的硬件设施建设，甚至出现"人民的问题用人民币解决，人民币解决不了的问题就不是问题"的声音。虽然学界批评靠行政工作推动的社区建设是过渡行政化的社区建设，但是社区建设的硬件建设靠行政工作推动，这个阶段是必需的。没有行政力量的作用，社区的基础问题解决不了。当然，部分社区所急需解决的就是社区硬件设施建设。但在政府热衷于社区硬件设施投入和建设的背后，也存在政府自身理性化的自主性利益的考量。因为从政府"政绩"的角度而言，这些看得见摸得着的"闪光点"更容易成为业绩，而对于社区共同体精神的培育或者社区公民意识、公民参与能力和社会凝聚力的提升，面临着社区建设目标内在的有力挑战："一是不同社区成员期望上的差异乃至冲突；二是现代化对社区意识的摧残。现代化是一个破坏传统社区的力量，它以经济理性和社会流动的力量冲击传统社会中普遍存在的共同体意识和情感性联系，并造成颠覆性后果。城市重建和社会流动破坏着原有的共同体关系；西方价值观的侵入，日益膨胀的私人活动空间就同以扩展公共领域为特征的社区建设、社区发展可能发生冲突。"② 而且在社区建设实践中，社区公共精神培育似乎有点"形而上"的感觉，难以找到合适的载体和平

---

① 费孝通：《居民自治：中国城市社区建设的新目标》，载《江海学刊》，2002年第3期。
② 王思斌：《体制改革中的城市社区建设的理论分析》，载《北京大学学报》（哲学社会科学版），2000年第5期。

台，并且对社区公共精神的培育受制于传统和历史的多种因素制约，往往不是短期能取得效果的，因而从客观现实效果来看，各级政府对其的"热情"与"建设冲动"也减弱了许多。①

政府和社区也认识到社区建设的重要内容包含社区公共精神的培育，但往往在实践中将社区公共精神培育的形式单一化，将其实施形式化和表面化。例如政府往往通过鼓励居民开展各种类型的文体活动来培育公共精神，甚至在部分地区将开展各类文体活动作为社区建设的"规定"任务来完成。可是，这些被贴上"工作任务"或"工作指标"标签的文体活动的开展，已经失去了社区活动原有的价值，也达不到培育社区公共精神的效果。因为依靠行政强制力的动员式活动很可能背离社区现实与居民的实际需要。当一项文体活动缺乏社区资源和社区居民基础的时候，这时的社区居民参与只是"被参与"，其最终的效果与社区共同体精神的培育目的之间只会越来越远。

三、当前我国城市社区治理主体困境的影响

（一）居民自治进程受到阻碍

当前我国城市社区治理主体困境不仅影响了居民当家作主的积极性，而且还阻碍了社区居民自治的进程。如社区治理主体居委会的行政化、负担重造成的影响是：一方面，行政职能的泛化阻碍了社区居委会的自主管理。行政权力对社区的过多干预，致使居委会成员把大部分工作时间都放在了行政事务性工作上，而根本无暇顾及他们的服务对象。长此以往，这不仅不能使社区居委会很好地服务于社区居民，而且也使他们难以组织、协调社区内居民进行自治，最终将会严重影响社区居民自治的健康发展。

---

① 参见张勇：《同构性与非平衡性：我国城市社区建设模式反思研究》，华中师范大学博士论文，2011年，第164—165页。

另一方面，过重的社区负担使得居委会没有机会为居民创造一个良好的自治环境。社区居委会应成为社区自治活动的引导者和平台的搭建者，但是过重的社区负担使居委会有关社区自治的活动都流于形式，而且由于缺乏与居民的沟通和互动，使其不能充分利用社区资源为居民创造良好的自治环境。①

笔者调研中发现，居民原子化现象严重，居民普遍对社区事务表现得比较冷漠。首先，居民在选举中表现较为冷漠。居民行使选举权是居民参与社区事务的一种形式，但居民在选举中表现得比较冷漠，参与也大多是被动、动员式参与。在选举日当天观察的 T 社区第一分投票站投票现场，有的居民直接把票给代写员，自己拿着洗衣粉转身就走。还有的居民路过投票站但以没时间为托辞不参加投票时，工作人员上前劝导说"很简单的，就是过来画几个圈，还发洗衣粉啦"，这时原本不想投票的居民才会过来投票。笔者在 2013 年参与了选举结束后的统计，T 社区参选率为 86.3%，M 社区参选率高达 93.3%（见表 3-11），当选人得票率绝大部分超过 90%，较高的参选率与得票率也成为社区向上级汇举情况时引以为傲的资本。

表 3-11 T 社区与 M 社区直选中居民参与情况统计

项目	登记选民人数	参加投票选民人数	参选率
T 社区	4214	3636	86.3%
M 社区	3015	2814	93.3%

高参与率是否等同于大多数人都去投票呢？以笔者所在的 T 社区第一分投票站调研情况看来并非如此。第一分投票站有选民 617 人，发出选票 527 张，收回选票 527 张，其中有效票 526 张，无效票 1 张，参选率为 85.41%。但根据笔者观察真正到现场投票的只有约 120 人，平均每人投票 4.39 张。在投票现场通常是一个人拿着全家人的选举证换选票，而且全家

---

① 华中师范大学湖北城市社区建设研究中心课题组按照分层抽样的办法，抽取部分社区，利用开放空间会议技术、结构式访谈法进行典型调查，找出了目前我国城市社区治理中居委会负担重造成的影响，笔者的一些观点受此启发。

人的选举意志是一致的，在问及为什么家里其他人不自己来投票时，绝大部分选民都回答"一个人来投就行，都来多麻烦，没必要"。M 社区甚至出现一个人代投 20 多张票的情况，工作人员也没要求其填写委托书。由于社区直选中代投现象十分普遍，因此实际上亲自去投票的选民远远少于参选率中直观反映的数据。

其次，社区协商议事会流于形式。笔者在 WH 市 WC 区 NH 街道调研时发现，很多社区的协商议事会流于形式，没有定期召开，更没有行使其应有的职能。

第三，居民和居委会关系紧张。笔者在 WH 市 WC 区 NH 街道蹲点调研时，经常见到有居民到社区居委会来吵架的现象。笔者向社区工作者了解情况时，社区工作者的回答是："这些居民都是无理取闹，自己的利益得不到满足，就来社区耍无赖。"① 但是当笔者自己到小区向其他居民侧面打听情况时，得到的回答却是："居委会的人，上面有什么好处，先给他们的'骨干'②，像我们这些不经常去社区的，他们基本也不考虑我们。"正是因为社区居委会很少开展居民自治的工作，与居民沟通和交流的时间较少，造成居委会与居民之间的很多误会，进而居委会与居民的关系更加紧张。

第四，"三方联动"③ 中没有居民一方。笔者蹲点调研的 WH 市 WC 区 NH 街道开展了"三方联动"，但这三方中却没有居民一方，完全背离了居委会的职责和角色，阻碍了居民对自身利益相关事务的表达渠道。

第五，警民恳谈会也是形式居多。笔者在 WH 市 WC 区 NH 街道蹲点调研时，参加了 SYTJ 社区的警民恳谈会，只有几个居民代表参与，据笔者访谈得知，来参会的居民代表并不关心讨论的什么内容，就是为了给居委会撑场面才参加的。

---

① 资料来源：华中师范大学湖北城市社区建设研究中心 2012 年访谈录音整理。

② "骨干"即社区居民中的活跃分子，他们经常"随叫随到"，平时居委会办活动，经常邀请他们参加，来"撑场面"。

③ 三方联动工作机制是指在社区党组织领导下，社区居委会、业主委员会、物业服务企业三者协调联动，对小区进行管理。根据这个机制的要求，在社区层面，由社区书记定期召开"三方"参加的联席会议。NH 街是 WC 区推进三方联动机制工作的试点街道。

(二)社区治理失去社会基础和群众基础

社区治理的目标是要建立多元互动的格局,其立足点是通过培育、发展、壮大社区社会组织,依靠社区力量,利用社区资源,解决社区问题。随着社区行政化不断加重,政府将社区居委会纳入政府组织框架中,既弱化了社区居委会的社会自治功能,又挤占了社区社会组织生存发展的空间,且严重影响居民群众参与的积极性和主动性。

另外,党的群众基础受到影响。社区居委会是党和政府联系群众的桥梁和纽带,主要任务是宣传党和政府的方针政策,代表党和政府为居民群众服务。社区居委会承担过多的行政管理和公共服务任务,甚至把主要精力用来应付基层政府及其派出机构交办的行政工作或各类形式主义的事务上,就会严重脱离群众,影响群干关系。

(三)多元主体参与的治理格局难形成

社区治理的目标就是通过多元主体对社区公共事务的参与,在多元主体格局职责分明而又相互依赖的基础上整合社区资源,满足居民需求,维护公共利益,推动社区发展。但是,现实状况是政府独大,作为居民利益"代言人"的社区居民委员会因为日渐行政化,也站到政府组织一边,功能难以有效发挥,再加上社会组织的缺失,导致社区治理的一元格局难以打破。另一方面,社区居民委员会的行政化也导致居民认为社区管理完全是政府行为,与自己根本没有关系,将社区居民委员会看作政府组织,居民没有参与社会管理与服务的积极性、主动性,部分社区存在"政府拼命干、居民一边看"的现象。

(四)社区治理中共同体的有"形"无"实"

随着单位制的逐渐解体,社区开始在人们非工作时段的社会生活中起承担和组织作用。但也随之产生了一些问题,其中社区的结构功能定位问题一直存在争议。关于基层治理和共同体两个定位基本获得政府、学界和社会的认同，前者强调政府的权力再造和权力下沉，后者强调公共服务建设和团结感的营造。① 然而，这两个定位均把社区作为独立和较为封闭的社会单元进行建设，忽略了社区与外部世界的衔接性，及其市场化、全球化对社区的影响力。其实践结果是政府投入了大量人力、物力和资源，把社区尤其是城市社区建设成一个个独立的"居民点"，社区的"形"建起来了，但社区的人却没有团结起来；或者说社区是静态的、动不起来。②

说到底，这两种定位在根本上都是把社区简单视为居民的居住、日常生活空间，由此架构各种组织体系以满足居住生活在社区的各种需求，并且认为需求层面的生活空间只是个体身心欲望的某种回应安排，内容以吃喝拉撒为主。但是，这样的定位首先忽视了人作为社会性动物的本质。社会人需要有公共空间并且在其中发展社群，在社群中拥有公共权利和公共责任。公共空间实际上是一种社会认同和身份的形式。但它同时也忽视了现代人在社会空间和社群中应取得的最基本的社会权利和责任能力的属性，就是公民权或公民资格。③ 也就是说，现代社区本来应是公民需要拥有的最基本的日常公共空间。社区中的人不仅仅是居住与此的社区居民，而且也应该是在公共空间中拥丰富社会关系、具有公共活动能力的社区公民。即现代社会中的社区具有区别于传统社区的两个特征：（1）公共空间是社区的第一属性，地缘性、充满日常生活内容是其第二位的属性或特征。（2）由于个人能力、国家统合能力、社会整合能力以及全球化

---

① 参见陈建胜：《城乡一体化视野下的农村社区建设》，载《浙江学刊》，2011 年第 5 期。
② 参见杨弘任：《社区如何动起来？：黑珍珠之乡的派系、在地师傅与社区总体营造》，台北：左岸出版社 2007 年版；萧家兴主编著：《社区创新营造论文集》，台北：唐山出版社 2007 年版。
③ 参见〔英〕克里斯·巴克：《文化研究：理论与实践》，孔敏译，北京大学出版社 2013 年版。关于公民权的相关研究，目前已经蔚为大观，有政治公民权、经济公民权、社会公民权、文化公民权、生态公民权、民族国家与去国籍化的公民权、少数族裔公民权、世界公民权及其自由主义公民权、共和主义公民权、社群主义公民权，详见〔英〕恩斯·伊辛、〔英〕布雷恩·特纳主编：《公民权研究手册》，王小章译，浙江人民出版社 2007 年版。

的综合作用，社区日益成为更大社会空间的组成部分，成为更大社会中的有机层级，即帕森斯所说的社会型社区日益成为现代社区的重要特征。因此，社区应辅助个体形成从家庭走向社会的权利和能力，把社区居民转变成社区公民，以实现基于公民权利和责任上的社区团结和社会整合的一致。①

---

① 参见陈建胜、毛丹：《论社区服务的公民导向》，载《浙江社会科学》，2013年第5期。

第四章　社区居民转变为社区公民：当前我国城市社区治理主体中的多重赋权

在前面的章节内容中，笔者就社区治理主体困境的表现、原因和影响进行了阐释。本章笔者从赋权增能的研究视角讨论如何摆脱社区治理主体的困境，使社区居民转为社区公民，即政府先赋权增能给内生的社区工作者，内生的社区工作者再赋权增能给居民，进而使社区居民转为社区公民。

一、理顺政府和社区居委会的关系

（一）明确政府与社区居委会的关系

政府组织与社区居委会之间是指导与协助、服务与监督的关系，这种关系的具体内涵包括：（1）区街政府部门指导社区居委会开展社区自治活动；（2）区街政府部门强化服务意识，实行"重心下沉"，直接面向社区居民提供公共服务；（3）社区居委会按《中华人民共和国居委会组织法》的规定，协助政府"维护社会稳定"和"与居民利益有关的公共卫生、计划生育、优抚优待、青少年教育等项工作"；（4）社区自治组织代表居民并组织居民对区街政府部门服务进行监督。

第四章　社区居民转变为社区公民：当前我国城市社区治理主体中的多重赋权

（二）调整政府与社区居委会关系的原则

1. 指导而不领导原则。政府职能部门和街道办事处对社区自治和社区自治居委会的各项工作承担政策、业务指导义务。在社区自治运行过程中，必然会出现大量的关于社区民主选举、民主决策、民主管理、民主监督和居民自我管理、教育、服务等方面的政策性、业务性事宜，需要政府组织提供必要的政策业务指导；社区自治组织有效承担社区自治事务，需要政府组织指导社区构建组织体系完善、职责分工明确的自治组织机构，建立社区自治章程和各项规章制度，为社区自治提供制度保障。同时，政府组织需要对社区自治发展方向进行适当调控，确保社区依法自治。

但政府组织与社区居委会之间没有领导与被领导的上下级关系。政府职能部门和街道办事处不能违反法律法规，人为操纵、干涉社区民主选举、民主决策、民主管理和民主监督的程序和结果；社区居委会有协助政府职能部门和街道办事处办理与本社区居民切身利益相关的行政事务，但不承担行政责任，不与街道办事处签订行政目标责任书。

2. 服务而不添乱原则。政府职能部门和街道办事处有为社区居委会和居民群众服务的义务，但不能借工作之名搞摊派。政府职能部门和街道办事处应该在本地区范围内按照一定原则，科学合理地规划社区，调整社区资源；建立社区自治所需要的财政保障体系，为社区提供充足的经费支持，保障社区各项事业开展；定期组织社区工作者参加各类政治、业务培训，提高社区工作者政策业务水平，推动建立一支职业化、专业化的社区工作者队伍；积极协调社区自治组织与其他政府组织、企业事业单位的关系，营造良好的社区发展氛围；加强社区建设规划，促进社区间的互相交流和学习，从整体上提高为群众办实事、办好事的水平；统一组织社区大型项目和公共工程建设，如社区老年"星光计划"项目、社区最低生活保障社会化发放项目、社区劳动保险和养老保险社会化项目、社区失业和下岗人员再就业工程、社区人口和资源普查、跨社区大型文化体育活动、跨社区的环境整治建设。

3. "由民做主"而非"代民做主"原则。政府职能部门和街道办事处需要对社区居民进行广泛宣传，动员社区居民积极参加社区民主选举，投身社区自治事业；社区自治组织有权代表居民群众向政府部门反映意见和要求，对政府工作提出建议，对政府工作人员进行监督。

4. 规划而非包办原则。政府职能部门和街道办事处有义务对社区建设进行统一规划，但没有必要也不应该替社区居委会包办属于其职责范围内的事宜；应指导社区通过整合社区资源，实现内源式发展，加强与社会各界联系，借助各方力量，塑造开放性社区。

（三）明确政府与居民委员会的职能

要去居民委员会的行政化色彩，首先就必须明确政府和居民委员会的职能，即要明确在基层社会管理和服务中，哪些是政府的职责，哪些是社区居民委员会的职责。从理论上讲，无论是政府的职能，还是居民委员会的职能，法律法规都规定得十分明确。但在实际运行过程中，政府凭借对居民委员会的掌控权，无限制地将职责范围内的事情转嫁给居民委员会，而居民委员会也因其对政府的强烈依赖，自觉、不自觉地承担了政府转嫁的各种行政事务性工作，扮演了"政府的腿的角色"。新公共管理理论认为，政府的职能是一定的，政府职能是有限的，政府职能的实现必须是有效的。因此，要合理定位政府的角色，调整政府与社会的关系。在明确政府与居民委员会职能的前提下，还必须建立如"准入制"等相应的制度，禁止政府向居民委员会转嫁行政事务性工作，赋予居民委员会拒绝承担行政工作的权利，促使政府依法行政，保证居民委员会依法自治，建立政府与社区居民委员会的协商合作机制，真正实现政府依法行政与居民委员会依法自治的有机衔接和良性互动。也就是说，要改变当前政社合一的社会管理模式，实行政社分开，做到权责明确，充分发挥社区自治机制的作用，转变社区居民委员会的行政功能，从而实现角色归位。

二、政府赋权给社区居委会和居民

行政向社会放权主要是指政府逐渐有序地放弃对社会组织和舆论媒介的过度管制权,在更大程度和更广范围发挥社会组织和舆论媒介在社会治理中的主体性作用。只有通过这种放权才能使市场和社会正常依法运行,激发市场和社会的活力,调动人民群众创造社会财富和维护安居乐业社会秩序,促进社区居民积极参与社区公共事务和承担社区公共责任的积极性,从而提升社区居民的公民意识和公民行动能力,促进人的自由和发展。[①]

社区权力体系结构是社区治理结构的核心,由经济性、社会性与行政性社区组织组成的基础社区权力体系结构相较于单一的行政性组织独大的结构,更利于权力运行的稳定。社区治理活动不是单纯的国家行为,也不是理想的社会自治行为集合,甚至也很难说是国家、社会组织、公民出于美好的合作意愿建构起来的多中心管理实践组合。真实的社区治理过程发生在国家与社会组织彼此权力和利益的相互选择关系之中。[②]

目前社区治理中,政府的理念要有一个根本性的转变。政府的理念不转变,工作方式上仍然是行政化的(尤其是对上不对下),容易造成居民与政府以及社区工作者之间的误解和裂痕,导致关系紧张。有些居民对政府不信任,自然也不愿意参与社区的活动和事务。为了改变这一实际情况,政府引入了公益创投机制。引入公益创投机制是政府制度转变的表现。这一机制使政府加大资源和方法的投入,使政府与居民、政府与居委会关系重构。这一过程不仅是政府赋权的过程,也是政府增能的过程。尤其是从技术上给社区工作者增能赋权,恢复了社区工作者的主体性,把行

---

① 参见赵守飞:《行政与自治:社区体制改革中的权力关系研究》,华中师范大学博士学位论文,2013年5月。

② 参见王巍:《小区治理结构变迁中的国家与社会》,载《公共行政评论》,2009年第1期。

动的自由权和决定权交给相应主体，发挥他们的自主性。

社区建设的基本前提是人人都有自治能力。要把人的自治能力从压抑状态变为释放状态，政府就需要通过购买服务的形式，请具备专业社会工作能力和技术的专业社工给社区工作者赋权增能，让他们也变成专业社工，然后社区工作者再给居民赋权增能，让居民变成公民。为什么政府不能直接给居民赋权增能呢？因为政府的优势是立法优势、财政优势、搭建平台优势，具体的技术不是政府的优势。按照中国的实际情况，通过政府采用公益创投，提供政策和财政支持，先给社区工作者赋权增能，再让社区工作者把居民组织起来，对居民进行赋权增能，才是可行的路径。社区工作者具体可以通过社团孵化把居民组织起来，参与社区的事务和活动，并逐步培育居民的参与意识和参与能力，最后使居民变成具有公共精神的公民。

政府赋权就是重新配置城市管理的公共权力，将现在掌握在政府手中但本应属于社区的权力下放给居民委员会，使居民委员会在本区域范围内成为治理主体，如赋予其内部事务决策权、财务自主权、工作人员选免权、日常工作管理权等。凡是应该由居民群众自己办理的事情，就应该交给居民组织来办，政府不应过多干预。政府不仅要转变职能，还要改变工作方法、工作作风，变管理社区为服务社区，寓管理与服务之中，切实尊重和保障宪法规定的居民委员会的自治性质和自治权利。

马克思、恩格斯在《神圣家族》中明确提出，"历史活动是群众的事业"，决定历史发展的是"行动着的群众"。① 这一观点科学地阐明了历史的真正创造者是最广大的人民群众，确立了人民群众创造历史的主体地位，打破了长期占据统治地位的英雄史观，实现了历史观上的伟大变革。马克思主义的这一伟大观点在中国共产党十八大报告里得到了切实的体现。报告明确宣布"必须坚持人民主体地位"，"要支持和保证人民通过人民代表大会行使国家权力"，要保障人民的"知情权、参与权、表达权、监督权"，"凡是涉及人民群众切身利益的决策要听取人民群众意见，凡是

---

① 《马克思恩格斯全集》第2卷，人民出版社1965年版，第104页。

损害人民群众利益的做法都要坚决纠正"。"让人民监督权力。"① 在社区层面,不仅要赋予居民知情权、选举权、监督权等,还应该赋予居民行动权和决定权,只有这样才能增强居民的自治能力。

三、社区工作者赋权给社区社会组织和居民

社会组织是现代社会最重要的细胞,对于弥补政府失灵、市场失灵具有不可替代的作用和独特优势。郑杭生先生指出:"相对于政府行政运行,社会组织的运行方式能够降低社会管理的成本;相对于市场调节,社会组织的调节方式能够更好地保证社会公益的目标,从而也有利于把社会公平正义落到实处,让广大人民群众共享发展成果,更好地弥合分歧、化解矛盾、控制冲突、降低风险、增加安全、增进团结。"②

本书的社区社会组织是指不需要外部指令的强制,社区成员在社区范围内,以社区居民为成员或者服务对象,以满足社区居民的不同需求为目的而成立的各种社团类组织。按产生的内在动力,本书将社区社会组织分为四类,分别是:联谊类社会组织、互助类社会组织、治理类社会组织、志愿类社会组织(具体见表4-1)。③ 这四类组织中,重点需要培育后三类。社区介入的程度从第一类到第四类呈正比例上升,公益性从第一类到第四类呈正比例上升。通过社区社会组织的培育来促进居民参与,进而培育居民的公共精神,提升居民参与意识和参与能力,加速居民向公民转变的步伐。这四类组织对应公民生成的发展轨迹,即先学会自助,再学会互助、助人,最后参与公共事务,培育出公共精神,逐步转变为公民。

---

① 转引自李永忠:《十八大报告中的"五权"之思》,载《人民论坛》,2013年第3期。
② 郑杭生:《培育和发展社会组织的意义和思路》,《人民日报》,2007年11月24日第7版,网址http://paper.people.com.cn/rmrb/html/2007-11/24/content_33627036.htm。
③ 此部分观点借鉴了华中师范大学城市社区建设研究中心培训资料中的观点。

表 4-1　社区社会组织的分类及与社工介入的关系

序号	属性 类型	产生的动力来源	社工介入的程度	公益性	事实逻辑
1	联谊类社会组织	兴趣、爱好（群体认同）	较低	较低	自助
2	互助类社会组织	需要（群体性、互助性）	低	低	互助
3	治理类社会组织	问题（群体性、互助性、公益性、公众性）	中	中	助人，参与公共事务
4	志愿类社会组织	意愿+激励（群体性、互助性、公益性）	高	高	转变为社区公民

本书说的社区工作者不包括专业机构的社工，主要指社区内生的社工，应重点培育社区内生的社工，他们更熟悉社区的实际情况，即更接地气。在培育社会组织时，应在居民参与中发现社区需求，居民需要什么组织再孵化什么组织，在民主协商中用开放空间会议技术确定服务项目，在项目执行中培育社会组织，尤其是应把志愿者服务兑换机制建立起来，还要协调社会组织之间的关系，在组织协调中和谐社区关系。

社区工作者经过能力培训，具备了专业性，可以进一步给社区社会组织赋权，尤其是对社会组织进行技术赋权和资源赋权，大力孵化和培育社区社会组织，扶持其走上规范的内部治理轨道。同时，社区社会组织的参与形式灵活多样，而且涉及的事务都和居民的生活息息相关，因此这种参与方式获得了居民较高的参与热情，并且具有持久性，居民参与的过程也是对其赋权增能的过程。

四、治理主体的增能

政府应该创设一个具有鲜明时代特色、体现治理理念的制度体系。通过政府购买服务制度、社区事务准入制度、公益创投制度、三事分流制

第四章 社区居民转变为社区公民：当前我国城市社区治理主体中的多重赋权

度、企业社会责任监管制度等一系列具有新公共管理和新公共服务理念的制度安排，确认政府对多元主体参与社会建设和治理的认可和支持，为激发各类主体连续、稳定、多层次参与社区治理的积极性奠定了坚实基础。为了发挥聚合起来的各种力量的协同治理效应，应该有效地实现治理主体的赋权增能。下面以宁波市海曙区为例分析。

第一，从构成要素看，这套制度体系包括了3类主体（政府、社会、市场）、4条途径、6个载体。即增能主体是指政府主体、社会主体（社会组织、自治组织、居民）、市场主体（企业）；增能途径是通过管理增能、服务增能、合作增能、自治增能展开；增能载体有培训、会议、项目、活动、论坛、评估（见表4-2）。

表4-2 海曙区治理能力培养工作体系的构成要素

主体		途径		载体
		分类	使用频率	
政府主体	区政府	管理增能	高	培训、评估、会议
	民政局	服务增能	中	
	街道办事处	合作增能	低	培训、会议、论坛
社会主体	社会组织	服务增能 自治增能 管理增能	高 高 中	项目、活动
	自治组织	自治增能 服务增能 合作增能	中 高 高	活动、论坛、培训
	居民	自治增能	高	活动
市场主体	企业	服务增能 合作增能	高 中	活动、论坛

第二，从能力提升的整体布局看，海曙区建构了一套组织上相互交织、功能上相互补充、行动上互相联结的多重增能工作网络。通过这一网络，参与治理的各主体全部被一张增能之网覆盖，接受着来自多个机构提供的多方面内容的培养（如图4-1）。

从图 4-1 中可以看出，社会组织（主要是社区社会组织）成为提升能力的主要对象，接受了来自各个方面的扶持。这说明海曙区在社区治理中着力发挥社会组织的作用。

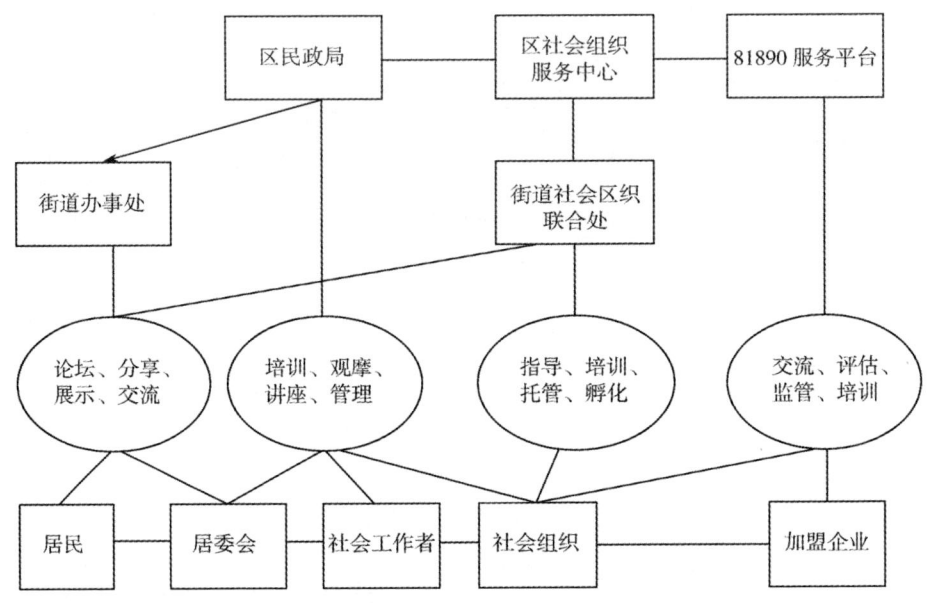

图 4-1　海曙区参与式能力提升工作体系网络（多重增能工作体系）

但从全国看，社区治理的现实情况是政府的理念未完全转变，需要继续赋权增能。

（一）政府给社区工作者增能

社会工作能力应该是先进的理念、系统的知识、实用的技术和可推广的经验。政府通过购买专业社工的服务对社区工作者进行实务能力培训（培训框架图具体见图 4-2），让他们具备社区工作者应该具备的专业性，掌握社区工作的技术和方法，具备社会工作的能力。能力培训的具体内容有：

第四章　社区居民转变为社区公民：当前我国城市社区治理主体中的多重赋权

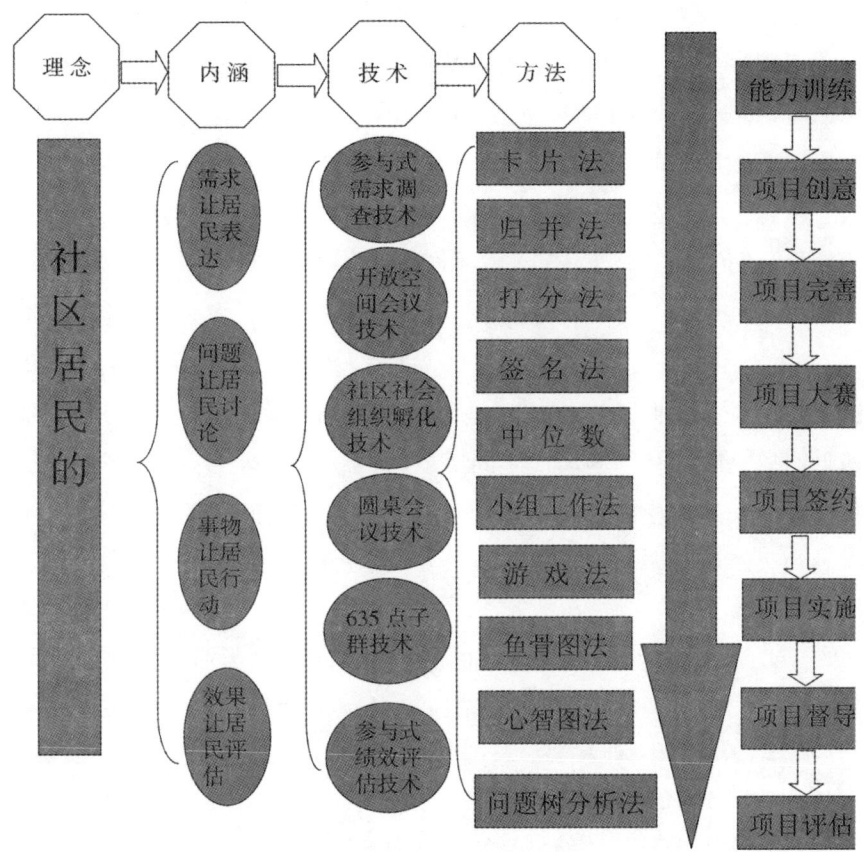

图 4-2　社区工作者实务能力培训框架图

1. 专业社工应该具备的七大要素

首先，社区工作者理念要转变为做居民需求的事而不是自己的事。例如以前社区工作者根据上级的任务，开展各类活动，这些活动并不是居民感兴趣或需要的，因此居民的参与度很低。经过培训后，社区工作者明白了社区是居民的，应该以居民的需求为导向。其次，掌握社区工作的原则是助人自助。它是指首先引导居民学会自助，区分开哪些事情是社区应该做的、哪些事情是居民应该做的、哪些事情是政府应该做的。属于居民做的事情，就引导居民自助，还要让居民在学会自助的同时助人，增进邻里关系的和谐，培养他们的志愿精神和公共精神。第三，社区工作者应该定位清楚自己的角色，做观察者、引导者、增能者，而不是命令者和领导者。在从事社区工作时，转变行政工作的思路和套路，运用社会工作的方法，善于观察、引导居民，增强居民的自助能力。第四，社区工作者的工作思路应该是"今天的介入是为了明天的退出"，改变以前事事包办到底的思路，不做居民的"保姆"，而是让居民在学会自助后，进而引导他们助人，再积极参与公共事务，最后实现自我管理、自我教育、自我服务的自治效果。第五，社区工作者的工作方法应该是社会工作的方法，不应该用行政的工作方法，应该掌握"六个技术九种方法"（后面有专门的论述）。第六，社区工作者应该具备的品质是爱心、责任心和耐心。第七，社区工作者应该掌握的工作技巧是"严肃事情轻松做"。社区工作中难免会遇见居民之间或社区与居民之间等各种纠纷，社区工作者应该在处理这些事情时，采用轻松的态度，缓和气氛，找到解决问题的好办法，不应该硬碰硬地去解决（具体见图4-3）。

专业社工应具备的七大要素
1. 工作理念：做居民需要的事而不是自己的事（社区是居民的）
2. 工作原则：助人自助
3. 工作角色：观察者、引导者、增能者
4. 工作思路：今天的介入是为了明天的退出
5. 工作方法：个案工作、小组工作、社区工作、参与方法、开放空间会议技术等
6. 品　　质：爱心、责任心、耐心
7. 工作技巧：严肃事情轻松做

图4-3　专业社工应具备的七大要素

2. 新技术：社区治理的六大技术和九种方法

新理念要在行动中软着陆，需要一个转变过程，在这个过程中，需要借助一定的技术和方法，可概括为"六个技术十种方法"[①]。

---

① 本部分资料来自华中师范大学湖北城市社区建设研究中心社区实务能力培训资料，"六大技术十种方法"是陈伟东教授提出的。

第四章　社区居民转变为社区公民：当前我国城市社区治理主体中的多重赋权

(1) 六大治理技术

第一，开放空间会议技术。

开放空间会议技术又叫团队引导技术，它是引导居民形成团队或引导居民团队行动的技术，即把居民组织起来，让有组织的居民采取行动的一种技术（具体见图4-4）。

开放空间技术的核心理念是：伙伴、参与、共享。伙伴的含义是社区是居民的，居民之间都是朋友，地位平等，相互尊重，合作共赢。参与的含义是开放空间会议技术倡导"人人参与、共同参与、平等参与、快乐参与、参与快乐"的参与理念，使社区居委会的理念从"我组织，你执行"、"我决定，你执行"向"你组织，你参与"、"你决定，你执行"转换，提高居民参与社区治理的积极性。共享的含义是开放空间技术还倡导"共享观点、共享进步、共享发展"的共享理念，参与者本着"观点与人人共享，共享人人观点"的态度自由地参与讨论，进行头脑风暴，不仅贡献了自己的智慧，还可以分享大家的智慧。开放空间会议的成果最终会形成实践方案，通过实践改造实现社区发展，实现发展成果人人共享。

开放空间会议技术的参与要素是激情和责任。参与激情是建立在兴趣或能解决问题的基础上；参与责任是指本着引导者而不是控制者的职责。

开放空间会议技术的机制是自由选择机制。自由选择机制就是赋权增能，赋权是指赋予大家自由选择权和自由表达权，让大家畅所欲言；增能是指增强人们的协作能力、合作能力和自治能力。

开放空间会议技术的法则是两脚法则。开放空间会议的基本法则是两脚法则，即参与者通过两只脚的走动选择参与或不参与话题的讨论。在自由选择机制下，有"蜜蜂"与"蝴蝶"两种参与角色。"蜜蜂"像辛勤的园丁，不停地"嗡嗡"穿梭于各小组，参与各个小组的讨论，为各个小组出谋划策，贡献自己的智慧和能量。"蝴蝶"就是静静地在各小组之间旁观，从未真正参与任何一小组的讨论。

它的规则是围绕主题，贡献智慧；没有对错，认真倾听；时间管理，分工协作。分工协作中选出主持人、记录人、汇报人。主持人的任务是让小组成员中的每一个都有发言的机会，并把握好讨论的节奏和时间；记录人的任务是完整记录别人的原始观点，不演绎提炼别人的观点。汇报人的任务是把本小组的成果生动完整地分享给大家。

它的目标是做好准备，迎接惊喜。

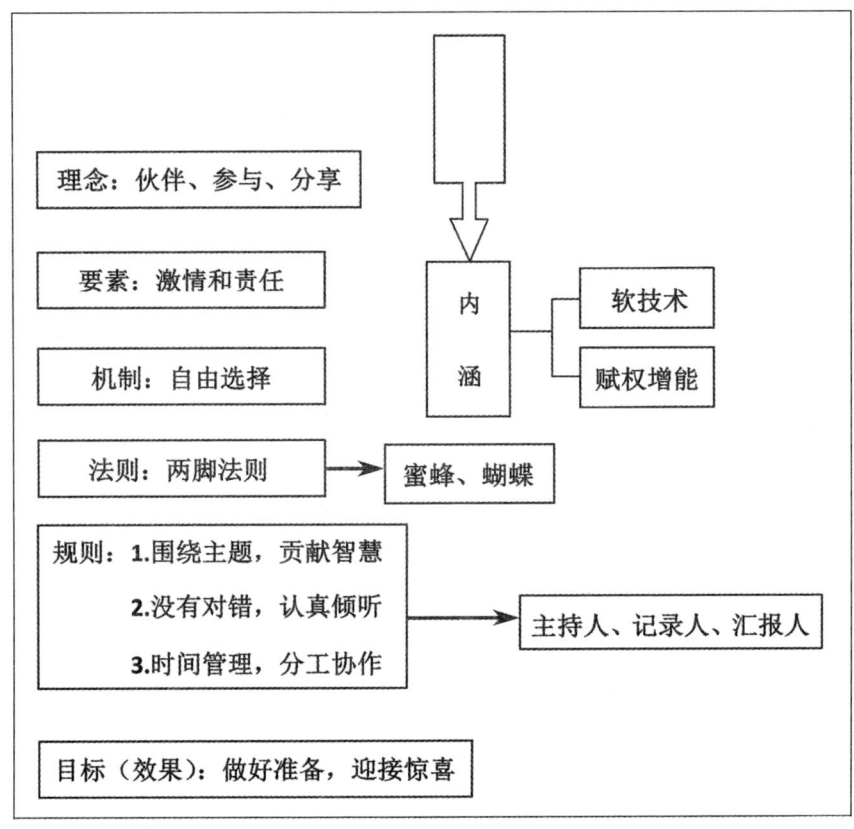

图 4-4　开放空间会议技术

在开放空间会议技术的理念下，开放空间会议模式和传统的行政会议模式区别较大。（具体见表 4-3）开放空间会议对场地的布置等都有严格的要求。

表 4-3　开放空间会议模式和传统的行政会议模式的区别

行政空间会议模式	等级空间	封闭空间	压抑空间
开放空间会议模式	平等空间	开放空间	自由空间

第四章 社区居民转变为社区公民：当前我国城市社区治理主体中的多重赋权

开放空间会议技术的具体流程如图 4-5。

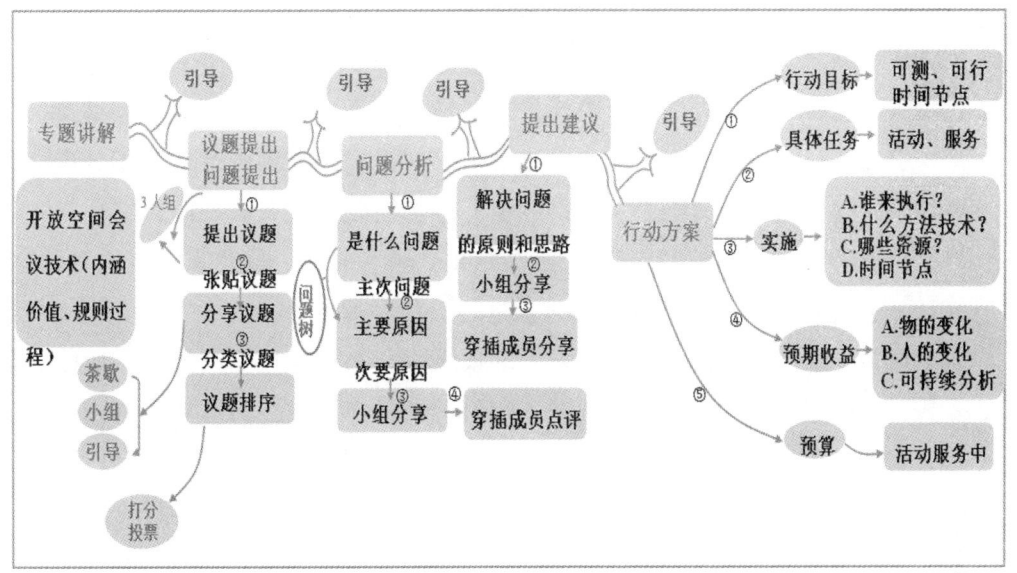

图 4-5 开放空间会议技术流程

第二，参与式需求调查技术。

它是指目标群体以"参与式"的形式做的需求调查。它与传统调查方法（如问卷法）相比，有以下优势：一是直观性；二是真实性；三是细节性；四是参与性。这里的"参与"一定是建立在主动的基础之上的，与被动的参加有很大区别。这个技术使过程和结果并重，运用在社区工作中，能更有效、更准确地调查出居民的需求。

参与式需求调查的具体流程是：第一步，先让目标群体表达自己的需求，并告诉目标群体，可以各抒己见，不用担心对错，无记名等规则，同时告诉目标群体把自己的需求用白板笔写在卡片纸上①，并强调要同步书写，不用观望别人写了什么，引导被调查者把自己的想法表达出来。第二

---

① 之所以用白板笔和卡片纸，是因为白板笔写出的字体大，每个被调查者都能看到别人的观点，用卡片纸可以随时挪动位置也便于后面的分类整理。

步,三人一组①去指定位置的红布上张贴自己的需求卡片,并告诉大家在张贴时,可以看一下其他人写的需求是不是和自己的需求同一类,如果类别相同就纵向贴,如果类别不同就横向贴。第三步,分享环节,可以采用自由式或引导式两种方式。自由式是指让被调查者自己去看分好的需求类别,引导式是从被调查者中找几名志愿者,对需求的类别进行进一步分类调整,并读出来,分享给大家。第四步,需求细分,让大家用白板笔在自己感兴趣的对应类别下签名,并强调要求正楷字书写,等大家都签好名,统计下签名的数量,根据签名的数量进行分组,原则上一个组不能超过6人,让每一组选出主持人、记录人、汇报人进行小组讨论。第五步,对刚才的需求类别可以用签名统计法或531打分法排序,找出最重要的需求是什么(具体见表4-4)。

表4-4 参与式需求调查流程(卡片法)

步　　骤	方　　法
需求表达	同步书写(卡片、白板笔)
需求分类	三人一组张贴:相同纵向贴、不同横向贴
分　　享	自由式;引导式
需求细分	签名法(要求正楷字书写!); 小组讨论(选出主持人、记录人、汇报人)
需求排序	签名统计法;531打分法

第三,社区社会组织孵化技术。

社区社会组织孵化技术是指对各类社区社会组织进行孵化的具体流程和运用的方法技术。社区社会组织分为四类:联谊类社区社会组织、互助类社区社会组织、治理类社区社会组织和志愿类社区社会组织。基于不同的动力来源,后三类社区社会组织呈现出的生长模型为:通过资源网络和行动网络,从互助类到治理类再到志愿类社区社会组织的生长,其中志愿

---

① 这里强调三人一组是为了避免大家一哄而上造成的混乱,尤其还要考虑如果调查的对象是老年人或小孩,更应提前做好规避风险的措施,强调三人一组张贴。

类社区社会组织是灵魂（具体可见图4-6）。

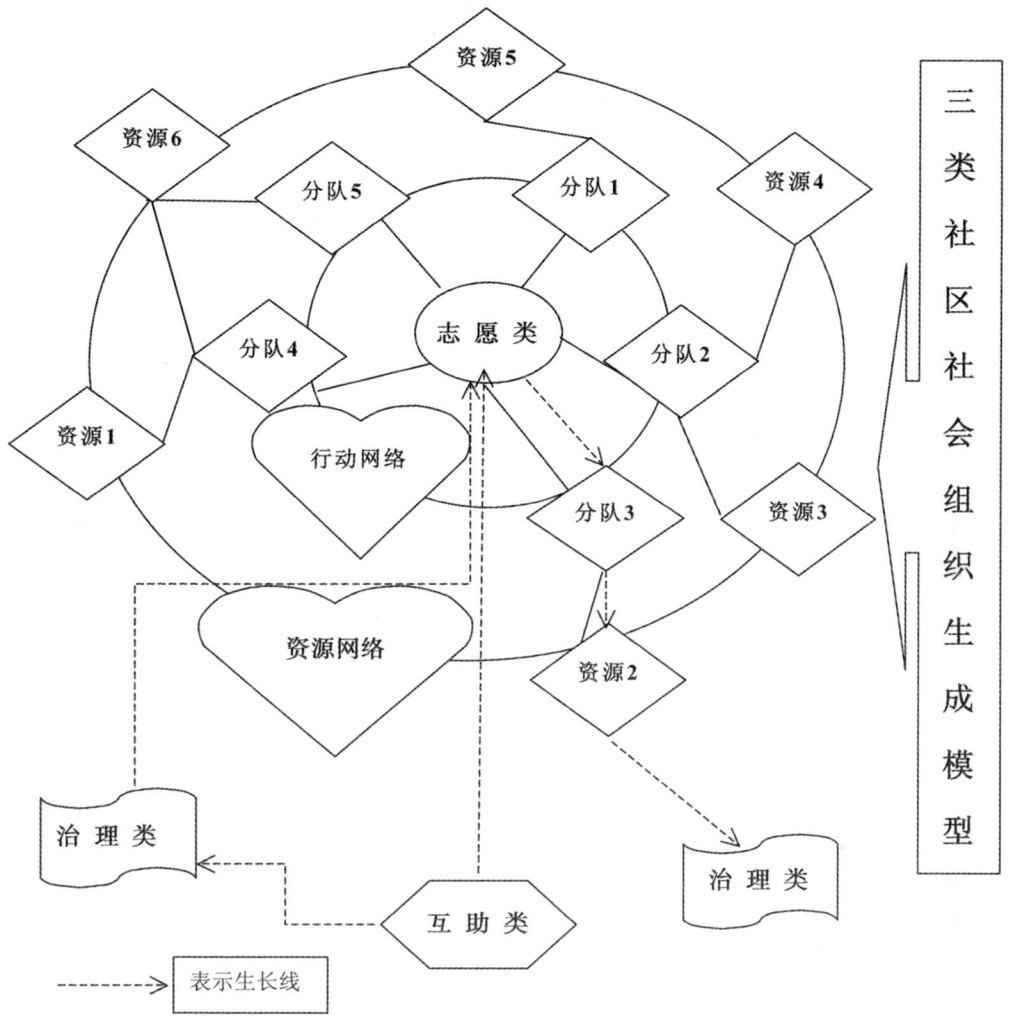

图 4-6 三类社区社会组织生长模型

笔者的导师陈伟东教授带领团队开发了三类社区社会组织孵化的流程①，分别是互助类社区社会组织孵化流程、志愿类社区社会组织孵化流

---

① 此部分观点来自华中师范大学湖北城市社区建设研究中心陈伟东教授在社区实务能力培训时的观点。联谊类社区社会组织在目前的社区中，存在较多，不是重点孵化的对象。——笔者注

程和治理类社区社会组织孵化流程。孵化社区社会组织有四个原则，分别是：第一，需求导向原则；第二，社区引导原则；第三，政府扶持原则；第四，社会参与原则。在上面四个原则的基础上，互助类社区社会组织、志愿类社区社会组织和治理类社区社会组织孵化的具体流程如表4-5、表4-6、表4-7。

表4-5 互助类社区社会组织孵化流程

阶段	任务	方法	具体操作流程
第一阶段	需求调查，找准需求点（主要考虑可能性即社区可做的和群体可做的）	参与式需求调查法	社区居委会先根据情况用问卷、电话咨询、座谈等方式和方法锁定目标群体。
第二阶段	细分群体	互动游戏、卡片法	找准目标群体。
第三阶段	第一次活动	卡片法、归并法、打分法、问题树分析法	（1）吸引群体；（2）用卡片法、归并法收集活动主题；（3）用打分法确定活动的顺序；（4）用签名法确定执行团队和执行时间。
第四阶段	依次开展活动；发现领袖团队，培育团队威信		（1）按先易后难的工作流程，依次行动；（2）用签名法、小组工作法细化团队执行的步骤；（3）若遇到困难，用635点子法；（4）用卡片法选出"老大"。
第五阶段	组建团队		（1）用卡片法、归并法推选"老大"团队；（2）用卡片法、归并法确定社区社会组织章程、分工等；（3）用卡片法、归并法确定公约；（4）用卡片法、归并法确定自我监督制度。
第六阶段	规避风险的措施	卡片法、归并法等	用卡片法、归并法收集规避风险的措施。

第四章　社区居民转变为社区公民：当前我国城市社区治理主体中的多重赋权

（续表）

阶段	任务	方法	具体操作流程
第七阶段	引向公益	卡片法、归并法等	（1）用卡片法、归并法等分组讨论如何引向公益、传播经验、示范推广；（2）策划举社区社会组织公益节；（3）委托管理公益服务设施；（4）参与社区公益服务策划；（5）开展社区公益服务。
第八阶段	可持续发展		（1）用卡片法、归并法、打分法引导团队开发资源；（2）用卡片法、归并法、打分法确定如何激励团队的办法以及志愿服务兑换的流程、标准等；（3）领袖能力建设；（4）成果展示、资源对接。

表4-6　志愿类社区社会组织孵化流程

阶段	任务	方法	具体操作流程
第一阶段	破冰、熟悉	互动游戏（猜蔬菜名、生日排队等）	熟悉交流5—10分钟
第二阶段	交流	讲故事	以家人的故事、重庆小正街的实践等来吸引注意力，启发思想。
第三阶段	收集目标群体所需的兑换服务项目（此服务项目单可实行半年、一年滚动）	卡片法、归并法、签名法	用卡片法收集志愿者需要的所有兑换服务项目 ↓ 用签名法确定具体兑换人（找到需要此类兑换服务的微群体） ↓ 请各种服务项目微群体细化各项服务项目（例：免费停车可拆分为半年免费还是一年免费等各种细则）

（续表）

阶段	任务	方法	具体操作流程
第四阶段	确定志愿者自身可提供的服务项目	卡片法、归并法、签名法	用卡片法收集志愿者自身可以提供的服务项目（如美甲、陪聊等） ↓ 用签名法确定具体兑换人（找到可提供此类兑换服务的微群） ↓ 请各微群体细化可提供的各项服务项目（如我可以在什么时间提供美甲服务） ↓ 用卡片法推选联络人以保持与社区的联系 ↓ 推选完成后以小组工作法细化联络人的任务
第五阶段	确定公益时间兑换准则（时间存储）	卡片法、打分（勾）法	用卡片法收集志愿者的意见。（你认为普通体力劳动一小时时间应积多少公益服务时间，是1小时=1小时还是1小时=其他？需要劳动技能（脑力劳动）是否需要与体力劳动有差异？若有，差异该为多少？） ↓ 采用打勾法确定公益服务兑换时间（体力劳动：1小时=1小时，需要劳动技能：1小时=1.5小时）
第六阶段	商议管理、运营问题	卡片法、打勾法	卡片法收集谁来管理此志愿者协会（居委会？协会自管？还是居委会、协会交叉管理？） ↓ 用打勾法确定管理方式（居委会、协会交叉管理）

（续表）

阶段	任务	方法	具体操作流程
第七阶段	细化管理细则	卡片法、打勾法	用卡片法选出潜在"老大"（除居委会陈主任外） ↓ 宣布所有备选老大全部入选（管理需要庞大的队伍以及团队合作） ↓ 请各位准"老大"分享。
第八阶段	确定兑换标准	卡片法、归并法等	例：收集所有成员认为合适的时间以及志愿服务多长时间可以兑换一次 ↓ 可采用打勾法确定时间（需要注意的是小组讨论完后需要与其余组平衡以保证每项服务项目兑换时间差异不大）。
第九阶段	确定社团名称、章程、规划活动、社区社会组织领袖训练	卡片法、归并法、打分（勾）法等	用卡片法、归并法、打分（勾）法确定社团名称、章程 ↓ 分组策划活动方案以及社区社会组织领袖能力培训的内容
第十阶段	规避风险的措施	卡片法、归并法等	用卡片法、归并法收集规避风险的措施
第十一阶段	引向公益	卡片法、归并法等	用卡片法、归并法等分组讨论如何引向公益
第十二阶段	可持续发展	卡片法、归并法等	用卡片法、归并法等分组讨论如何可持续发展

表 4-7 治理类社区社会组织孵化流程

阶段	任务	方法	具体操作流程
第一阶段	目标群体（20人）例如：一个楼道、一个院落	问卷法、座谈法	社区居委会先根据情况用问卷、电话咨询、座谈等方式和方法锁定目标群体。
第二阶段	熟悉交流（视情况定）	互动游戏	通过游戏破冰
第三阶段	问题分析	卡片法、归并法、打分法、问题树分析法	（1）用卡片法、归并法、问题树分析法等收集问题；（2）用卡片法、归并法分析原因；（3）用卡片法、归并法、打分法分析后果；（4）用打分法确定问题的易难程度；（5）用签名法确定执行团队和执行时间。
第四阶段	培育领袖		（1）按先易后难的工作流程，依次行动；（2）用签名法、小组工作法细化团队执行的步骤；（3）若遇到困难，用635点子法；（4）用卡片法选出"老大"。
第五阶段	组建团队		（1）用卡片法、归并法推选"老大"团队；（2）用卡片法、归并法确定社区社会组织章程、分工等；（3）用卡片法、归并法确定公约；（4）用卡片法、归并法确定自我监督制度。
第六阶段	规避风险的措施	卡片法、归并法等	用卡片法、归并法收集规避风险的措施。
第七阶段	引向公益	卡片法、归并法等	（1）用卡片法、归并法等分组讨论如何引向公益、传播经验、示范推广；（2）策划举社区社会组织公益节。
第八阶段	可持续发展		（1）用卡片法、归并法、打分法引导团队开发资源；（2）用卡片法、归并法、打分法确定如何激励团队的办法以及志愿服务兑换的流程、标准等；（3）领袖能力建设；（4）成果展示、资源对接。

第四章　社区居民转变为社区公民：当前我国城市社区治理主体中的多重赋权

除此之外，在发展志愿类社区社会组织时还应把握好八大要素：（1）三个目录，分别是兑换目录、意愿目录、资源目录。（2）一个卡，即爱心银行卡（具体见图4-7）。（3）两个凭证，分别是存储凭证（一人一册）、兑换凭证（一人一册），具体见图4-8和图4-9。（4）一个体系，即信用体系（社区备用金或备用物品）。（5）一个组织，即志愿者协会。（6）进行风险评估，即评估抗风险措施和服务约定。（7）一种氛围，即营造志愿服务氛围。（8）一种机制，即平等参与、平等兑换机制。

图 4-7　爱心银行卡

存储凭证（一人一册）

月份	次数	项目	存储时间
合计			

图 4-8　存储凭证

兑换凭证（一人一册）

姓名：　　　　　　　　　　　　　　　　　　　　　年：

年	服务次数	储存时间数	兑换时间数		结余时间数
			时间	项目	

图 4-9　兑换凭证

第四，圆桌会议技术。

社区冲突管理即圆桌会议技术，它是用来解决社区冲突的一种管理技术。

圆桌会议技术需要前期准备，具体是引导师 1 人、会议助手 3 人（时间控制 1 人、发言次数控制 1 人、记录人 1 人）、正方（5—7 人）、反方（5—7 人）、中间方（利益相关者）、白板 1 张、大白纸 2—3 张、白板笔 1 盒、谈话棒 1 个、鱼骨图（会议之前准备好）。

圆桌会议技术的具体规则是：一是人人都可以发言，但发言需先取得发言棒；二是同个主题，每人发言时间不超过 2 分钟，次数不超过 2 次；三是讨论要围绕主题，主持人需及时提醒偏离主题者；四是发言者需对着主持人发言；五是意见相反双方轮流发言；六是所有人发言完毕，赞成方先表决，反对方后表决；七是过半数通过决议。圆桌会议技术的原则是不打断、不攻击，学会尊重；不批评、不指责，学会倾听；不一个人说了算，学会平等。

圆桌会议技术的流程是：第一步：破冰之旅（先做游戏和话题导入）；第二步：正、反方依次发言（取得"谈话棒"者方可发言，未取得者不能发言）；第三步：表决（所有发言结束后，中间方可发言；表决之前，会

第四章　社区居民转变为社区公民：当前我国城市社区治理主体中的多重赋权

议主持人分享各自的理由）；第四步：提请表决（用卡片法让与会人员提请表决，放入表决箱）；第五步：公开唱票（过半数则通过动议）。

第五，635点子群技术。

它是指让人员事先照模板画好635点子群技术的表格，再把人员分为一组6个人，每人在五分钟内写出3个点子，然后顺时针或逆时针传递，依次传递6轮。最后一组得到108个点子（6个人×3个点子×6轮）。这也是集体头脑风暴的结晶，对每组的108个点子按照可行性、有效性、前瞻性的标准进行筛选，找出解决问题的好办法（具体见图4-11）。

它的适用范围限于讨论单一的问题或寻找解决问题的措施。如果讨论的不是单一问题，可以先划分为几个单一问题后，再使用此技术。例如在讨论志愿者发展问题时，可以分为如何招募、如何组织起来、如何激励、如何确定服务项目（服务边界）和如何持续发展5个单一的问题，再分别就这5个问题使用此技术（具体见图4-10）。假如有10组，可以让1、2组讨论第一个问题，让3、4组讨论第二个问题，让5、6组讨论第三个问题，让7、8组讨论第四个问题，让9、10组讨论第五个问题，那么讨论出来两套方案，即1、3、5、7、9组的方案拼接成一套完整的方案，2、4、6、8、10组的方案也拼接成一个完整的方案，将两套方案展示出来，让大家用签字笔在所有自己感兴趣的格子里规范地签上自己的姓名，这样就找出了行动小组，更容易方案的执行。

1. 如何招募？（1、2组）
2. 如何组织起来？（3、4组）
3. 如何激励？（5、6组）
4. 如何确定服务项目（服务边界）（7、8组）？
5. 如何持续发展？（9、10组）

图4-10　志愿者发展问题

山东省济南市天桥区探索推出的"5+X"社区参与机制，激活社区志愿服务，就是成功运用此技术的案例。为推动社区居民充分参与社区管理、活动和服务，整合各种社区服务资源，促进社区社会组织向专业化、公益化发展，达到社区和谐自治、满足居民服务需求的目的，山东省济南市天桥区探索推出了"5+X"社区参与机制，使用专业的社区工作方法和手段，吸引、吸收、壮大社区各种志愿者队伍，并加以引导和规范，推动社区居民充分参与社区管理、活动和服务。

"5+X"社区参与机制的五大步骤是：第一步，志愿者的招募。首先，进行普遍的居民意愿调查。调查内容有：你愿意当志愿者吗？如果愿意当志愿者，能参加志愿者的哪些服务项目？什么时间可以参加志愿者活动？其次，是进行志愿者的招募登记。据天桥区民政局副局长袁敏介绍，开展第一次登记时，虽然登记人数只有36人，但两天后组织第一次志愿者服务活动清理楼道卫生时，活动效果非常好，很多居民表示参加意愿。为此，立刻再组织报名。然后，就是再发动，再报名。利用志愿者力量和人脉关系，动员了其他人纷纷加入到志愿者队伍中来，这种利用熟人社会的优势拓展志愿者队伍方法得到了极大发挥，很快队伍就壮大起来。

第二步，志愿者的组织。天桥区首先是根据初次招募的人员组成志愿者小队，队伍拓展后组建志愿者中队、大队。例如，30个人成立3个小队，推选出3个小队长、副队长，鼓励3个小队长再继续招募其他志愿者，招募到一定人数再组建中队，担任中队长，下设小队。每个志愿者队伍都是采取这种方式组织起来的。

第三步，志愿者行动。志愿者行动包括规定动作和自选动作。规定动作通常由社区根据阶段性工作任务和社区突出问题进行统一安排，各志愿者队伍按照自身功能和分片负责的机制参加活动。自选动作通常由志愿者队伍按照自身功能和群众需求开展活动。

第四步，志愿者激励。激励方法主要有3种：一是建立积分制。参加志愿者活动可以积分，参加不同的社区服务有不同的积分数额；参加公益性的社区活动也有积分。二是积分可以兑换。兑换有很多种形式：用志愿者服务积分换取各种便民服务，享受洗澡、理发、推拿、保健、美容等等。三是精神奖励。年终评比社区优秀志愿者、明星志愿者、星级志愿者等，利用社区公示栏，社区大会等形式予以表彰。

第五步，志愿服务持续。在发展举措上主要有3项支持手段：一是资金支持，设立了"一滴水社区爱心银行"，筹集公益资金，为志愿者服务

第四章　社区居民转变为社区公民：当前我国城市社区治理主体中的多重赋权

提供资金支持。二是拓展实体服务资源，开发了社区内的爱心澡堂、理发美容、保健按摩等便民服务网点，为志愿者提供基本的生活服务。三是技术支持，利用天桥区快乐一家社会组织服务中心，为社区内的社会组织和草根社会组织提供咨询、培训等孵化方法，使其向公益化、专业化社会组织成长，能够进一步承接政府购买服务的功能。

在这种社区参与机制的作用下，天桥区的各个社区把志愿者服务嵌入居民日常生活，向居民赋权（赋予居民表达权、决定权、行动权）增能（自治能力、互助能力），逐步实现 x 的效果；通过志愿服务的方式，广泛吸引、争取、支持社区居民参与社区管理和服务，建立有效的激励机制，充分挖掘利用社区服务资源，助力社区社会组织发展。

通过这一机制，目前天桥区的这套方案收到了良好效果；社区各种公益性和活动性的社会组织大量产生，服务内容及其丰富。居民经常性参加志愿服务的人数达到了 700 人，活跃在社区每个角落。有 13 支"朝"字系列的活动团体，涵盖了文化体育、健康老人、棋牌娱乐等等活动。有"义工奶奶""爱心澡堂""银龄助老"等 10 个公益型社区社会组织，还有邻里互助等社区协会组织，共产生了"社区领袖"人物 50 余人。

635 点子群技术的具体流程是：第一步：想，可以狂想和联想，尽量多想一些点子；第二步：写，每个人要同步书写，并按顺时针或逆时针循环书写；第三步：整理筛选，每个人按可行性、有效性和创新性选出 5 个点子，小组内对点子进行分类，每一类多于 3 个的，可进行 531 打分排序选出排在前 3 位的点子；第四步：制定行动方案，并找到执行人执行方案，在执行过程中可以组合应用（具体见图 4-11、图 4-12）。

	a	b	c
1			
2			
3			
4			
5			
6			

图 4-11　635 点子群表格

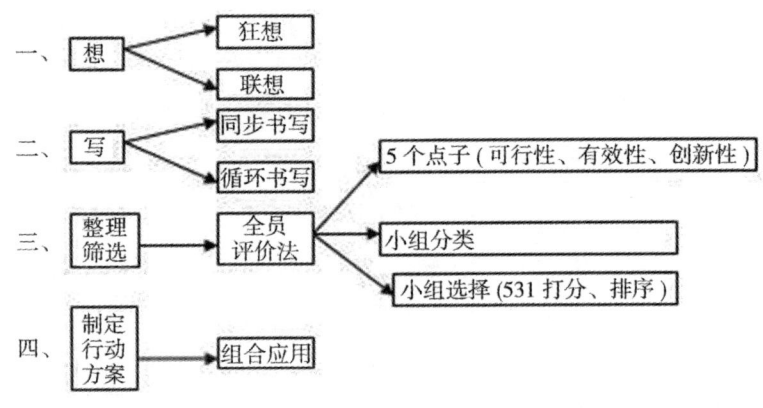

图 4-12　635 点子群技术流程

它的具体规则是：（1）用签字笔在每个格子里使用正楷字规范书写；（2）每个伙伴都要等到该轮次所有人写完后再转起来；（3）把最后书写的格子纸留在自己手中；（4）每个伙伴在 18 个点子中按照可行性、有效性、创新性三条标准迅速挑出 5 个并剪下来；（5）小组伙伴一起把所挑选的 30 个点子进行分类；（6）每一类多于 3 个点子的，请小组伙伴用 5、3、1 打分法筛选出前 3 个点子；（7）把所筛选的前 3 个点子以及其他的各类的点子用固体胶棒按照展示模板的样式，纵向进行粘贴；（8）若一张大白纸不能贴完所有类别的，就纵向续接大白纸；（9）粘贴完毕按照引导员引导进行组合；（10）组合完以后，各位伙伴用签字笔在所有自己感兴趣的格子里规范的签上自己的姓名。

第六，参与式绩效评估技术。

它是指在进行培训后可以对学员采取参与式绩效评估，运用参与式调查法，对学员在培训前的期待和担心进行评估，调查学员的期待是否得到满足，担心的问题是否发生。

（2）十大治理方法

在运用上述治理技术时，需要运用配套的治理方法。笔者所在团队开发了十大治理方法，分别是卡片法、归并法、打分法、签名法、中位数法、小组工作法、游戏法和鱼骨图法、心智图法、问题树分析法。

第一，卡片法。

第四章　社区居民转变为社区公民：当前我国城市社区治理主体中的多重赋权

卡片法是指先准备好彩色的卡片，根据调查的主题和任务分发卡片，让大家在卡片上表达自己的想法。这个方法最大的优势是大家可以毫不顾忌地写下来，避免不敢说或不愿意说的情况，也能避免不必要的争吵。它的主要功能是可以快速收集各类信息。

第二，归并法。

归并法是在信息量大或比较乱时，快速分类整理信息，相同的纵向贴，不同的横向贴，一目了然地让大家看清楚类别。它的主要功能就是用来分类的。当然这需要一定的基础，即分类的人应该具备基本的常识和分类能力。

第三，打分法。

打分法是对搜集的信息或议题进行排序，找到最重要的，并按重要程度排序。它的主要功能就是排序。它可以采用531打分或打勾打分等多种形式，只要找出顺序就行。

第四，签名法。

签名法是让大家拿白板笔在感兴趣的议题或信息的对应位置签上自己的名字。它的主要功能是找到微群体和行动团体。

第五，中位数法。

中位数法是指从几个数字中找到中间的那个数字，比那个数字高的就是主要的，比那个数字低的就是次要的。它的功能就是找到主次之分。

第六，小组工作法。

小组工作法是指把大家分成几个小组，每一个小组确定好议题后，小组内的成员一起策划活动、讨论问题，同时选出主持人、记录人、汇报人担任不同的角色，引导大家充分献言献计，找到好的行动方案。

第七，游戏法。

游戏法是指为了打消大家不熟悉的顾虑，先用游戏导入，让大家在游戏中熟悉交流。可以采用的游戏有很多，比如搭纸塔游戏，可以锻炼大家的团队协作能力等。

第八，鱼骨图分析法。

鱼骨图分析法，又名因果分析法，是一种发现问题"根本原因"的分析方法，其特点是简捷实用，比较直观。问题的特性总是受到一些因素的影响，通过头脑风暴找出这些因素，并将它们与特性一起，按相互关联性整理而成的层次分明、条理清楚，因其形状如鱼骨，所以叫鱼骨图。鱼骨分析法经常与头脑风暴法[①]共同使用。

制作鱼骨图分两个步骤：第一步，分析问题原因/结构；第二步，绘制鱼骨图。

分析问题原因/结构的具体流程是：A. 针对问题点，选择层别方法；B. 按头脑风暴分别对各层别类别找出所有可能原因（因素）；C. 将找出的各要素进行归类、整理，明确其从属关系；D. 分析选取重要因素；E. 检查各要素的描述方法，确保语法简明、意思明确。

绘图过程的具体流程是：A. 填写鱼头（按为什么不好的方式描述），画出主骨；B. 画出大骨，填写大要因；C. 画出中骨、小骨，填写中小要因；D. 用特殊符号标识重要因素。绘图的要点是应保证大骨与主骨成60度夹角，中骨与主骨平行。

鱼骨图分析法具体的使用步骤是：（1）查找要解决的问题；（2）把问题写在鱼骨的头上；（3）召集同事共同讨论问题出现的可能原因，尽可能多地找出问题；（4）把相同的问题分组，在鱼骨上标出；（5）根据不同问题征求大家的意见，总结出正确的原因；（6）拿出任何一个问题，研究为什么会产生这样的问题；（7）针对问题的答案再问为什么？这样至少深入五个层次（连续问五个问题）；（8）当深入到第五个层次后，认为无法继续进行时，列出这些问题的原因，而后列出至少20个解决方法。

鱼骨图分析法分为探寻式和冲突式两种，在讨论问题时可以根据问题的类别采用。在探寻式中，先找出这个议题的问题，再找出原因和解决的对策，分别展示在鱼骨图上，令人一目了然。在冲突式中，分为正方和反方，正反方分别找到自己的理由，并一一列举在鱼骨图上。（具体见图4-13和图4-14）

---

① 头脑风暴法（Brain Storming）：一种通过集思广益、发挥团体智慧，从各种不同角度找出问题所有原因或构成要素的会议方法。它有四大原则：严禁批评、自由奔放、多多益善、搭便车。

第四章 社区居民转变为社区公民：当前我国城市社区治理主体中的多重赋权

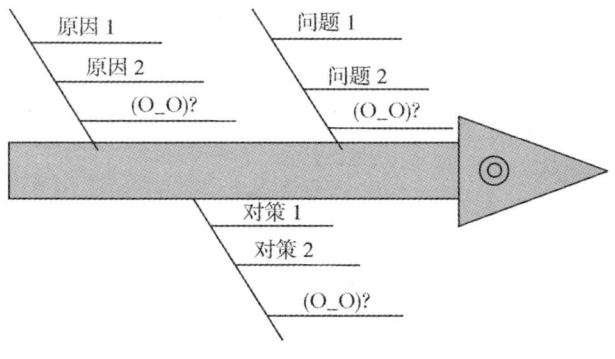

图 4-13 鱼骨图法（探寻式）

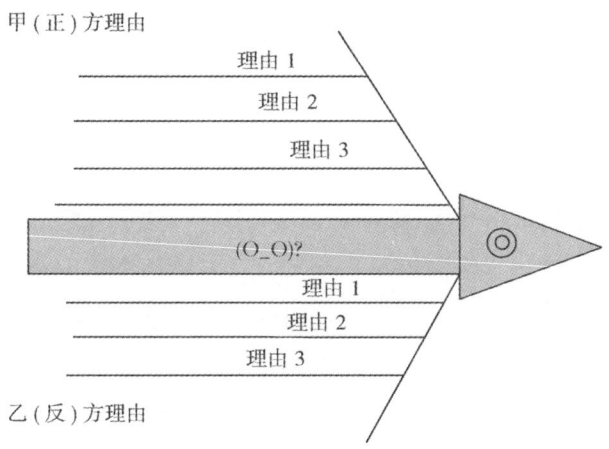

图 4-14 鱼骨图法（冲突式）

第九，心智图法（又称画蜘蛛图）。

心智图法是指像画蜘蛛图那样，分析议题。它很适合在调查青少年的需求时使用（具体见图 4-15）。

第十，问题树分析法。

问题树分析法的程序：（1）画一棵有根、干、叶、果实的树；（2）在干上写出问题；（3）在根的地方写出原因；（4）把问题可能导致的结果写在树叶上；（5）把可能解决的方法放上去。在做问题树分析时我们应该考虑：（1）最严重的问题是什么？所导致的最严重结果是什么？（2）最容易

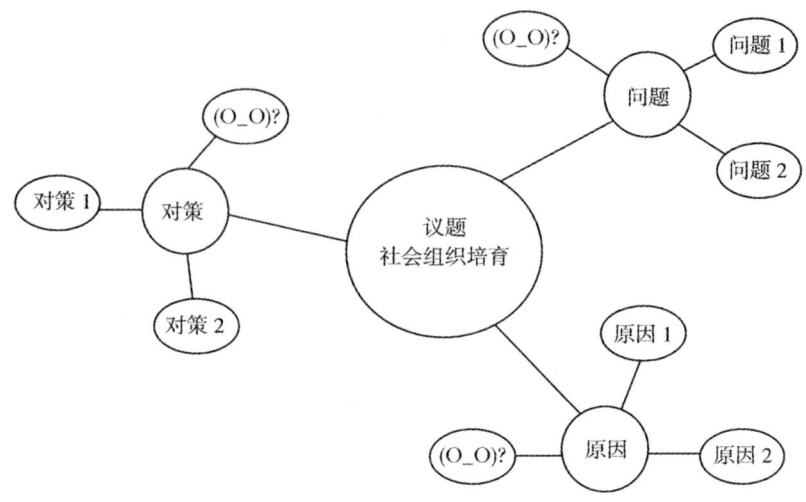

图 4-15　心智图法

解决的原因是什么？最难解决的原因是什么？（3）政府能做什么？社区能做什么？结合起来做什么？（具体见图 4-16）

以上 6 种治理技术和 10 种治理方法需要根据实际情况，灵活运用。它们之间可以交叉使用，但前提是都要符合各自的使用范围和功能。

从全球社区治理看，这种技术和方法能让居民更好地行动起来，在这些技术和方法运用过程中就是让决定权、行动权同时交给居民，居民自己做自己想做的事。因为居委会做的决定，居民不会行动或行动不积极，只有居民自己做的决定才会自己行动，这也是赋权增能的过程。把居民自己事务的决定权和行动权交给居民，居委会的角色从包办者转为引导者，才能真正促进居民自治。

（3）6 种技术和 10 种方法对社区社会组织的孵化作用。

第一，建立了一个公共交流平台。居民通过游戏和前几次开展的活动慢慢熟悉，并通过微群体进行思想交流擦出火花，找到志同道合的人，逐渐形成社团，并考虑社团的可持续发展。第二，强化了居民的组织化参与的意识。6 种技术和 10 种方法的运用过程充分营造出了自由、平等参与的氛围，居民的观点和设想得到了群体认可并引起了重视，居民的潜在能力被调动起来，激发了居民主动参与的激情，而按居民的想法逐步成立的社

第四章　社区居民转变为社区公民：当前我国城市社区治理主体中的多重赋权

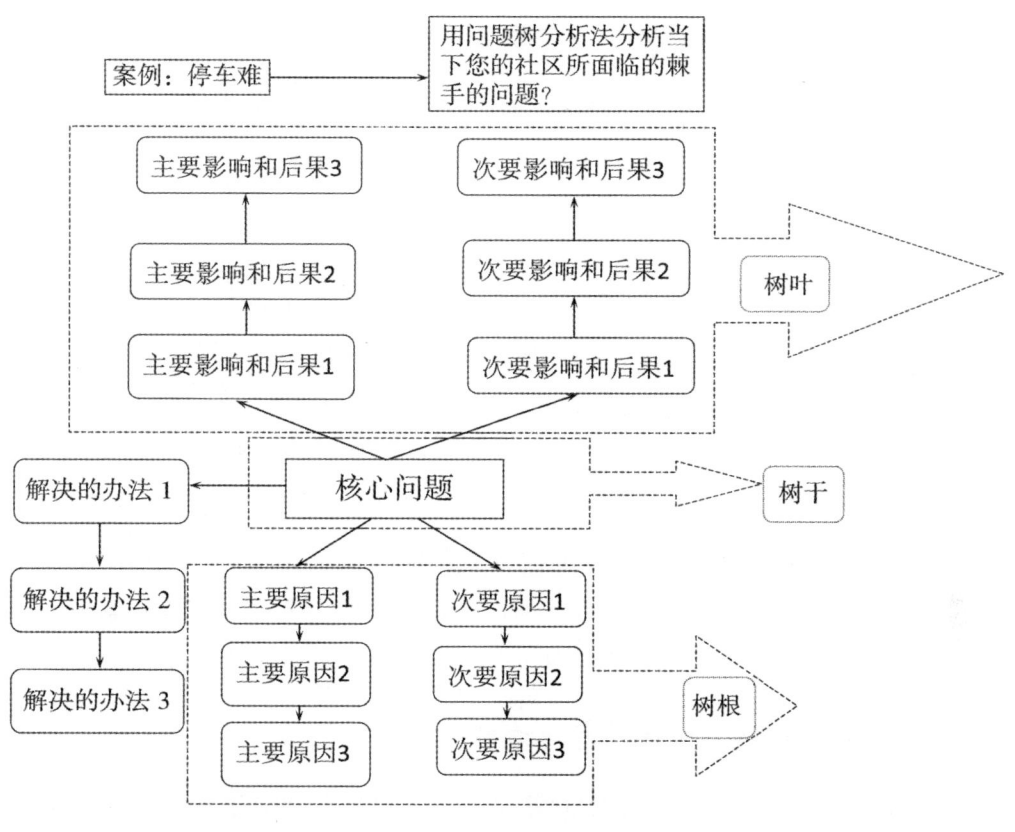

图 4-16　问题树分析法

团是居民参与的成果，更加强化了居民组织化参与的意识。第三，增强了居民的组织化参与能力，培育了领袖人才。在这些技术和方法中，居民通过参与讨论交流，增进了组织化参与的技巧和能力，一些组织能力强、思维活跃、具有组织领导潜质的居民逐渐被其他居民认可，并树立起一定的威信，形成良性循环发展。第四，促进了社区社会组织的发展。这套技术和方法的理念促使社区社会组织和居委会更加明确自己的功能边界，更好地各司其职促进自身的壮大和发展。第五，培育了居民的公共精神。这套技术和方法自始至终在贯彻自由、自愿、平等的理念，促使居民在组织化参与意识和能力提升的同时，自主承担社区责任，自愿为社区治理贡献时间、精力和智慧。

（二）社区工作者给社区社会组织增能

在社区治理中，社区工作者的职业化基本完成，但专业化亟须提升。通过本书第三章我国城市社区治理主体困境的分析不难发现，在社区居委会工作的人员并未掌握社会工作的技术和方法，不懂得培育社区社会组织的技术，导致社区社会组织发育不足，居民公共参与不足，进而影响了居民自治的进程，影响社区治理的效果。目前，一些地方政府已经意识到，社区治理的困境可以通过大力培育社区社会组织，增强居民的参与意识和参与能力，让居民转变成公民的路径来解决。他们率先与专业机构、高校科研机构等合作，通过购买服务的形式对社区工作者进行能力培训，转变社区工作者的理念，增强社区工作者培育社区社会组织的能力，以居民的需求为导向，通过种子基金和公益创投大赛的形式确定社区居民需要的服务项目，在项目中培育社区社会组织，大力扶持社区社会组织的发展，使社区社会组织的内部治理结构更加完善。

（三）社区社会组织给居民增能

笔者在调研中发现，以前社区里的很多社区社会组织是为应付上级的检查而临时成立的。严格意义上讲，这并不是笔者所称的社区社会组织。它们没有完善的内部治理机构，基本是在社区居委会的包办下开展活动，一些活动形式也不是居民喜欢或感兴趣的，居民的参与积极性不高。这些组织并未真正走到居民的日常生活，更没有走到居民的心里。而通过赋权增能后，社区社会组织在项目中培育起来，更接地气，从居民的需求出发，按照项目的流程，利益相关方的居民由浅入深地参与到社区社会组织中来，潜移默化地被社区社会组织赋权增能了。例如，在培育社区社会组织的过程中，居民通过自己策划活动，不仅提升了自己的策划能力，还锻炼了自己的沟通能力和交往能力，最终增强了自治能力。

第五章　社区社会组织培育的案例分析：公民生成的事实逻辑

每类社会组织都需要按一定的社会工作的技术和方法进行培育，这样，才能让培育出来的社会组织可持续发展。笔者和笔者所在的中心团队在前期大量的调研和参与式社区工作者实务能力培训中，已经提炼出来了"6 种技术和 10 种方法"（前面已经论述），运用这些操作技术流程，已经运行成功了许多项目，培育孵化出了"以居民需求为导向"的各类社区社会组织。[①]

一、互助类社区社会组织：月半弯单亲妈妈之家公益服务项目

（一）项目实施过程描述

1. 项目背景

NM 社区地处荆门市中心城区，居民点多，人口密集。经前期调查，社区辖区范围内共有 30 位独自抚养子女的单亲妈妈。她们渴望圆满温暖的

---

① 根据 HB 省首届公益创投绩效评估资料和笔者的调研整理而成。

家庭,独自一人背负着生活的压力,面临着物质和精神的双重压力。给单亲妈妈提供一个交流放松的平台是社区乃至全社会义不容辞的责任。

为了给单亲妈妈提供一个交流和沟通的平台,缓解她们的物质和精神的双重压力,让她们重新找回生活的信心,社区决定为这个特殊的群体建立一个温馨的港湾。"月半弯单亲妈妈之家"公益项目实施以来,辖区内的部分单亲妈妈纷纷加入进来,希望可以通过这个平台能有一个交流互助的地方,排解自己内心的孤独和苦闷。

2. 项目实施的过程

第一,开展"温暖月亮"与孩子一起成长讲座和"生日派对"游戏,并搜集大家想参加的活动主题。

2014年5月13日,为了吸引单亲妈妈参与到这个公益社团组织中来,社区工作人员和志愿者召集来了18位单亲妈妈。

为了让大家不拘谨,尽快熟悉起来,朱社工运用社区工作者实务能力培训时教的方法,让大家先参加一个"生日派对"游戏。这个游戏的规则是:选出一个主持人;成员按年、月、日(公历)大小排队;排队时只能用肢体动作,不能说话;时间为2分钟。大部分单亲妈妈都积极参加了这个游戏。通过这个游戏,大家有了初步的了解和认识。接着朱社工趁着较好的氛围,问大家有什么需要,有什么担忧,想参加什么活动,社区可以和大家一起组织活动,丰富下大家的生活。朱社工把参与式需求调查的材料发到每组①成员手里,告诉大家可以写在卡片纸上,每个人的桌子旁都有卡片纸和白板笔,让18位单亲妈妈在3分钟内写下自己的想法,然后3人一组张贴到大黑板上,志愿者小杨帮大家归类整理。经过让大家531打分(即最需要的打5分,其次需要的打3分,差不多需要的打1分)排序,发现辖区内的单亲妈妈最关心的事是自己子女的教育。朱社工了解到单亲妈妈的子女大多都处在中高考备考阶段,加上单亲妈妈这个特殊群体对于自己子女的教育更是重视有加。

---

① 已用报数1、2、3、4的方式揭前分好了组,即报1的是第1组,报2的是第2组,依次类推。

第五章　社区社会组织培育的案例分析：公民生成的事实逻辑

接着举办了"温暖月亮"与孩子一起成长讲座，单亲妈妈听得比较认真，有的还表示以后会来参与社区的活动。

第二，开展"家有考生"活动。

2014年5月20日，在社区会议室，为了让即将参加中高考考生的压力得以释放，并且通过活动的自由交流环节了解到单亲妈妈们的需求，开展了"家有考生"的活动。家有即将参加中高考考生的家长23人、陈社工、杨志愿者等参加了此次活动。

首先，李老师为家长讲解如何帮助考生缓解考前压力及营养餐搭配的问题。其次，优秀学生WQ介绍经验。最后，答疑解惑。几位家长针对自己孩子目前面临的问题提出疑惑，李老师一一解答，家长比较满意。李老师和优秀学生WQ结合自己的实际情况给考生家长上了生动的一课。讲课结束后还有现场答疑解惑环节，通过现场答疑解惑，社区居委会的工作人员（本次活动的观察者）了解到单亲妈妈的需求和心理。这次活动吸引了更多的单亲妈妈们参与（具体见图5-1、图5-2）。

图5-1　"家有考生"活动图片1　　图5-2　"家有考生"活动图片2

第三，开展"寻找最美的自己"的活动。

根据之前做的需求调查中单亲妈妈想参加的活动主题排序，2014年6月19日，社区居委会在LQ中学礼堂组织了"寻找最美的自己"活动。本次活动参加的人员有单亲妈妈们、陈社工、杨志愿者、朱社工。

本次活动的内容有：通过小游戏"价值拍卖"来激发单亲妈妈发现自己的价值，帮助她们了解自己，重新建立信心；进行一个小型的服装秀展示，增强单亲妈妈的自信，重塑自我；单亲妈妈分享时装秀的快乐，互相写下祝福话语增进彼此的沟通及期望，同时让她们在离开集体后感受到其他单亲妈妈给予的温暖。

本次活动中有3位单亲妈妈协助社区居委会一起策划了此次活动，社区朱社工和陈社工一直在观察活动过程中表现突出且有一定沟通协调能力的潜在领袖人物。通过小游戏和服装秀等活动帮助单亲妈妈们了解自己，重新建立了信心，让单亲妈妈学会重塑自我，提升她们的幸福感。

有单亲妈妈建议建一个QQ群，方便大家的交流，大家都表示赞同。朱社工、陈社工和杨志愿者也加入了QQ群，和单亲妈妈互动交流。

第四，开展"采摘橘子大作战"活动。

前几次的活动，参加的单亲妈妈人数逐渐增加，在活动中也出现了一些积极分子，她们表现出了一定的组织、领导能力。

朱社工、陈社工商量，决定让单亲妈妈自己全程策划这次活动。她们把想法通过QQ群发布在了网上，随后有些单亲妈妈作了回应，愿意策划活动。大家在网上约好了时间，决定到社区坐一起讨论活动的方案。2014年9月23日，10位单亲妈妈和朱社工、陈社工、杨志愿者一起参加了会议。朱社工先告诉大家，按今天的人数分成两个小组，每组选出主持人、记录人和汇报人。主持人的任务是引导自己的组员围绕主题都能畅所欲言，记录人的任务是把组员发表的看法都记录下来，尽量把组员的原话记录下来，别歪曲组员的意思，汇报人的任务是向其他组汇报自己小组的讨论成果。参会的人员在本组贡献了智慧，也可以到其他组继续贡献智慧。讨论时间是半小时。

接着，两个小组开始讨论，大家积极参与讨论，发表自己的看法，倾听组员的观点。如果意见达不成统一，主持人就让大家把自己的观点写在卡片纸上，先归类再用531打分法来统一意见。其中关于活动费用，大家意见很不统一，朱社工就引导两个小组分别用卡片写下自己能接受的活动费用，然后归类，分为几个档，再531打分，以得分最多的那个档为准，这样会有更多的人接受。还有关于是否让其他居民参加的问题，大家意见也不统一。有的单亲妈妈表示，不希望规模太大，有的人不熟悉，不想和她们一起去。朱社工也采取上述的方法，最后得出的结论是暂时不允许其他居民参加,而且活动总人数尽量不超过一个中巴车的座位数。

半小时到了,两个小组还在讨论,朱社工和陈社工商量,准备再让大家讨论10分钟。最后,朱社工分别让两个小组展示本组讨论的成果,并把两个小组的成果张贴好。朱社工建议,让参会者共同进行筛选,选出最优的活动方案。他在大黑板上,分别画出了两个小组得分情况,让参会的人员用531打分法(即认为最好的方案打5分,其次好的方案打3分,差不多的打1分),选出最优方案。

经过两名志愿者的统计,第2组的方案以略微的优势通过,具体方案如下。

采摘橘子大作战(第2组的方案)

一、活动时间:2014年10月9日

二、活动地点:漳河李集岛

三、活动目的:增进单亲妈妈之间的感情,发现有一定沟通能力和组织能力且让大家认可的领袖人物。

四、参加人员:单亲妈妈们、陈社工、杨社工(观察者)

五、活动内容:集体前往漳河李集岛采摘橘子

六、活动总指挥:潘某某、张某某;后勤人员:李某某和董某某

七、活动的风险评估:可能参加的人数不多或出现安全隐患;规避风险的措施:先在QQ群宣传,再在社区醒目位置张贴公告;为参加活动的每位成员买保险。

八、活动费用:100—200元(不含午餐)

2014年10月9日,单亲妈妈们组织开展"采摘橘子大作战",通过这个活动让单亲妈妈们体会到了采摘的乐趣,也让她们体会到了劳动的快乐。活动中潘某某一直表现得很积极主动,在车上组织大家唱歌,很关心其他单亲妈妈,给其他单亲妈妈留下了很好的印象。朱社工和陈社工观察到,还有几位单亲妈妈表现也较积极,但也有几位不爱说话的单亲妈妈。

第五,举行了"读书日"活动。

鉴于前几次活动有一些是在户外举行，有的单亲妈妈在QQ群上提议下次活动可以在室内举行。根据之前的需求调查排序，她们商量想举办"读书日"活动。

朱社工私下找来了几位比较积极的单亲妈妈，对她们进行了简单的培训，主要教给她们卡片法、打分法和小组讨论法等要领，这几位单亲妈妈学习得很认真。她们说，这次活动她们能完全自己策划、自己举办。

几位单亲妈妈在网上和其他单亲妈妈约好了时间。2014年11月1日，她们在社区开会策划这次活动的细节。参会的人有13位，她们分成2个小组讨论，像上次会议讨论的流程那样，运用了开放空间会议技术，制定了两套活动方案，又用打分法选出了最优方案（即第1组的方案，具体如下）。朱社工和陈社工在一旁观察。朱社工建议单亲妈妈在卡片纸上选出3—5人当领袖。有位单亲妈妈立马说："就让潘某某当啊，她是我们公认的领袖。"朱社工说，建议大家还是用卡片纸选一下，可以多选几位。经过统计，单亲妈妈们选出了4位领袖，分别是潘某某、张某某、李某某和董某某。

潘某某成为社团的领袖人物后也十分尽心尽力，想方设法吸引更多的姐妹加入到社团组织中来。她也希望能通过这样一个社团组织让更多和她一样受过伤的姐妹受益。她经常到单亲妈妈家中了解她们的所需所想，及时帮助她们解决一些她能力范围内的困难，也能够积极与社团沟通，寻求社区专业社工的帮助。

爱月读书日（第1组的方案）

一、活动时间：2014年11月4日

二、活动地点：社区书屋

三、活动目的：进一步加强单亲妈妈之间的交流，丰富单亲妈妈的精神生活。

四、参加人员：单亲妈妈们、陈社工、杨志愿者

五、活动内容：大家挑选书籍；单亲妈妈自由阅读半小时；潘某某邀请单亲妈妈谈读书心得或人生感悟。

第五章　社区社会组织培育的案例分析：公民生成的事实逻辑

六、活动总策划：潘某某、张某某

七、活动的风险评估：可能参加的人数不多；规避风险的措施：先在QQ群宣传，再在社区醒目位置张贴公告。

2014年11月4日，单亲妈妈们举行了"读书日"活动。单亲妈妈们看书、交流，认为读书可以陶冶自己的情操，增加自己的内涵，社区图书室的书籍种类多，给她们提供了良好的读书环境。

在分享环节，张某某说："我读的是一本烹饪的书，也谈不上什么心得，本来我平时就是家庭主妇，也不会说话，加入这个大家庭我很开心，以后欢迎各位姐妹到我家去尝尝我的手艺，也希望潘姐能带我们更加自强、自立。"李某某说："我读的是如何培养孩子的学习兴趣。我们这些人最关注的应该就是孩子了。现在孩子都要参加中考了，我只希望我也通过不断学习能够去感染我儿子。所以我以后也要多读书多看报，与时俱进。"覃某某说："我们现在活动搞得多，就怕坚持不了多久，大家就各自忙，没啥活动了。"这时，朱社工引导大家，建议大家成立一个互助组织，现在社区也有这方面的经费支持，可以多搞一些活动。这个提议得到了潘某某和其他单亲妈妈的赞成。

第六，社区"月半弯单亲妈妈之家"成立，形成了社团章程制度，有18名左右稳定成员。

经过大家在QQ群上的讨论，决定开会确定具体的组织名称、章程等。2014年11月23日，大家聚在社区多功能活动室，就该组织的名称、章程展开讨论。陈社工主持，先让大家在黄色的卡片纸上写上如果成立一个社团，你对这个社团有什么期待？在蓝色的卡片纸上写上，如果这个社团成立了，你有什么担忧？成员均把期待和担心写好后，引导他们张贴，相同的期待纵向贴，不同的期待横向贴。担忧也是以此类推。并从18个人中请两名志愿者把期待再重新归类整理，再请两位志愿者把担忧归类整理。归类整理好后，陈社工给大家分享期待的种类和担忧的种类。她们的期待有三个方面：一是可以为单亲妈妈提供一个学习、交流和沟通的平台；二是可以给单亲妈妈提供心理咨询，缓解她们的心理压力；三是单亲妈妈们学会如何和自己孩子沟通，给予子女更好的教育。担忧有三点：一是有些单身妈妈可能不会加入，不想参加各种活动；二是如果想组建和维持这样的社团，经费可能没法保障；三是有些单亲妈妈认为该社团没有任何意义。

单亲妈妈王某某表示，我们还是期待这个社团建立起来，这样我们有了组织，就不会孤单了。潘某某也表示，大家的担忧，可以一起解决。朱社工说："社区也会提供一些帮助，政府现在鼓励我们成立社团，经费上不用太担心。"经过讨论和商量，大家逐渐有了一些信心。

潘某某建议大家把想好的社团名字写在卡片纸上，张贴到大黑板，再打分确定。经过大家的集思广益，"月半弯单亲妈妈之家"这个名称当选。关于章程，潘某某也让大家写在卡片纸上，再汇总。经过大家的思想表达，确立了八条章程。有成员还建议建立单亲妈妈公众微信号和论坛。这时，朱社工又建议道："你们现在从自助学会了互助，你们愿意为我们社区贡献点力量吗？"单亲妈妈李某某问到："怎么贡献力量，请你说具体点。我们愿意啊。"其他单亲妈妈也开始议论起来。朱社工说："比如你们为我们社区做一些公益活动，多参加社区的公共活动，参与社区的公共事务，表达自己的看法，为社区献言献计。"

单亲妈妈们表示，这些都愿意去做，只要是在她们力所能及的范围之内。随后，潘某某组织大家一起为社团的活动室进行了简单布置。

第七，举办公益活动，贡献自己的力量。

"月半弯单亲妈妈之家"成立后，成员们经常聚到一起交流，充分利用社区的场所进行活动，让"月半弯单亲妈妈之家"慢慢吸引更多的单亲妈妈加入。

2014年12月10日，朱社工、陈社工和单亲妈妈的成员等20人在社区多功能室举行开放空间会议。朱社工给大家讲了小正街积分兑换的故事。引入话题后，让大家讨论爱心公益兑换机制。首先问大家如果提供志愿服务，愿意提供哪些服务？朱社工引导大家把服务意愿写在卡片纸上，然后三人一组张贴，并找了两名成员当志愿者把这些类别归类整理。经过整埋，大家愿意提供的服务有：陪老人逛街购物、接送幼儿、小学的课业

第五章 社区社会组织培育的案例分析：公民生成的事实逻辑

辅导、做清洁和陪老人聊天。

接着用上述方法（卡片法、打分法、归并法、签名法等）调查了大家做了志愿服务后想怎么积分（存储标准）、积分后怎么兑换礼物（兑换标准）、兑换什么礼物。在大家的意见下，确定了积分兑换管理办法。

这时，有成员问："这些兑换工作，谁来管呢？"朱社工回答说："我正想跟大家讨论这个问题，看来我们社区还需要建立起志愿类社团才行，让他们专门管这些。"潘某某说："这个分数的制定中基础分不要太多，还是鼓励志愿者行为，大家是怀着志愿者的心做服务。"成员马某某提议道："有爱心的储蓄是很好，但是不能做得太功利了，不能形成大家都冲着积分来的状况。"

最后，大家还建议讨论下如何发挥各自的专长，策划一次公益活动，再做积分兑换的工作。她们与社区协商，对社区的活动室进行委托管理，并与社区签订了委托协议，参与社区资源的管理和利用。

她们策划的第一次公益活动，是为社区困难家庭的子女送温暖，经费由社区提供一部分，她们自己想办法找辖区单位赞助一些，自己捐助一些，用各种形式表达自己的爱心。她们愿意由服务对象变为提供服务的志愿者，让爱的力量延续。

第八，为了使社团持续发展，对社团领袖进行能力培训。

2014年12月12日上午，在社区学习室，社区对社团领袖进行了第一场培训讲座。参加培训的人员有社团领袖潘某某、京剧戏迷协会李某、雄鹰腰鼓队刘某、舞魅肚皮舞队黄某、雄鹰舞蹈队吴某和社区工作人员共20多人。主讲人是义工车某某和社工陈某。培训的主要内容是提高社团领袖的领导力，具体包括志愿精神、志愿服务和社团组织活动策划。2014年12月12日下午，第二场讲座举行。主讲人是荆门市第二人民医院王某某，主讲内容是突发状况急救措施。两场讲座的效果都比较好。

第九，为了使社团持续发展，搭建资源对接平台。

①"月半弯单亲妈妈之家"与社区京剧戏迷协会资源对接

在与"月半弯单亲妈妈之家"成员交流沟通时得知，其大部分成员都对中国传统文化京戏特别感兴趣，社区负责文化宣传的朱社工马上与京剧戏迷协会（社区社会组织）的李秘书长联系，希望"月半弯单亲妈妈之家"的成员闲暇时间可以参加京剧戏迷协会的活动，李秘书长非常配合，马上和"月半弯单亲妈妈之家"的领袖人物潘某某商量，每周六的下午，愿意学习京戏的单亲妈妈可以到京剧戏迷协会龙泉公园的活动场所进行学习交流。

② "月半弯单亲妈妈之家"与中商百货集团（辖区单位）资源对接

"月半弯单亲妈妈之家"的领袖人物潘某某跟社区反映，其成员想学习包粽子或者包饺子等，有些不好就业的单亲妈妈想学个技能自己创业，社区工作人员和网格员马上联系了中商百货集体办公室负责人陆主任，告诉了她单亲妈妈们的需求，陆主任马上在超市组织工作人员开辟了一块场地，专门学习包粽子，单亲妈妈都表示这样的实地培训让她们受益匪浅。

3. 社工分享主要经验做法

首先，开始为了吸引单亲妈妈们参与社区举办的活动，就针对辖区内单亲妈妈的子女大多处于中高考备考的阶段，在社区举办"家有考生"的讲座，讲座请知名导师给家长们讲解如何在考前帮助考生缓解考前压力，现场的家长们都认真记笔记。通过现场解答的方式，我们了解到单亲妈妈们的许多困惑，老师也耐心地解答并授予了许多方法。通过这个活动我们了解到单亲妈妈们的需求，针对单亲妈妈普遍不自信、不愿意与外人交流的情况，社区决定为她们举办一个小型的活动来增强她们的信心，重塑她们对生活的期望，敞开心扉。

其次，在举办的"寻找最美的自己"活动中，为了让单亲妈妈们不拘束，能够接纳别人，融入集体中，首先让单亲妈妈们一起做了"价值拍卖"的小游戏。慢慢熟悉之后，单亲妈妈们换上旗袍，在舞台上展示自己。单亲妈妈们完全放开自己，把自己的美丽展现在其他单亲妈妈面前，有些不愿意上台表演的单亲妈妈也受到感染。在后来的交流中，单亲妈妈张某某感慨道："我这辈子最大胆的事情就在今天做了，这是我第一次穿旗袍，第一次上台表演，第一次完全展现自己，我真的很开心！"

第五章　社区社会组织培育的案例分析：公民生成的事实逻辑

再次，单亲妈妈经常利用社区的电子阅览室和图书室读书、看报、交流学习，通过几次活动，潘某某的领导才能和口才得到了单亲妈妈们的一致认可，被推选为领袖人物，潘某某表示十分乐意为大家服务，也承诺会为大家多多开展有益的活动。经过能力培训，了解"社区是居民的"的新理念，掌握了社团孵化的流程和具体的技术方法，充分利用了社区优势资源，并学会了对优势资源列清单，引导参与的居民进行风险评估并找出规避风险的措施，最后成功孵化出了"月半弯单亲妈妈之家"。

4. 项目实施中的启示

第一，在项目实施前，我们做了充分的风险评估，主要有几个方面：部分单亲妈妈认为该组织没有意义，不愿意参加；部分单亲妈妈不愿意与外人交流，觉得家丑不可外扬；部分单亲妈妈害怕外界歧视自己和孩子，担心别人知道自己的情况；活动经费没有固定来源。单亲妈妈这个群体的目标人群大都比较敏感，在交流的时候需要十分注意措辞，有时候一句话说的不对容易引起她们的猜疑。在项目实施过程中，我们的社工十分注意这些方面的问题，交流时都避开敏感话题，以鼓励为主，尽可能去理解她们，并让她们明白成立这个社团组织是为她们服务的，是为减轻她们的生活压力的，而不是为她们增加负担的。

第二，社团组织要想长期发展，社团的领袖人物起着至关重要的作用，领袖人物的凝聚力、领导力和执行力都十分重要。

第三，对于一些不愿意加入这个集体的单亲妈妈们，已经加入的单亲妈妈不定期地上门陪她们聊天，帮助她们解决一些困难，让不愿意加入这个集体的单亲妈妈们体会到温暖，逐渐消除顾虑。

第四，专业心理老师也经常与单亲妈妈们交流，了解她们的心理变化，及时给予帮助。现在部分单亲妈妈变得乐观、开朗起来，也愿意向别人敞开心扉。

第五，通过"月半弯单亲妈妈之家"这个平台，已将加入的单亲妈妈也会组织她们的子女在一起玩耍，并且也成了朋友，在子女教育上也经常咨询辖区内知名老师们的建议。

5. 对项目实施的建议

第一，社区也应该与公益组织保持一种良性共建关系，推动"月半弯单亲妈妈之家"为更多有需求的单亲妈妈服务。

第二，让更多的单亲妈妈加入到服务队伍中来，让她们之间从自助到互助。

第三，活动应常办常新，增强对志愿者的激励机制，让更多的居民广泛参与；上级领导高度关注并支持，保证项目的长足发展。还应充分利用社区各种资源，加强社团与辖区单位的沟通与联系，增强辖区单位的社会责任意识，对社团进行相关资助和资源分享，争取获得更多爱心人士及辖区单位的支持。

6. 项目预期的收益

第一，社团组织志愿者提供拓展服务，让参与者感受到参加活动带来的成长快乐。团队逐步形成自我管理、自我服务，社区资源得到充分利用，使社区服务设施委托管理真正体现社区是居民的理念。

第二，家庭是社区的基本细胞。成立"月半弯单亲妈妈之家"以来，其成员均表示在这里找到了"家"的感觉，得到了亲人般的关心，拥有了更多的财富。闲暇时，她们一起游玩、一起读书看报、一起进行体育锻炼、一起交心谈心，这里是她们第二个家。"月半弯单亲妈妈之家"这个公益社团组织不仅给单亲妈妈们提供了一个温馨的港湾，也得到辖区内居民的一致认可，还为单亲妈妈们提供了一个交流的平台，因为她们有着相同的经历，共同语言也会比较多，让单亲妈妈们互相开导，彼此倾诉自己内心的想法，通过彼此的交流和沟通，找到了生活的信心和目标。

通过对单亲家庭的服务，提升了单亲家庭的社区归属感，提升了社区凝聚力。

第三，志愿者来源于服务对象，调动服务对象的责任意识，激发她们的热情和对社会的回报，促进居民对爱心的传递，解决了以往志愿者招募

第五章　社区社会组织培育的案例分析：公民生成的事实逻辑

难的问题，让"今天我是服务对象，明天我是服务志愿者"的理念得到弘扬。社团组织通过强化宣传，服务推介，增强了单亲妈妈爱心传递志愿服务团队的影响力和生命力，逐步扩大了志愿者服务队伍，促进社团组织的可持续发展。

第四，帮助单亲妈妈快乐度过特殊时期，改善并培养其良好的生活行为和习惯，建立和谐的人际关系。

第五，"月半弯单亲妈妈之家"成立后得到了居民的一致认可，并且有许多居民都表示类似的公益社团组织能多开展有益于人民的生活。通过"月半弯单亲妈妈之家"的成立，使更多的居民参与到社区自治中来，更多的居民加入了志愿者服务队伍。

第六，为单亲妈妈提供就业平台。通过"月半弯单亲妈妈之家"的建立，社区和社团的领袖人物会组织成员开展就业和创业培训，帮助单亲妈妈找寻合适的就业岗位，让单亲妈妈实现自己的社会价值。

第七，帮助单亲妈妈们找到了教育子女的合适方法。邀请老师给单亲妈妈们讲课，让她们了解自己的孩子，并且因材施教，把自己的子女教育得更优秀。

第八，让单亲妈妈们重拾生活的信心，拥有了更多的朋友，找回了人生的价值。

7. 关于"月半弯单亲妈妈之家"可持续影响的分析

"月半弯单亲妈妈之家"公益项目自启动实施以来，社区始终以"给力社工、助力社团、活力社区"为宗旨，项目实施也是得到了上级部门、辖区单位等的支持，基本实现了预期收益，同时也面临着一些问题和挑战。项目可持续性的影响力决定着项目的运行和发展状况，特对"月半弯单亲妈妈"可持续影响分析如下：

第一，社区资源保证了该项目的可持续发展。

社区服务站、社区户外活动场地、社区电子阅览室、社区"心晴"聊吧等场所随时向社团组织开放，为她们提供了有力的保障，项目志愿者也可持续提供服务。

第二，社会大环境对妇女儿童的关注和重视保证了该项目的可持续发展。

国家和社会各界人士对于妇女和儿童问题越来越重视，特别是对于单亲家庭的关注度越来越高。因为单亲家庭遇到的物质和精神的双重压力，需要平台来缓解压力。

第三，辖区单位及社区较成熟的社团组织可以为该公益组织提供一定的帮扶。

公益社团组织在发展过程中肯定会遇到许多困难，这个时候社区为社团组织联系辖区单位和已经成熟的社团组织进行资源对接，辖区单位和已经成熟的社团组织都可以为该公益社团组织提供很多的帮助。

第四，社团的领袖人物对项目的可持续发展起了很大作用。

项目培育出的社区领袖是能满足和反映社区群众的需求，是影响社区思想、生活趋势的社区人物。他们具有一定的专长和能力，愿意为社区公共事务无偿出谋划策，能够获得社区群众的支持和信赖。具体影响包括：

首先，满足社区群众的需求。随着人们生活水平的不断提高，物质文化需求日益呈现多样化。满足居民日常生活需要和精神需要的社区功能自然落到社区领袖肩上。活跃在社区的群众领袖人物，是社区各方面的骨干力量，是打造社区丰富多彩生活、为居民群众争取权益的有生力量。

其次，引领社区居民思想、生活潮流。社区领袖利用社会组织的自身优势和各种社会资源，拓展服务项目和活动领域，有效地实现了需求与资源的对接，引领居民思想和生活潮流。

8. 参与对象满意度调查

为了让"月半弯单亲妈妈之家"这个社团组织更加长久地发展下去，我们针对社团18名比较稳定的成员中的8名进行了问卷调查，调查显示8名参与问卷的单亲妈妈均对该社团表示满意，并且希望能长久开展下去。

第五章　社区社会组织培育的案例分析：公民生成的事实逻辑

表 5-1　问卷调查汇总表

姓　名	满意	一般	不满意
潘某某	√		
张某某	√		
杨某某	√		
祝某某	√		
王某某	√		
王　某	√		
罗某某	√		
李　某	√		

问卷调查

1. 您对"月半弯单亲妈妈之家"这个社团组织满意吗？
　　A. 满意　　　　　　B. 一般　　　　　　C. 不满意
2. 您认为这个社团组织的成立对您有没有帮助？
　　A. 有　　　　　　　B. 有一点　　　　　C. 完全没有
3. 您希望"月半弯单亲妈妈之家"长久地发展下去吗？
　　A. 希望　　　　　　B. 不希望
4. 您对"月半弯单亲妈妈之家"未来的发展有什么建议吗？

（二）案例分析

密尔指出："有很多事情，虽然由一些个人来办一般未必像政府官吏办得那样好，但是仍宜让个人来办而不要由政府来办；因为作为对于他们个人的精神教育的手段和方式来说，这样可以加强他们的主动的可能，可以锻炼他们的判断能力，还可以使他们在留在他们去对付的课题上获得熟悉的知识。"①

---

① 〔英〕约翰·密尔：《论自由》，许宝骙译，商务印书馆 1959 年版，第 119 页。

本案例中，在社区工作者的引导下，先锁定了目标群体（即社区内的单亲妈妈），但并不是社区内的所有单亲妈妈都愿意加入，所以需要社区的网格员运用参与式需求调查或问卷法，调查那些单亲妈妈是否愿意来参加活动，把愿意参加活动的单亲妈妈召集起来，这个人数一般控制在20—30人，这样更容易让大家熟悉和了解，也更容易形成团队意识。这个社区社会组织完全是根据单亲妈妈的需要建立起来的，是自下而上建立的，与之前社区成立的社会组织差别很大。目前，从统计的数据看，全国很多社区已经成立了很多社会组织，而且类型也很丰富，但为什么这些社会组织没有调动居民的参与积极性，据笔者的大量调研发现，因为这些社会组织虽然种类很多，但成员一般都是社区的骨干分子或积极分子，大多社会组织并没有吸引更多的居民参与其中，而且社会组织开展的很多活动都是居委会大包大揽策划的，并不一定是居民喜欢或感兴趣的活动，居民不参与也是正常的。本案例中，单亲妈妈之所以来参加活动，是因为这些活动都是她们想参加的，而且她们亲自参与了策划和组织，更有动力参加。在活动中，大家不仅收获了快乐和友谊，而且有一种找到了组织的归属感。通过活动，她们还学到了许多知识和技巧，对自己和自己最关心的孩子的成长帮助都很大。因此，她们愿意来参加，以至于到后来想建立社团，成为固定的成员，还考虑怎么让社团可持续发展。她们体会到了自助和助人的快乐，萌生了帮助更多的人的想法，这一点难能可贵。而且她们也亲自去实践了自己的想法，帮助了更多的人，对社区也多了几分熟悉感和归属感。

正是因为政府给社区工作者赋权增能，让社区工作者接受专业的培训，掌握了社团孵化的流程和具体的技术方法。社区工作者像接过了赋权增能的接力棒一样，继续给社区社会组织中的居民赋权增能，同时政府、社区工作者和居民又一起给社区社会组织赋权增能，最后使他们之间形成了互相增能的良性循环。互助类社区社会组织的成立，让居民从自助学会了互助，迈开了向公民转变的第一步。

培育互助类社区社会组织的失败案例也有一些，总结失败的原因，最重要的一个原因就是居委会理念未转变，项目实施时仍然大包大揽。例如,从下表5-2中可明显看出居委会的成员在项目实施全过程中一直承担组织者、引导者和观察者者三种角色,以致忽视了后期组织者可以从居民中发现,应该找到团队领袖,而不是自己一直当组织者花费过多的时间和精力去组织和策划活动。

表5-2 某某项目中组织者、引导者和观察者个人信息及角色扮演情况

序号	姓名	性别	出生年月	职位	项目中角色
1	朱某某	女	1987.01.19	社区党总支书记	组织者
2	陈某	女	1983.10.11	社区委员	引导者
3	杨某	女	1976.12.24	志愿者	引导者
4	赖某	女	1990.11.06	社区网格员	观察者
5	李某某	女	1985.03.25	志愿者	观察者

二、治理类社区社会组织:"我爱我楼"门栋自管组公益服务项目

(一)项目实施过程描述

1. 项目背景

HS市TS区SLL社区是一个典型的城市老旧社区。社区内多数居民楼有30余年的历史,小户型、单户面积均在50平方米左右,房改房占90%以上,所居住的对象以老年家庭为主,有500户为农转非居民;杂居楼栋多,居民互不往来,有的甚至结怨;基本没有院落小区,区间道路四通八达,不利于引进物业管理,居民楼栋物业、环境卫生管理滞后。

SLL社区以"HS市创建全国社会治理和创新服务实验区"为载体,以培育"门栋自管组"为抓手,以创新老旧社区门栋自治为突破口,2014

年 5 月，继"我爱我楼"在获得"HB 省首届公益服务创投项目大赛第一名"之后，社区两委抓住契机，乘势而上，运用新理念、新技术，启动了以"我爱我楼、门栋自管"为主题的公益服务项目。

2. 项目实施的过程

2014 年 4—10 月，根据"我爱我楼"活动的步骤安排，社区党总支组织开展了一系列党员带头、居民亲身参与的公益活动，使党员、居民的公益意识得到了加强。

第一，社区举办社工能力培训班，并召开培育和发展社区民间组织推进大会，项目负责人（即社区居委会刘书记）宣讲社区新理念和新方法。

借助社区开展群众路线教育实践活动的东风，选择党员人数相对较多，群众积极性较高的 21 栋、27 栋、28 栋、36 栋、37 栋五栋居民楼（20 个单元）为试点。社区居委会刘书记先让社区的工作人员小陆电话通知上面五栋的居民代表、党员以及积极分子来社区开会，并在五个栋楼的附近张贴了开会的通知，这五栋楼的居民代表逐家入户对开会的内容以及成立门栋自管会的意义进行宣传。2014 年 4 月 10 日，社区居委会召开了"开放空间会议"。五个楼栋的居民代表、居民、社区工作者等 15 人参加了会议，居委会主任刘主任主持会议。

刘主任先是向参会的人员介绍了他在参加社区工作者实务能力培训中学到的技术和方法，并重点介绍了培育社区社会组织的好处。接着，他提出了本次会议的主题"楼栋垃圾乱堆乱放问题怎么解决"，他和社区工作人员将事先准备好的卡片和白板笔发给参会人员，让大家写下对这个问题的看法。大家写得很认真，写好后依次张贴到大白板上，刘主任和工作人员归纳整理了大家的看法，并和大家分享了讨论的结果。会后，刘主任让几位楼栋的楼栋长留下，问他们对这样的会议形式的体会。21 栋楼栋长王阿姨说："这个形式很新鲜，我们可以表达自己的观点，还避免了争论。"28 栋楼栋长李大爷说："这个形式挺好，就是光我们这些人讨论还不行，应该让更多的居民参与进来啊。"其他的楼栋长也纷纷发表了自己的看法，与前两个楼栋长表达的意思接近。刘主任建议，让大家回去后都想想，有

第五章　社区社会组织培育的案例分析：公民生成的事实逻辑

什么好的办法能让更多的居民参与进来讨论。

第二，开展"我说我楼"主题活动，运用开放空间会议技术和卡片工作法，进行背景调查和需求调查。

鉴于第一次开放空间会议居民参与率不高的教训，社区书记和工作人员听取了部分居民的建议，立即改进方法，将开放空间会议的时间、地点进行了调整，在晚饭后到居民楼下空地召开会议，用开放空间会议引导居民讨论楼道存在哪些问题。先问居民楼道都放了什么东西、给你们带来了什么后果以及放杂物的原因等。请大家想一想，我们应该怎么办，我们自己可以为这做点什么，引导居民什么时候开始采取措施、确定工作的步骤、执行人以及时间。这次会议充分了解当前楼栋管理存在的问题，分析了问题存在的主要和次要原因，并充分了解居民需求；分析项目实施的优势、风险，其效果出人意料。

参与的居民比第一次会议明显增加，大家的参与热情也积极了很多，经过社区刘主任和工作人员的引导，参会的居民积极参加讨论。首先大家分析了目前楼栋乱堆乱放现象的表现：（1）居民楼道乱堆放现象较多，导致楼道杂乱无章，通行不畅；（2）无楼道灯照明，夜间出入难；（3）楼道卫生无人打扫，卫生状况较差；（4）一些商家小广告也乘虚而入。

其次，居民还用卡片法写出了造成这种现象的原因：（1）老人们勤俭节约，一些旧物舍不得丢弃，有的还捡柴火、拾破烂；（2）少数居民自律意识差；（3）单位改制后，原有单位供电、维修的楼道灯全部停电和失修，（4）门栋无人管理，卫生打扫不及时，小广告清理不及时；（5）无物业公司管理。

接着社区书记引导大家做参与式需求调查，调查出居民的需求如下：（1）楼道保持通畅，方便出入；（2）消除消防安全隐患；（3）方便居民夜间出行；（4）保持楼道整洁，享受城市文明。

接受过社区工作者事务能力培训的社区刘书记，很会学以致用，专门引导大家对这个项目进行中的风险进行评估，具体评估结果是：（1）少数环境卫生意识差的居民会有抵触情绪，积极性不高；（2）楼道灯电费的收取和支付不及时；（3）居民遇到困难时会放弃，不能持之以恒。

进行风险评估，是为了找到规避风险的措施，让项目能可持续下去，因此，社区刘书记和工作人员又组织大家寻找规避风险的措施，具体有：（1）规避风险措施：先易后难，在堆放杂物较少、居民要求强烈、卫生意识较好的门栋做示范，然后引导居民参观，降低抵制情绪；（2）预交电费；（3）设立公示牌，社区对门栋自管有成效的小组给予扶持和奖励。

会后，有些居民主动留下来，继续咨询社区的工作人员，觉得这次会议的内容很有意义，询问具体什么时候能执行。刘书记和社区工作人员表示，按照项目的实施计划表，会引导居民进一步讨论出具体可操作的方案，等方案一成熟会尽快引导大家执行方案。

经过两次的会议，刘书记和社区工作者在担任组织者的过程中，也注意观察了参会的居民，努力寻找有潜力当社团领袖的居民，以准备待时机成熟后，社区工作人员就全部退出，让社团独立运行。

第三，开展"我爱我楼"主题活动，制订实施方案。

2014年5月9日晚饭后，应部分居民的要求，21栋"我的楼栋，我做主"的开放空间会议在居民楼下空地召开。21栋楼栋长、居民代表、居民、社区工作人员等25人参加会议。首先，鉴于开放空间会议的专业性，社区刘书记给大家重新讲了前几次用过的卡片法的流程，并介绍了新的方法小组讨论法和打分法，并告诉大家开放空间会议是一个大家可以尽情抒发观点（观点没有对错）、自由平等的会议。大家只要围绕我们的讨论主题，自由畅谈、民主讨论，贡献自己的智慧。

接着给大家分发卡片纸和白板笔，让大家写下21栋楼栋自管的目标，写好后三人一组张贴到大黑板上，并引导大家在张贴时主动把目标归类，刘书记从居民中找了两位志愿者王大爷和李阿姨，让他们对目标归类调整好，给大家分享21栋楼栋自管的目标。他们讨论出了4个楼栋自管目标，具体内容是：一是清理楼道全部杂物，保持楼道干净整洁；二是实现楼道夜间照明；三是轮流打扫楼道常态化；四是成立自管小组，制定自治公约。

然后就今天开会的另一个主题"21栋楼栋自管的整治方案"分组进行讨论。根据居民的人数，刚好20人，分为4组，每组5人。社区刘书记让

第五章　社区社会组织培育的案例分析：公民生成的事实逻辑

参会的居民从1—4报数，报到1的居民就是第一组，报到2的居民就是第二组，依次类推。这时，社区工作人员还给每组发了一张大白纸。刘书记告诉大家，每组选出一个主持人、记录人和汇报人。主持人的任务是引导自己的组员围绕主题都能畅所欲言，记录人的任务是把组员发表的看法都记录下来，尽量把组员的原话记录下来，别歪曲组员的意思，汇报人的任务是向其他组汇报自己小组的讨论成果。参会的人员在本组贡献了智慧，也可以到其他组继续贡献智慧。讨论时间是半小时。

这时，4个小组开始讨论，大家激情高涨，积极参与讨论，发表自己的看法，倾听组员的观点。

半小时到了，4个小组仍在激烈的讨论，刘书记和社区工作人员商量，让大家再讨论10分钟。10分钟后，刘书记询问大家整治方案制定的怎么样了，有的小组说已经制定好了，有的小组还在往大白纸上写。刘书记又给大家了5分钟。最后，刘书记让4个小组分别展示本组讨论的成果，并把4个小组的成果张贴好。刘书记建议，让参会者共同进行筛选，选出最优的整治方案。他在大黑板上，分别画出了4个小组得分情况的表格，让参会的人员用531打分法（即认为最好的方案打5分，其次好的方案打3分，差不多的打1分），选出最优方案。

经过2名志愿者的统计，第二组的方案（具体如下）以69分的优势当选。

胜利路21栋楼栋自管的整治方案（第二组的方案）

一、整治原则

楼长组织、社工引导、党员带头、群众参与

二、整治时间和任务

（一）2014年5月12—18日，大家动手，各扫门前雪，清理乱堆乱放和广告牛皮癣。

（二）2014年5月19日上午，集中劳动清理卫生死角。

（三）2014年5月22日，社区开展楼道刷白。

（四）2014年5月28日，社区安装楼道灯。

第四,开展"我爱我楼"志愿活动,开展楼道整治行动。

按照整治方案,居民自行清理清除杂物、广告牛皮癣等,集中劳动清理卫生死角。社区找来专业人士,在楼栋长和一些热心居民的带领下,进行楼道灯安装和楼梯间刷白施工,在这个过程中寻找目标领袖和领袖团队。经过这几次会议,参会的居民对选谁当领袖心里应该有一些数了。社区刘书记建议大家,每人在卡片纸上选出3—5人当领袖。经过统计,参会的居民选出了6位领袖,分别是王大爷、李阿姨、杜阿姨、刘大爷、张大爷和张阿姨。

在上面的环节中,社区的工作人员全程观察记录了哪些居民积极性更高,更有潜力和能力当领袖人物。社区工作人员心中选的领袖人物和居民选出来的领袖基本是吻合的。刘书记建议大家,领袖应该是一个团队,不应该只有一个人,选出的6位领袖可以轮流当老大,其他领袖协助,带领大家整治好楼栋,最好能把自管小组也建立起来。

第五,开展"文体娱乐"活动。

经过几次会议和活动,居民之间增进了了解和交流。有居民提议大家搞一些活动。社区刘书记建议大家,把想搞什么活动写在卡片纸上,并用531打分,选出大多数人都喜欢的活动形式,这样参与的居民会更多。居民觉得这个建议很好,就纷纷写下了想搞的活动。经过分类,总共想搞的活动有11类,其中文体娱乐活动排在榜首。社区刘书记引导大家,制定好本次活动的详细方案,再执行。几位领袖人物也表示会带领大家好好讨论方案。接着几位领袖召集居民开会,总共来了12名居民。他们也模仿社区书记刘书记的办法,从社区借了几张大白纸、卡片和白板笔,采用同样报数的方式分成两组,让大家讨论方案的细节,并写在大白纸上。几位领袖还邀请社区书记来旁观指导开放空间会议,刘书记在一旁观察。两组成员讨论了将近1个小时,每个成员都发表了自己的想法,最后两组都制定了很详细的方案。刘书记告诉几位领袖,最好也让两组汇报下他们的成果。然后,两个小组的汇报人分别陈述了本组的方案。有位居民张阿姨提议,两组方案都很好,干脆也531打分,选出

第五章 社区社会组织培育的案例分析：公民生成的事实逻辑

最优方案。大家纷纷表示同意，经过531打分，第一组的方案略胜一筹（具体如下）。刘书记建议，这次按这个方案执行，以后的类似活动可以执行第二组的方案，并肯定了两组方案都制定得很好。

第一组的方案

活动主题：社区文体娱乐活动

活动时间：本周六（2014年5月31日）晚上7：00—9：00

活动形式：文艺演出

活动地点：社区多功能活动厅

活动经费：社区牵头、辖区企业赞助、热心居民个人赞助，预估5000元左右

活动节目：

（一）舞蹈表演

（二）歌曲演唱

（三）乐器表演

（四）小品相声

（五）赞助商和居民的互动活动（有奖竞猜）

活动参加人数预估：演员50人左右，观众150—200人左右

活动后勤安排：总导演1人（张大爷）；副导演2人（王大爷、李阿姨），场地布置和协助5人（杜阿姨、刘大爷、张大爷、张阿姨、程大爷）；灯光2人（孙大爷、李大爷）；主持人2人（由居民推选）；音箱1人（自荐）；后勤服务人员（负责安全维护和礼品采购等）

活动的媒体支持：电视台和网站记者等

活动的风险预案：

（一）万一有演员临时缺席，删除节目，主持人准备互动的节目补充；

（二）参加的观众人数过多，增加安保人员，保持安全通道畅通，提前找辖区的医护人员2名在场；

（三）参加的观众人数过少，临时打电话或请社区居民代表、楼栋长、骨干分子等，让他们通知居民来参加。

活动结束后会场的清理：由领袖人物、社区骨干分子、志愿者以及社区的值班工作人员等一起清理。

备注：

（一）场地提前获得审批及备案；

（二）尽量发动社区各个年龄层的居民参与。

到周六，按照这个方案，活动开展得很成功，来参加活动的居民有120多人。活动后，有居民说："这样的活动应该多举办，我们还是很喜欢这样的节目啊。"这次节目的总导演张大爷说："这次活动出乎我的意料，效果这么好，毕竟是我们自己第一次策划和举办这么大型的活动，还是有很多地方可以总结下，积累些经验。之前都是社区策划好了节目，直接叫我们参加，社区居委会处于主导地位，起着'主心骨'的作用，现在自己全程参加活动的策划、举办，感觉确实不一样，原来我们也有能力把活动举办好啊。"社区刘书记说："现在我们逐渐放手，让你们领袖带领居民举办活动，我们社区轻松了很多，居民好像也更接受这种活动形式，比社区之前'拍脑袋'决定举办的活动效果好很多。"这次活动不仅增进了邻里和谐，还促进了居民的参与积极性，关键是也发现了领袖人物的合适人选，为下一步引导他们成立社团奠定了好的基础。

第六，推选团队领袖。

经过前期的一系列活动，之前居民心目中的领袖应该什么样也许发生了一些变化，为进一步发现目标领袖和重新推选门栋长打下了良好的基础。社区刘书记也引导社团成员分享一下卫生改善后的感想。因为分享的过程可以观察哪些人选适合当目标领袖。

随后又让大家讨论，楼道门栋打扫干净了该怎么维持、怎么管理以及居委会管理的可能性等后续问题。居委会工作人员共5位，社区有200多个门栋，肯定没有那么多的时间和精力管理。社区书记刘书记引导居民对楼道自管，用卡片法推选自己心目中的领袖人物，推选经过和之前的方法一样，每个人推选3—5人，最后统计出领袖团队的成员，大家选出了5位领袖人物，有一位之前的领袖人物落选。刘书记没过多说明为什么那位领袖落选，只是鼓励当选的领袖人物，继续充分发挥自己的能力，考虑组建社团的事宜。

第七，成立楼栋自管会，制定自管会的主要职责和自治自管公约。

领袖人物带领居民采用卡片法，讨论组建社团的意义。大家一致认为成立楼栋自管会很有必要，并表示想成立一个"能管"、"敢管"的自管会。通过居民推荐和自荐的方法，从领袖人物和居民中产生了自管会的成员，按职位确定党小组长、楼道长和门栋长。自管会还商讨了自管会的职责，签署自管公约，制定自管长效机制。

楼栋自管会的主要职责是：一是每月召开工作例会；二是每季度召集一次楼栋的居民大会，听取居民关于本楼栋事务的意见；三是执行本楼栋居民大会产生的决议；四是草拟本楼栋自管会筹集资金的范围和方式，通过本栋居民大会修改确定；五是草拟本楼栋自管会资金的使用范围和方式，并通过本楼栋居民大会修改确定；六是每季度在居民代表大会上向本楼栋居民公开自管会工作和财务状况。

制定《自治自管公约》①。2014年6月10日，自管会组织楼栋长、楼栋居民代表召开了居民会议，自管会会长张大爷主持。会议依据之前开放空间的讨论成果，草拟了《21栋居民自治自管公约征求意见稿》。

公约包括了垃圾分类、定点投放、文明养犬、安全出行等方面的内容。为避免建筑垃圾随意堆放遗弃，约定谁家装修先交给自管会200元钱，装修完，如果居民自行清理了建筑垃圾，自管会便将钱退还居民，否则由自管会用200元处理建筑垃圾。会后，自管会成员和楼栋长挨家挨户征求居民对自治自管公约的意见和建议，并号召大家从自身做起，遵守公约，互相监督。在完善21栋居民自治自管公约后，自管会印制了20余份，在

---

① 笔者所在团队成员在和社区刘书记沟通交流项目的运行情况时，将北京市东城区社区自治模式实践探索的优秀案例分享给了刘书记，刘书记进行了很好吸收，并对领袖人物进行了相关的培训。因此此处借鉴了北京市东城区建国门街道赵家楼社区院落自管会的一些经验。

楼栋显著位置张贴，并制作了一些文明行为提示语，张贴在环境问题易发的角落。这个公约是由楼道自管小组引导全体楼道居民自己讨论出来的，形成内在的心里契约，居民更容易遵守。以前的楼道公约是居委会想出来并张贴的，很多居民不认同，自然有的人就不遵守这些公约。

"软件"基础工作落实到位后，自管会开始对21栋环境进行整治。联系街道绿化队，对院内的死树残枝进行了彻底清理，同时积极联系街道环卫所，更换了破旧的垃圾桶，合理分布了垃圾桶位置，对厨余垃圾和其他生活垃圾进行分类。为倡导节约资源的理念，自管会联系了再生资源回收站，在楼院门口设立了一个回收点，通过自治自管公约号召居民进行垃圾分类，可回收的垃圾可以联系再生资源回收站的工作人员上门收走。为解决车辆停放问题，收集院内居民的意见，统计院内机动车辆，制作停车证，凭证停车，外来车辆不准入内。为避免乱停车造成消防通道和急救通道被堵塞，制作引导牌，提示车辆有序停放。环境整治工作完成后，自管会定期组织楼栋长和热心居民开展周查月检环境卫生、评优公示等自管活动，形成社团自我管理、自我教育、自我服务的自治长效模式。

第八，商定下次活动主题、时间等细则。

社团成立了，社团的成员开始考虑社团如何可持续发展，而不是昙花一现。社区刘书记引导社团可以在社区多举办公益性活动，增进自身的公益性，也让社团的成员找到更大的价值。

社团成员陆阿姨说："我们21栋自管会成立了，可以将成功的经验推广到其他楼栋，让他们也享受到自管的好处。"其他成员表示，这个建议很好。社团成员王大爷说："我们社区其他楼栋确实也面临垃圾乱堆乱放、环境脏乱差的问题，他们也想解决。"

社团的几个领袖找到刘书记，谈了自己的想法。刘书记说："我和你们的想法是一致的，我们社区还有很多楼栋的这些问题亟待解决，希望你们能把成果的经验传授给他们，让他们也早点享受良好的楼栋环境，成立自管会。我当初在接受培训时，策划的项目书中就提到了想成立12个楼栋自管小组，实现门栋公共事务自管。之前，我告诉大家我们成立自管会有

第五章 社区社会组织培育的案例分析：公民生成的事实逻辑

很多优势资源，一是我们社区已经筹集到了一定的资金，二是有部分居民积极性很高，三是政府现在大力支持我们在社区培育出社团。所以，你们可以放手去干，争取让更多的居民参与进来。"

社团的几个领袖听后，更加有信心。他们也想把自己成功的经验推广，更想让这个自管会运行得很好。于是他们和社区一起，充分推广自己的成果经验，陆续帮助其他的楼栋成立了自管会。

现在16个楼栋已经建立了自管会，以后还会有更多的楼栋建立自管会。

3. 项目实施的收益

第一，项目收益。主要包括三方面：一是人的变化。居民在参与的过程中，文明意识提高了，社会责任感增强了，素质提高了，同时，社区56岁的刘书记和他的团队成员的专业性也得到了提高，并且关系更加和谐，形成"我爱我楼"的新风尚。二是物的变化。已整治的楼栋楼道畅通、整洁、干净，无"六乱"现象，实现了楼道夜间照明，满足了居民需求。三是社区的变化。通过"我爱我楼、楼栋自管"为主题的公益服务项目的不断推进，社区已完成16栋60个单元的整治工作，并成立了16个楼栋自管组，比项目策划书中计划得多了4个楼栋，有效地解决了"居干（即居委会干部）干、居民看"的被动局面，为社区治理打下了良好的基础。通过示范作用，争取在2—3年内推动全社区实现门栋自管，消除社区的极乱现象。

第二，居民评价。采用开放式空间会议技术是最尊重民意、最体现居民自治的一种有效办法，也更加契合"从群众中来，到群众中去的"群众路线精神。居干亲民，党员带头作用明显；为居民办了一件大好事、大实事；居民文明卫生意识得到了提高，邻里关系更加和谐，形成"我爱我楼"新风尚。

4. 主要经验及体会

首先，社区书记挂帅，深入到群众中去，社区居干每人领衔一栋进行示范，不言放弃。社区书记刘书记说："我们社区充分发挥基层组织的战斗堡垒作用和党员的先锋模范带头作用,由两委班子成员带头领衔示范,顺利完了示范楼栋项目目标。"通过党员作用发挥,居民积极参与,需求让居民充分表达,事务让居民共同治理,形成自我管理、自我教育、自我服务的楼栋自治模式。真正"自管"的自管会成立以来,逐步转变了居民的观念,改变了居民"自管就是居委会'不管'的错误认知",让居民不再只是抱怨问题,而是逐步思考如何解决问题,并对自管会的组织建设贡献自己的智慧,增进了居民自我管理、自我服务的信心。

自管会成立后的半年多来,通过大力宣传,积极引导,自管会说服了更多的居民关注楼院自治,关心社区问题,极大地调动了居民参与解决社区问题的积极性。半年多来,自管会主要解决了两个问题:一是楼栋乱堆乱放;二是院内机动车乱停放。自管会逐渐改善了小区内生活垃圾随意堆放、小广告乱贴等混乱状况,减轻了居委会的工作负担。垃圾问题解决了,环境问题就少了,环境好了,居民的抱怨也少了,邻里关系也慢慢和谐了。

其次,居干党员勇于担责,引导作用很重要。开展"我爱我楼"活动以来,社区两委班子和党员居干自始至终坚持做群众工作,引导群众参与到活动中来,共同整治楼栋目前存在的问题,发动居民自行清理杂物、清除小广告等。开展周查月检、评优公示等自管活动,形成社团自我管理、自我教育、自我服务的自治模式。

第三,普通党员带头作用是关键。开展"我爱我楼"活动中,自行清理杂物、清除小广告等义务劳动开始时很多居民并不主动,持观望态度。在社区党总支的号召下,第一个示范楼栋中的普通党员都积极带头参与,他们的榜样作用感化了群众,才使得"我爱我楼"活动顺利进行。尤其是在后期长效自治管理方面,普通党员带头仍然是关键。

第四,以项目的形式建立社团,效果很好。社区干部以及社区社团成员经过培训,掌握了项目运作的流程,事先分析了项目的风险,找到规避风险的措施,先易后难,先示范,后推广;在社区醒目位置设立公示牌,以鼓励为主,建立了星级评优奖励制度和自管小组公益服务补贴制度。

表 5-3　楼栋公示牌

楼栋公示牌							
一、我爱我楼　党员带头 　　胜利路 21 栋楼栋自管会成员名单 　　党小组长：张大爷　楼栋长：王大爷 　　门栋长：　李阿姨、杜阿姨、刘大爷、程大爷 二、楼道环境卫生自治自管公约 　　不乱丢乱扔　　不乱贴乱画　　不乱堆乱放 　　爱护居住环境　维护楼道卫生　轮流值日打扫 三、周查月评公布榜							
单元号	责任人	第一周	第二周	第三周	第四周	月总评	备注
一单元							
二单元							
三单元							
四单元							
公告　　　　　　　　　　　　通知							

5．媒体报道

2014 年 6 月 27 日上午，为了使"我爱我楼"项目更好地服务居民，提升居民卫生意识，使邻里关系更加和谐，社区党支管委、两委成员、居民小组长专门召开"我爱我楼"公益服务创投项目推进大会。会上刘书记对示范楼项目实施情况作了总结，进一步宣讲了"我爱我楼"项目工作目标步骤，并鲜活地举以事例充分肯定了党员带头、居民参与所取得丰硕成效，为下一步项目进一步实施打下基础。然后，请示范楼栋党小组刘大爷与在会人员分享楼栋自理经验做法，同时表达该项目的实施受到居民普遍赞扬。为了使该项目在社区内更加顺利深入开展，会后，刘书记带领全体入会人员到实地查看示范楼栋的实施成果。大家纷纷表示要学习示范楼栋经验做法，积极投入到"我爱我楼"活动中来。①

SLL 社区自开展"我爱我楼"门栋自管活动以来，通过示范楼带动作用、推进会的召开，社区内其他楼栋居民们的愿望非常迫切，积极性也非常高。在居民小组长鼓动下，有的楼栋居民们自发行动起来，清理楼道内堆积几十年舍不得丢的杂物，铲除广告牛皮癣，再到社区要求社区干部进行验收。社区于是进行第二期"我爱我楼"门栋自管活动。社区刘书记利用晚上时间在楼下召开空间会议，动员布置，听取居民意见。随着居民自我管理楼栋意识增强，大家都想拥有一个舒适、干净的家园。这样一来不但环境改善了，而且人与人和谐相处，其乐融融。②

（二）案例分析

上述案例再次证明了居民自治是可行的。运用我们培训的一套完整的项目创意的技术和方法，尤其是开放空间会议技术，把决定权和行动权交给居民，增强居民的自治能力。居委会的角色从包办转为引导，帮助社区居民解决了楼道乱堆乱放、脏乱差的问题。之前，一边是居民抱怨楼道乱堆乱放，另一边是政府要求创卫，让居委会清理。一般居委会贴出告示，让居民自己清理，居民不听，居委会组织人员去清理楼道，清理后，有些居民可能因为个人物品所有权的问题与居委会"扯皮"。例如，笔者调研中了解的发生在武汉一个社区的故事。居委会在没有经过居民同意的情况下，把一位 83 岁的老人的个人物品清理了，老人说自己的物品是祖传的，一直找居委会说理，最后居委会给自己惹了一身麻烦。现在，我们国家强调依法治国，包括居委员在内任何一个组织无权处理居民的杂物，如果居民法律意识强，可能对居委会提起所有权诉讼，因为私人财产居委会无权

---

① 参见《"我爱我楼"公益服务创投项目推进大会》，中国社区网：http://hb.cncn.org.cn/huangshi/shenglilu2/news/140385593016024html。

② 参见《居民自发行动 楼栋自管愿望迫切》，中国社区网：http://hb.cncn.org.cn/huangshi/shenglilu2/news/141152844318139.html。

处分。因此，就此而言居委会也要增强法律意识。而且居委会一定要转变理念，应该让居民了解哪些事务应该由居民自己来解决，哪些事务是居委会应该解决的，哪些事务是政府应该解决的，把三事分流的机制在社区推广。本案例中，社区干部就把居民和社区应该做的事情分开了，居民应该做的事是楼道杂物、广告牛皮癣清理以及打扫卫生，社区应该做的事是楼道刷白、路灯安装。

对于社区的其他问题，如高空抛物等，操作流程也是这样的。这一套技术和方法可以运用于解决社区的很多问题。治理类社区社会组织的孵化，让居民从第一步自助、互助，迈向了第二步逐渐参与公共事务的治理，培养了公民的参与意识和参与能力，培养了公共精神。

三、志愿类社区社会组织：老"外"缘圈志愿协会公益服务项目

（一）项目实施过程描述

1. 项目背景

XWL区是新型的移民型社区，新SZ人占比70%。很多老年人背井离乡来到园区商业住宅小区居住，高楼林立让许多外来老年人因人际疏离、文化差异、语言不通、外出不便等而产生了孤儿感和诸多心理压力，使他们感觉无法融入新的生活环境。而年轻人往往工作繁忙，平时无暇顾及老人的心理感受，影响了老"外"们的融入感和幸福感。

2. 项目实施的过程

第一，老"外"缘圈第一次活动：参与式需求调查。

黄社工经过能力训练，认为本社区已经有了建立志愿类社团的一些基础，考虑到本社区亟待解决的一个问题是外来老年人很多，生活上遇到很多困难，应该建立一个志愿组织为他们提供服务，解决他们的困难，这也应该是一个好的公益项目。她和社区其他工作人员商量后，确定了先召集

一些居民开会，随后，电话通知了大家。

　　2014年10月19日，在XWL社区居民教室，召开了开放空间会议。经常参与社区活动、活泼开朗的热心居民、骨干分子（包括SZ市本地人3名）等18人参加了会议。由于居民之间不是很熟悉，黄社工就让大家先做了一个游戏，考虑到老年人不喜欢时尚花哨的玩意，就选了一个很简单的"击鼓传花"游戏。经过几轮游戏下来，会场的气氛比刚开始时活跃了很多，大家也开始交谈起来。黄社工顺势就问大家在园区去过哪些地方、在园区生活的感受怎样以及生活上有哪些需要，让大家用白板笔写在卡片纸上，并3人一组张贴。考虑到有的外来老年人文化程度不高，黄社工和其他两位工作人员看有些居民不擅长写，就让她们说，帮她们写下来。接着请两位居民当志愿者帮大家归类整理，并跟大家分享。大家具体的需求包括：（1）生活方面。买菜、买衣服和买鞋子等买日常生活用品都不如老家方便。（2）外出方面。不认识路、不会坐车、会迷路、走丢，所以不爱出门，不敢游玩。（3）就医方面。小毛病去哪里看不知道、大医院在哪里也不知道，只好忍着不看。（4）朋辈方面。没有熟悉的人，迈出交新朋友的第一步很难，觉得很孤独。（5）娱乐健身方面。文体健身团队不知道怎么加入，有些烦躁。

　　黄社工跟大家分享了重庆市天星桥街道小正街社区的爱心"时间银行"储蓄制度。这个制度是通过为他人提供服务和帮助储蓄时间。储户志愿者首先提出申请，然后社区注册、发放爱心"时间银行"储蓄卡，志愿者根据储户为他人提供帮助的时间、地点、内容如实记录在"时间银行"储蓄卡上，年终交回社区党委审核并由社区党委副书记和负责民政的委员记录在社区"时间银行"储蓄台账上。社区"时间银行"的储蓄志愿者可透支（即自己需要帮助时其他志愿者可为其服务）。此外，还有家庭爱心、敬老"时间银行"存储制度，主题是爱心、孝老，主要针对人群是家中儿子、女儿、儿媳、女婿以及孙子辈，享受服务的对象是家中爷爷、奶奶、父亲、母亲。比如孩子为父母服务的时间存起来，孩子的下一代就可以支取爱心"时间银行"的时间。通过爱心接力活动的"支出"和"收入"，营造互帮互助的良好氛围。目前有"储户"278人，总计储蓄时间4100小时，总支出 1600 小时。

分享故事后，有的居民说："我们社区也可以搞爱心时间银行啊，我们在能力范围内可以为他人提供帮助。"有的居民说："我们自己有时也需要别人帮助，如果他人能为我提供帮助，我也乐意帮助他人。"有的居民则在两两互相讨论。黄社工最后总结时说，大家回去可以想一想小正街的故事，看我们社区是否也可以开展。

第二，老"外"缘圈第二次活动：参与式需求调查。

2014 年 10 月 26 日，在 XWL 社区居民教室，举办了第二次活动。参会的人员有经常参与社区活动、热情开朗的居民以及骨干分子（包括 SZ 市本地人 4 名）等 20 人参加了会议。黄社工先让大家分享上次活动的个人感想，用卡片法（和上次方法一样）搜集个人能贡献什么（每个人擅长的或可以找来的资源）。经过归类，大家可以贡献的有几个方面：可以带领其他人买菜；可以带其他人购物；可以带其他人出游；可以带其他人一起参加社区的广场舞活动等。黄社工告诉大家，让大家用白板笔在能提供服务的对应的类别下签名，找到每类提供服务的小群体。每个小群体组成一个小团队，用卡片法推出"老大"①。

接着黄社工引导微群体之间进行互助，根据 531 打分法确定未来一个月活动顺序、内容。例如买菜团可提供的服务是在指定时间地点集合，带队去市场买菜；购物团可提供的服务是组织去商场、店铺；出游团可提供的服务是教如何乘坐地铁等。②

黄社工又引导大家用卡片法进行风险评估，分析出了以下两条风险：居民外出出行，存在一定安全风险；老年人活动过程中存在因个人身体原因的突发疾病状况。接着让大家用卡片法找到规避风险的措施：出行尽量 2 人以上，遵守交通规则，注意安全；出门带上常备的药品（如速效救心丸之类的药），并在口袋里写下自己儿女的手机号码。黄社工和社区工作人员在这个过程中也发现了有几位老人表现得很热情，有当社团领袖的

---

① 这 20 名居民原本就比较熟悉，微群体内部更可以很快熟悉。——笔者注
② 说明：以上活动，均是以不增加参与者负担为准则，在做自己的事情的同时帮助他人。

潜质。

第三，老"外"缘圈第三次活动。

2014年11月26日，在XWL社区居民教室，召开了第三次开放空间会议。参会的人是经常参与社区活动、活泼开朗的热心居民、骨干分子（包括SZ市本地人5名）、社区工作者等23人。黄社工首先让大家回忆、分享一个月来的心得体会，从互助中获得的收益，并让大家采用卡片法写出来。经过归类整理，体会和收益有以下几类：认识的朋友多了，一起聊天很开心；知道去哪儿购物，节省了生活开支；平时的生活更加丰富多彩；子女对自己也放心了，不再担心一个人闷在家里无聊。

黄社工给大家分享了重庆小正街社区的先进经验，小正街社区的具体做法如下（详见图5-3）。

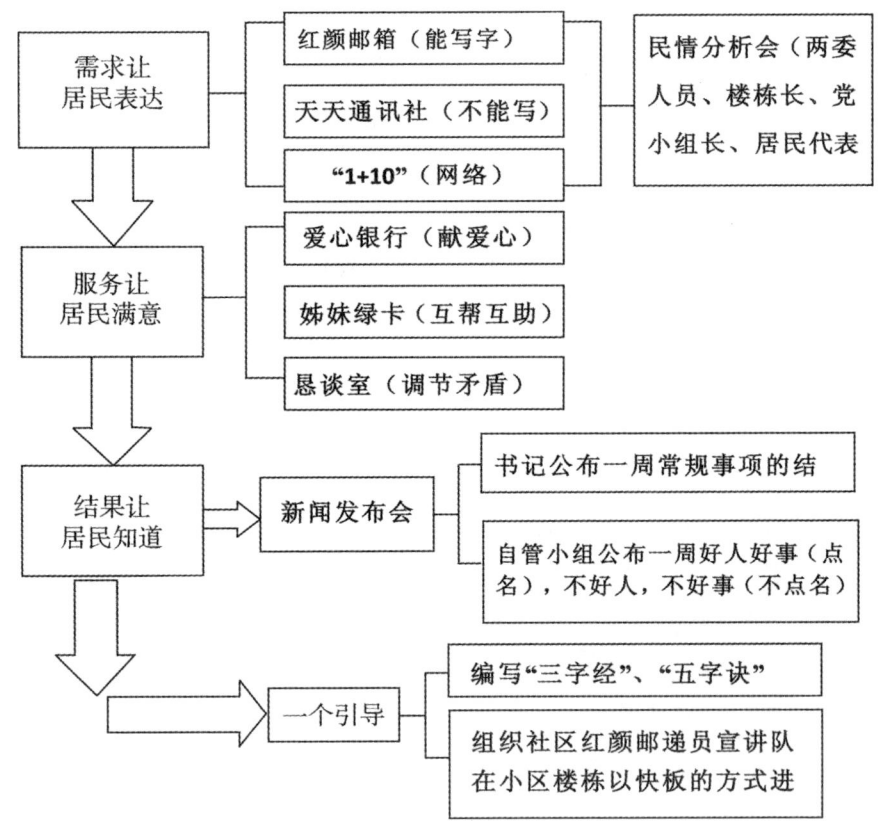

图5-3　重庆小正街社区"3311"工作法

第五章　社区社会组织培育的案例分析：公民生成的事实逻辑

天星桥街道小正街社区"3311"工作模式，具体如下：

1. 三个渠道

（1）红岩党员"邮递员"。选聘素质过硬的红岩党员26名，在本社区的9个网格内设立党情民意箱26个，负责收集社情民意（纸质件社情民意），每周星期一开箱将收集到的社情民意交回社区，协助社区解决和回复。

（2）"天天通"社情民意工作站。按居民楼栋和小区一名热心人为该楼栋小区"站长"，负责收集群众的诉求、意见和建议，站长可随时通过电话或口头告知社区，并把意见反馈给居民。一共有9个站长，每个站有7—8名信息员（都是社区党员积极分子、骨干），支部书记作为联络员。社区的党务副书记宋书记负责和站长信息的对接和反馈，每周五在办公室和本周网格长汇总"天天通"社情民意工作站的信息，并对居民反映的事情进行分类。小事通过邮递员反馈解决，大事通过邮递员告诉居民已经递到街道或区里等待解决。

（3）"1+10"楼栋单元知情人。在各楼栋、各单元选一名有责任心、爱管"闲事"的人，负责联系该楼栋单元10户居民基本情况，建立起由100多名党员群众组成的联络员队伍，构建起"1+10"平安稳定信息联络员网络，通过一个党员联系（走访）10户群众的方式，实现不稳定因素及矛盾反映机构的全覆盖，负责矛盾纠纷协调、政策宣传、舆论引导。这是本社区在工作中提炼总结出的方法，同时还有助于扩大志愿者队伍。

以上提到的的邮递员、站长、知情人、网格长、信息员可能是一人身兼数职，今后可发展壮大这些队伍，让更多的居民参与其中。

2. 三个载体

（1）爱心"时间银行"储蓄制度。通过为他人提供服务和帮助储蓄时间，储户首先提出申请、社区注册、发放爱心"时间银行"储蓄卡，志愿者根据为他人提供和帮助的时间、地点、内容如实记录在"时间银行"储蓄卡上，年终交回社区党委审核并由社区副书记和负责民政的委员记录在社区"时间银行"储蓄台账上。进入社区"时间银行"储蓄志愿者可透支

（自己需要帮助时其他志愿者可为其服务）。此外，还有家庭爱心，敬老"时间银行"存储制度，主题是爱心、孝老，针对人群是家中儿、女、儿媳、女媳、孙子，被享受服务对象是家中爷爷、奶奶、父亲、母亲。比如孩子为父母服务的时间存起来，孩子的下一代也可以支取爱心"时间银行"的时间。通过爱心接力活动的"支出"和"收入"，营造互帮互助的良好氛围。目前有"储户"278人，总计储蓄时间4100小时，总支出1600小时。

（2）"姊妹绿卡"帮扶。由社区党员（无职党员、在职党员）在自己所居住的楼栋或单元，了解1户需要帮助和服务的困难群众结为"穷亲戚"，通过"一对一"帮扶的姊妹亲情形式，结亲、认亲、帮亲，目前对口帮扶28人。拿卡的居民能享受到一定的优惠，比如街道发的一些免费观看的门票，优先发给拿卡的居民。2012年和2013年，本社区分别发放了30张"姊妹绿卡"。本社区有低保户42户，其中还有一些特殊困难户，一般是社区分配让"一对一"结对，党员干部和社区居民骨干参与帮扶的积极性更大些，以后希望更多的居民参与帮扶活动。

（3）社区设置"恳谈室"。通过"我说你听、你说我想"的"提示"方式，让矛盾双方（老少、邻里）换位思考来化解矛盾，每年纠纷化解率达90%以上。本社区调解成功一个纠纷，司法部门奖励15元，作为社区的基金。奖励金额是次要的，关键是"恳谈室"一改社区和居民上下级的关系，变为平等的关系，使社区居民间的关系更和谐了。

3. 一个平台

社区新闻发布会。由社区党委主导开展的自主新闻发布会，新闻发布会的内容来自于社区的重大事务决策、群众关心的热点难点、构建和谐社会的好人好事、安全稳定矛盾纠纷重大事故和当的惠民方针政策。社区新闻发布会的主要形式有：实事政治新闻发布会、社区综合新闻发布会、专场社区新闻发布会、网上社区新闻发布会、网格院坝新闻发布会。社区新闻发布会面对的群体是广大党员群众和社会单位。新闻发言人可以和党员群众互动交流或提出质询。通过将党员的承诺与践诺进行当众讲述，党组

第五章　社区社会组织培育的案例分析：公民生成的事实逻辑

织和群众进行互动点评，实现在交流和互动中收获"民心"。新闻发布会以好人好事为主，每月一次，一次一小时。

4. 一个引导

社区党委根据阶段性的党的惠民政策、重要精神、方针政策、精神文明建设、安全稳定、社会和谐，通过社区理论小组编写通俗易懂、易记的地方方言"三字经"、"五字诀"（具体见下面内容），组织社区红颜邮递员宣讲队在小区楼栋以快板的方式进行宣传，引导社会正能量。

然后，黄社工让每个小团队的成员坐一起，给他们发了大白纸，让大家一起讨论自己团队面临什么样的困惑、如何让这种互助的志愿活动持续下去，并引导大家讨论积分兑换的方法。

当时是有3个小团队，分成3组，黄社工让每组选出一个主持人、记录人和汇报人。主持人的任务是引导自己的组员围绕主题畅所欲言，记录人的任务是把组员发表的意见尽量原话记录下来，以免曲解，汇报人的任务是向其他组汇报自己小组的讨论成果。参会的人员在本组贡献了智慧，还可以到其他组继续贡献智慧。讨论时间是半小时。

这时，3个小组开始用卡片法、打分法、归并法、签名法等，讨论做志愿服务后想怎么积分（存储标准）、积分后怎么兑换礼物（兑换标准）以及兑换什么礼物。大家积极参与讨论，发表自己的看法，倾听组员的观点。最后，黄社工分别让3个小组展示本组讨论的成果，并把3个小组的成果张贴好。黄社工建议，把3个小组的服务兑换目录和服务意愿目录汇总到一起，归好类别，然后再把3个小组的服务存储标准汇总，分为几个档，通过打对勾的方法确定对勾最多的标准作为统一的标准，用同样的方法把服务兑换标准也确定下来，并最终确定积分兑换管理办法。

服务意愿目录的类别有：接送小孩、打扫卫生、带领他人购物、带领他人出游、带领他人买菜等。服务意愿目录不再打分排序。

服务兑换目录的类别有：理发券、食用油、肥皂、洗发水、干洗券、超市购物卡等。服务兑换目录不再打分排序。

服务存储标准有三个档：1小时10分、1小时1分、1小时5分，相应打的对勾数分别为2人、14人、4人①，最终确定1个小时1分。

兑换标准有3个档：1个积分等于10元，1个积分等于5元，1个积分等于50元，相应打的对勾数分别为5人、13人、2人，最终确定1个积分等于5元。

第四，老"外"缘圈第四次会议，确定积分激励机制，推选领袖人物，成立社团。

上次会议确定了积分兑换管理办法，但具体谁来管理、管什么和如何管还没有落实。黄社工把大家召集来，共同商议此事。黄社工还是引导大家采用卡片法、归类法、签名法来讨论，并选出主持人、记录人、汇报人。经过大家地集思广益，形成了如下成果：

（1）谁来管理这个问题，由自己建立志愿者协会来管排第一位，由社区的社工来管、居民监督排第二位，志愿者协会和居委会共管排第三，由几个居民来管排第四位。

（2）管什么这个问题，包括管理礼品采购和发放，管理积分存入和兑换，管理志愿服务的宣传等。

（3）如何管理这个问题，则进行人员分工，分为专门管理积分的人员、专门管理时间录入的人员、专门管理礼品的人员。

（4）管理细则：积分细则则是1小时当1分；不超过30分钟，不计入分；超过30分钟不到1个小时当0.5分。兑换细则是10分起兑，10分可以兑换价值50元的礼品。兑换时间是每月1号和15号，遇到节假日自动顺延。

黄社工引导大家用卡片法推选出社团领袖，每人写3—5人，经过统计，张大妈、苏大妈、王大爷、程大妈四人当选。黄社工让社团领袖依次发表感言，大家发表了感想。

苏大妈建议马上成立志愿者协会，大家纷纷表示同意。黄社工引导社团领袖带领大家，以卡片法、531打分法为社团确定名称、标志，确立分

---

① 参会人中有3位是社区工作者，参会的居民是20人。

第五章　社区社会组织培育的案例分析：公民生成的事实逻辑

工职责，制定章程。社团的名称定为"老'外'缘圈志愿协会"。

第五，老"外"缘圈第五次会议，引向更多的公益。

社团的领袖人物带领成员策划了新春茶话会。2015年1月1日，在XWL社区居民教室新春茶话会召开。张大妈首先致辞说道："辞旧迎新，回顾过去的一年，大家共同走过的时光，通过互相帮助、互惠互利，一个人拥有了20个人的见识和能力，感到自己变得强大了，衣食住行、找伴找乐，样样难不倒我们了。"

苏大妈接着就当初第一次活动时大家表达出的困境，说："我们推己及人，想想社区其他老'外'们面临的共同问题，能不能帮助他们解决？"接着，引导大家采用卡片法、归并法、签名法、531打分法、中位数等方法确定全年活动计划（包括社团集体展示活动、各微群体的具体项目安排）。

又采用卡片法、归并法、签名法、531打分法等，收集向全体居民宣传[①]的方式方法以及做了风险预估。

第六，老"外"缘圈第六次活动，吸引更多的居民参加公益。

2015年2月15日，老"外"缘圈志愿协会在XWL社区居民教室，举办了老"外"春节大联欢活动，特别邀请了老"外"的子女、孙辈。大家欢聚一堂，观看演出，并颁发给参加志愿活动的老"外"们"快乐志愿"奖。这个活动让子女感受到了父母的快乐，增强了子女对社区的认同感。黄社工说："我们的积分兑换的理念是一人奉献，全家共享。我们可以让子女也加入志愿组织，全家一起做志愿，一起积分兑换。"

接下来，让老"外"的子女和孙辈留下来，通过开放空间技术和635点子群技术（充分利用中青年的各项资源），考虑中青年的喜好，再次讨论志愿服务的意愿目录、志愿服务的兑换目录、志愿服务的存储标准、志愿服务的兑换标准。大家积极参与讨论，发表自己的看法，倾听组员的观点。最后，黄社工分别让大家展示讨论的成果，并把成果张贴好。黄社工建议，把这次讨论的服务兑换目录、服务意愿目录与之前老

---

① 用于宣传的海报、横幅等费用由社区承担。

年人讨论的意见汇总到一起，归好类别。关于服务存储标准和服务兑换标准先按之前讨论的执行，如果大家提出异议，可以再一起讨论修改积分兑换办法。

有的年轻居民建议，可以通过走出去、请进来的方式，多学习兄弟单位的方法，共同使激励机制更加完善。另一位居民建议，建立"缘圈卡"兑换机制，老年人通过参与活动和帮助新来的老年人累计志愿服务时间，兑换成"缘圈卡"，凭卡享受商业圈的金额折扣。商家提供服务后收回"缘圈卡"，凭回收的"缘圈卡"再兑换自己需要的其他商家的志愿服务。

接着，黄社工说："居委会可提前与商业街的宠物医院、理发店、美甲、美容、餐饮、育婴店、电动车修理店等沟通，帮大家获得更多的商品服务信息和资源，你们团队的成员也可以充分利用自身的优势，多带来这方面的信息和资源。关于走出去学习的事情，我刚好想跟大家说一下，听说 SZGYYQHD 社工委已经在 DWYS 社区作试点，以'爱心储蓄值'为积分奖励，鼓励居民志愿行动，居民可以通过"爱心储蓄值"兑换相应的物品和服务，他们开展的线上'爱心储蓄'，我们可以去观摩学习下。"

第七，老"外"缘圈第七次活动，走出去学习其他社区线上"爱心储蓄"的先进经验。

黄社工提前打听到 3 月 20 日上午，DWYS 社区会开展线上"爱心储蓄"活动，她提前组织好了老"外"缘圈志愿协会的几位领袖人物和热心居民，以及上次活动表现比较积极的 3 位年轻人共 10 人，在 3 月 20 日一起去 DWYS 社区观摩。

SZGYYQDWYS 社区 30 多位居民代表齐聚社区居委会，使用开放空间会议技术就此次积分兑换项目中可兑换的物品和服务以及兑换机制等方面进行了探讨。

（1）DWYS 社区党支部书记朱某某介绍了本社区成为试点后的困难与优势。

DWYS 社区党支部书记朱某某介绍到，DWYS 社区是一个"年轻化、高知化、多元化"的现代化小区，70%是新苏州人，平均年龄只有 33 周岁。小区现有老年志愿者 200 多名，年轻志愿者却只有不到 80 名。近年

第五章　社区社会组织培育的案例分析：公民生成的事实逻辑

来，有的居民们走出家门，通过参加一系列的活动相互认识，但还是有更多的人群没有融入小区这个大家庭当中。随着现代化的发展，各种交友聊天软件的开发，DWYS 的年轻居民们更多的是在网络上交流，而且他们往往都有一技之长，有热情，也愿意为小区居民服务，但是不知道其他人需要什么，而且有的志愿服务是一时性的，不能延续。如何激励更多小区居民做志愿服务，让志愿服务成为长效服务，是一个年轻社区真正实现社区自治的困难和优势。

（2）通过三社联动与互联网结合，用新思路实现目标。

DWYS 社区把作为"爱心储蓄"积分兑换项目试点的消息一经公布，立即得到众多小区有才之士的支持，大家踊跃献计献策。更有本小区社会组织根据社区年轻人多的实际情况，为此次项目量身打造积分兑换平台，建立志愿者爱心积分线上累计机制。通过招募志愿者，累计积分，建立以兴趣为主的群体，吸引更多居民参与社区管理和社区建设，并建立志愿者线上实名制，让居民在线上参与小区的治理，相关的问卷调查也可以通过网上平台进行实名制调查，大大提高积分兑换和问卷的效率。通过科技互联网思维，减少了人力和物力的浪费。负责此次积分兑换系统开发的徐某说："居民对小区事务关心但没时间参与，愿意做志愿服务但不知道可以提供什么服务。通过建立平台，年轻人可以足不出户通过手机直接参与小区事务讨论和管理。通过平台社区可以招募志愿者，居民可以寻找志愿者帮助，让小区内居民之间不再是冷漠的陌生人，而是朋友！"

（3）居民与商户支持，爱心储蓄不可太功利。

此次的积分兑换项目也得到了小区物业、周边多家商户的大力支持，社区工作人员与其洽谈兑换的礼品和服务，同时还将继续寻找能吸引居民的商户和商品赞助。社区居委会通过会议探讨和走访调查发现，大部分志愿者对积分兑换赞成，主要想兑换的物品有物业费、话费、购物卡、电影票、小家电维修、理发、家政服务等。通过会议，居民们也对此次项目的商户提供的商品对居民吸引力是否足够、老年居民对于线上兑换系统是否存在操作困难、积分太多或太少怎么缓冲、积分消耗后怎么补充、如何制定积分兑换的换算公式、如何形成自循环等细节进行了热烈讨论。大家一致认为对志愿者行为以鼓励为主，让大家怀着志愿者的心做服务，切记不能做的太功利了，不能都冲着积分来做服务。"

第八，老"外"缘圈第八次活动，总结DWYS社区的经验，探讨在本社区如何开展"爱心储蓄"。

3月20日下午，大家聚在社区图书室开会。黄社工先说："HD社工委推行的'爱心储蓄'积分兑换平台、通过平台招募志愿者加入、不断寻找可以兑换的礼品和服务资源等仍在试验和探索阶段。DWYS的试点工作还有很长的路要走。可以预见，在政府和广大热心居民的大力支持下，借助有才人士、社会组织倾力相助和周边商户慷慨赞助，通过三社联动和高科技互联网思维，此次的'试水'肯定会激发居民们的爱心潜能，会掀起一场'志愿风暴'。"年轻居民小刘说："我们在自己的社区也可以搞线上'爱心储蓄'。我建议把社区的年轻人也组建一个小团队，选出领袖。据我了解，有些和我年纪差不多的居民，他们也有闲暇时间，在能力范围内也愿意为社区做些志愿服务。而且我奶奶一直在家给我们宣传他们的志愿协会，想让我多参加志愿服务，我愿意先牵头建立QQ群、微信平台等，让大家先在群里讨论，时机成熟了，就开始建立。"小刘的奶奶发言说："我孙子说的对，我们年纪大了，不懂网络，让他们年轻人搞，我们就做力所能及的事情，多发动居民参与到我们的志愿服务中。"

黄社工对大家的发言表示赞同，并和大家约好了下次开会的时间、地点和讨论的主题。

第九，搭建资源对接平台，保持社团持续发展，对社团领袖进行能力建设培训。

2015年3月22日，老"外"缘圈志愿协会在XWL社区居民教室，举行开放空间会议。首先大家一起对本社区各类资源进行分析，经过黄社工的引导，大家认为社区的资源优势是有多功能活动室，附近有三条商业街和发展的部分爱心商铺；组织优势是社区党支部和楼道网格建立已经完善；经验优势是有专业的社工，组织社团成员参加相关培训和异地参观学习，可以借鉴先进经验；硬件优势是辖区内配套设施完善。为了使社团可持续发展，人家进一步讨论了社团的目标应该是创建一个邻里互助网络圈,形成有特色的志愿服务机制,具体有以下几个方面:第一,传、帮、带。如自己买菜的时候,带上新人,熟悉环境;便宜又适合的老年人服装、鞋子在哪里买,告诉新人。第二,走向公益,由顺便"三陪"到志愿"多陪"服务,如出行、就医、购物、买菜、娱乐、健身等。第三,搭建人人平等的参与机制,提高外来老年人社区融入度,增强老年人社会存在感,解决子女后顾之忧,带动家人一起参加志愿服务,进而影响身边的人加入志愿服务。

3. 项目实施的预期收益

第一,老"外"们的变化。他们熟悉了小区环境,爱出门了,平时小事情不用烦子女了,不闹着回老家了,学会乐于助人了,朋友更多了,心情更好了,邻里更融洽了。有位老人形象地说:"这里像天堂!我不回去了!"

第二,老"外"们的子女、孙辈及周边居民的变化。他们由原来不愿意参加社区的活动,逐渐变为接受社区的活动,到主动参加社区的活动,有些热心居民还表示愿意牵头做公益,社区居民之间也慢慢熟悉了许多。志愿者全部来自居民,他们的帮扶对象也大都是社区的居民,项目在某种程度上讲是从邻里关爱的角度开展的邻里互助活动,因而这种志愿服务在社区取得了很好的效果。

4. 项目评价

第一,项目收到了预期的效果。从立项到实施的全过程始终以居民的需求为出发点,对项目的可行性和可操作性进行充分论证,充分听取居民的意见和建议,激发了大家的爱心,收到了良好的效果。

第二,居民反馈意见。从被帮扶的居民看,大家对老"外"缘圈志愿协会的服务很满意。先从大家力所能及的事情开始,一帮一,慢慢传递,亲人之间、朋友之间、邻里之间的关系也越来越融洽。有居民说:"别人帮助了我,我也想帮助别人。"参加过老"外"缘圈志愿协会服务的居民对协会更是非常认同。他们认为这个协会为居民提供了很好的平台,尤其是积分兑换机制,这种形式很好,更加激发了大家的志愿服务热情,而且让大家提供的服务都是自己愿意提供的，没有强制大家非要提供什么类型的服务，大家根据自己的实际情况量力而行。

5. 社区工作者的经验总结

第一，社区服务就要以居民需求为导向。在组建社区社会组织的时候，首先要考虑本社区有哪些优势资源、具备了哪些基础，再策划项目，培育社会组织，而不是拍脑袋决定培育什么社会组织。只有了解了居民的需求，真正从居民的需求出发，有针对性地对居民的实际需求开展服务项目，才是真正受居民欢迎的。

第二，充分发挥社区居民的作用。要激发居民的潜能，充分发挥居民的作用，尤其是退休在家的中老年，给他们提供发挥自己才能的平台，这是社区值得认真思考的工作方向。对于青年群体，也要善于发挥他们的才能，以他们喜欢的形式调动他们的积极性。

第三，社区社会组织是社区建设的主力军。在社区服务的各利益相关方中，政府是指导者、资源供应者、制度制定者，社区社会组织是服务供应方，也就是项目具体实施者。在社区大力培育各类型的社会组织，有利于社区将各项服务落到实处。

6. 项目可持续性分析

第一，加强团队建设。一是加强理念传导。老"外"缘圈志愿协会定期召开"碰头会"，及时交流服务心得，总结服务经验，发现问题及时解决，不断加强志愿者的思想教育，坚定志愿者的服务信念，提高志愿者的服务水平。二是提升服务能力。社区创造机会对志愿者进行专业服务知识培训，如沟通交流的能力、团队协作能力的培训等，不断提升志愿者服务能力，以期能提供服务对象满意的服务。三是培养后续力量。老"外"缘圈志愿协会应该重视志愿服务的后续力量培养。例如在社区开展"小手拉大手"活动，让老志愿者带领学生志愿者一起做志愿服务，旨在将志愿服务精神传递给青年一代，培养起志愿服务的后备军。

第二，拓展项目服务。一是服务对象的拓展。项目在初期，服务对象只是外来老年人这个群体，随着项目的发展和成熟，将逐步把服务对象拓展到整个社区有需求的群体，惠及更多需要帮助的人群，使志愿者成为大家可以信任的贴心人、关系密切的好邻居。二是服务范围的拓展。随着服务对象的拓展，服务范围也将逐步拓展，想办法招募更多的志愿者，提供更广泛的志愿服务。三是争取更多支持。目前，项目的运作资金大都来自政府的购买服务，随着项目的良性运作，可以争取多方的支持，充分利用辖区的各种资源，以谋求长期发展。

7. 项目的经验总结

第一，整合已有的社区资源。在项目的筹备过程中，充分利用各种社区资源，包括人力、物力、财力，可以使项目达到事半功倍的效果，在短时间内达到一个既有影响力又有实效的项目效果。

第二，找到合适的团队领袖。对于社区项目的运作来讲，有一个合适的领袖是至关重要的。在本项目中，老"外"缘圈志愿协会队长张大妈曾经是一名老社区工作人员，退休后，仍愿意将热情奉献给社区的居民。正是这种无私的志愿精神促使她将全身心投入到项目的实施中去，从人员安排、活动策划到工作总结，她无不用心对待，也正是她的不懈努力下，才使得项目得以顺利开展，影响力不断扩大。因此，在项目中有几个优秀的核心人物是必不可少的。特别是可以利用从社区一线退离的老社干为牵头人、领导者，他们有足够的爱心和热心，可更好的从邻里关爱的角度开展邻里互助等。当然，领袖人物不能只有一个，应该培育领袖团队，这样才能避免"一言堂"，保持团队的可持续发展，更大限度地发挥团队的优势。

第三，规范化管理团队，用新理念新方法开拓思路。项目运作期间，团队在活动前有计划、有安排，活动后有总结、有交流，定期开展培训及碰头会，还尝试将开放空间会议技术运用到项目运作中去。如项目成立前，对服务项目范围的讨论，通过参与式需求调查，让每一个志愿者都有提出自己想法的机会。集思广益得到的结论是每个人都认可的，并愿意依照执行的，这样形成了一种心里契约，具有说服力和可行性。

第四，发挥党员的积极带头作用。项目是在党员志愿队的基础上发展起来的，因此在实施中，我们切实地看到党员们的先进性和起到的带头作用。他们对社区志愿服务非常热心,以实际行动来做志愿服务。因此党员在志愿服务中的模范带头作用不容忽视。在社区的服务项目中,应该充分挖掘和体现党员的力量,从而带动其他居民的参与热情,逐渐扩大志愿者队伍与服务范围。

第五,老"外"缘圈志愿协会项目可持续性分析一定要到位。可以从以下几个方面规避风险:参与居民年龄 65 岁以下,本小区居民,身体健康;购买意外保险(可联系辖区内保险公司赞助)。社团层面活动,社工退出要慢一些,逐渐过渡,经常辅助;要争取更多外部支持(辖区商业街商户);内部的保障条件和措施要跟上(社区提供场所和社团公共活动资金)。

(二) 案例分析

本案例中,使用专业的社区工作方法和手段,吸引、吸收和壮大社区志愿者队伍,并加以引导和规范,推动了社区居民充分参与社区管理、活动和服务。这个案例中,志愿者把志愿者服务嵌入到了居民日常生活,成了今后的一种生活方式。

笔者之前调研的一些志愿类社团发现,有一些社团的志愿者是"挂在墙上的志愿者"。他们的名单一直在社区的宣传栏或者展板上,但人很少参加志愿活动,偶尔为了应付上面的检查,开展一些如打扫卫生、慰问社区困难居民的活动,他们也很少参加或不愿意参加。一位参加过社区组织的志愿活动的大妈说:"社区每年举办的志愿活动就这几个,我们感觉就是走个形式,参加的兴趣不高。"[1]

但本案例中,充分让居民表达他们想参加什么样的志愿活动,让他们决定先参加什么样的志愿活动,让他们积极主动地去参与自己乐意参加的志愿活动,在参与这些志愿活动中增强他们的自治能力和互助能力。这种自下而上的志愿活动,以他们力所能及的方式和他们感兴趣的主题吸引他们参与,并通过积分兑换机制,进一步增强他们的参与热情。这种参与形

---

[1] 资料来源:HB 省 WH 市 WC 区调研访谈录音整理。

式不仅使外来的老年人之间学会了自助和互助，还带动了他们的亲人和邻居，让更多的居民参与到志愿服务中，让更多的居民不仅成为志愿服务的对象，还成为提供志愿服务的主体，进而形成良性循环，像滚雪球一样，把志愿精神传递下去。社区中各类人群充分发挥自己的优势，将志愿爱心传递给更多的人。该案例中，社区工作者也善于引导大家共同讨论怎么搭建资源对接平台，借助各方力量，充分利用各种资源，使志愿协会能够可持续发展，带动更多的居民参与进来。

居民从自助、互助，到参与公共事务，再到参与各类志愿活动，他们的参与意识和参与能力在社团的活动中得到了提升；从被动的动员式参与到主动参与，他们逐渐具备了公民的一些特征，逐步向公民转变。一旦社区的居民转变成了社区的公民，那么行政型社区便会逐步转变为公民社区，社区建设中居民自治的目标也会逐步实现。

第六章 社区治理的微循环：四微机制

关于治理的理论建构，在现实中可以用底层微观世界的实际效果来验证。通过社区社会组织的培育，促成居民向公民转变的探索，回答了中国城市社区治理面临的困境，生动展示了社区治理中居民积极参与，进而培育出公共参与意识、公共参与能力和公共精神，以及治理行动与治理结构良性互构的可能性。随着现代化的发展，社会分化不断加深，更迫切地要求我们选择治理精细化的道路，也即树立一种"社区治理的微循环"意识。社区治理的微循环具有如下几个特征：

首先，社区治理的微循环以"党委领导、政府负责、社会协同、公众参与"为总体思路，坚持尊重差异性的原则，以基层社会主体需求导向为行动出发点，建立基层社会多元主体参与治理的行动中心。其次，社区治理的微循环强调参与和自治。政府提供制度、资源和财力等支持，促进利益群体诉求的自我表达、自我行动、自我实现和自我满足，鼓励和支持第三方组织参与基层治理，鼓励和支持社会组织和公民个体自我服务、自我管理、自我教育、自我监督。通过居民自治，整合多主体的利益。再次，社区治理的微循环强调回应和高效。基层治理具有高效、准确的回应能力。微治理通过居民自治和社会组织网络体系，有效储存社会情绪和整合社会。最后，社区治理的微循环强调平等[①]和民主，尊重差异。同时平等

[①] 最大可能满足多元利益诉求的价值逻辑在于平等，在于促进社会公平正义。

和民主又构成了积极参与、协商合作、高效自治的基础。社区治理的微循环是一个系统工程，是由微群体、微项目、微社团和微自治构成的相互促进的有机整体。

一、微群体：居民自治有效实现形式的组织基础

群体是一个多维的概念，不同学科有不同的概念界定。社会学构建的是社会群体，"可定义为两个或更多的人，他们有共同的认同及某种团结一致的感觉，对群体中每个人的行为都有相同而确定的目标和期望"（波普诺，1999）。人口学构建的是同批人群，"在某一时期内发生过某种共同人口事件的一批人，也称为队列、固定组、同期群、定群"，"所有各种同批人中，出生同批人具有特殊重要意义，应用最广，有时也称为一代人或实际一代人"（刘铮，1986）。显然，社会学突出的是群体的内在联系，人口学突出的是群体的外在特征。①

（一）自治单元适度的历史依据

居民是实现城市社区有效自治的主体，居民的自主性和对相关利益的维护是城市社区有效自治的直接动力。居民自治的实质是每一个居民都能够以平等的身份参与自治。这是需要一定条件的，其中自治单元适度，即规模适度就是条件之一。

规模适度是有历史可追溯的。在古典政治时期，构建合适的自治政体时，人们就将规模作为重要的考量因素。著名学者柏拉图虽不赞同民主主义，但他仍然承认小规模公民团体的好处，认为适当的团体规模就是能够让所有的公民都相互认识和彼此了解。他甚至还计算出理想的公民（家庭

---

① 参见姚远、陈昫：《老龄问题群体分析视角理论框架构建研究》，载《人口研究》，2013年第2期。

的首领）数量是5040。① 小规模政体被许多古典时期的思想家认可。而亚里士多德也指出城邦大小需要适中的限度。一个城邦最适当的人口限度是既足以达成自给生活所需要而又是观察所能遍及的最大数额。②

近代启蒙时期，关于规模和有效治理的思想家主要有卢梭和孟德斯鸠。卢梭指出一个体制最良好的国家所能具有的幅员是有一个界限的，为的是使它既不太大以致不能很好地加以治理，也不能太小以致不能维持自己。③ 孟德斯鸠在《论法的精神》中指出，大共和国更缺少节制的精神，"在一个大的共和国里，公共的福利就成了千万种考虑的牺牲品……在一个小的共和国里，公共的福利较为明显，较为人们所了解，和每一个公民的关系都比较密切；弊端较少，因此也较少受到庇护。"④

柏拉图、亚里士多德、卢梭、孟德斯鸠从自治的视角，将政体的规模限定在小范围，但随着城邦国家向民族国家的转变，密尔和联邦党人用代议制阐释大国民主的可行性和有效性，代议制成为直接民主的有力代替物，进而突破了自治对规模的限制。

第一，组织规模小便于协商。自治主体只有进行有效协商，才能促成集体决议和行动。协商的方式有很多种，直接沟通是有效协商的方式之一。微群体便于成员参与和有效沟通，成员通过沟通达成共识的概率也相应较高；同时，组织规模越小，组织成员的共同点相对多一些，说服成本就会降低，协商成本自然也会降低。达尔认为："在不同的政治体系中，如果社会经济发展水平和人均国民生产总值大致相同，对任何个人或者固定规模的团体而言，公民的数量越多，试图说服其他公民的成本也就越高。"⑤

第二，组织规模小便于直接参与，降低参与成本。奥尔森在《集体行

---

① 参见白雪娇：《规模适度：居民自治有效实现形式的组织基础》，载《东南学术》，2014年第5期。
② 参见〔古希腊〕亚里士多德：《政治学》，商务印书馆1965年版，第361页。
③ 参见〔法〕卢梭：《社会契约论》，商务印书馆2003年版，第59页。
④ 〔法〕孟德斯鸠：《论法的精神》，商务印书馆1961年版，第124页。
⑤ 〔美〕罗伯特·A.达尔：《规模与民主》，上海人民出版社2013年版，第64页。

动的逻辑》中讲到大集团内除非提供选择性激励或者强制性惩罚，否则集团成员达成集体行动①，而这种集体行动的困境在小集团则相对较少。假如把公共参与当成一项公共物品，那么时间成本是参与成本中最重要的相关因素。居民自治需要每一个居民有一定的时间表达自己的观点、想法，组织规模适度控制得小一些更容易促成居民行使表达权。可见，从参与成本角度看，居民自治的有效实现形式是小规模组织。

第三，小组织规模便于降低监督成本。传统理论认为相对较小的自治单位是保证公民优良生活的重要条件，原因就是较小的自治单位能够便于监督，而这种监督来源于组织内部，为组织成员所认同，对组织成员的约束力较高。亚里士多德就将城邦人口规模定在"观察所能及"的最大限额。奥尔森从理性人的角度出发，认为小组织更加便于互相监督，能够有效地避免"搭便车"行为。当然小集团也无法完全避免少数剥削多数②的倾向，但是相比大集团，小集团成员直接面对面的机会更多，通过社会网络形成社会压力，从而避免因"一次性博弈"而产生的"搭便车"行为。③

第四，小组织规模便于增进成员自身的利益。集体行动的困境说明了较大集团不能增进成员自身的利益。主要表现在：一是集团越大，增进集团利益的人获得的集团总收益的份额就越小，有利于集团行动得到的报酬就越少，这样即使集团能够获得一定量的集体物品，其数量也远远低于最优水平的④；二是集团成员的人数越多，每个成员都怀着搭便车的动机，都希望出头露面，冒险的事情和有成本的事情让别人去做，自己则跟着分

---

① 参见〔美〕曼瑟尔·奥尔森：《集体行动的逻辑》，陈郁等译，格致出版社、上海三联书店、上海人民出版社1995年版，第3页。

② 参见〔美〕曼瑟尔·奥尔森：《集体行动的逻辑》，陈郁等译，格致出版社、上海三联书店、上海人民出版社1995年版，第3页。

③ 参见白雪娇：《规模适度：居民自治有效实现形式的组织基础》，载《东南学术》，2014年第5期。

④ 参见〔美〕曼瑟尔·奥尔森：《集体行动的逻辑》，陈郁等译，格致出版社、上海三联书店、上海人民出版社1995年版，第28—40页。

享利益①；三是集团成员的数量越大，组织成本、沟通成本、信息成本等就越高，这样在获得任何集体物品前需要跨越的障碍就越大。

消费者选择理论有一个关键假设，消费者有能力根据不同物品组合提供效用的能力对它们加以比较。② 小集团中的消费者不用靠强制或任何集体物品以外的正面的诱因就会给自己提供集体物品。小集团中的每个成员或至少其中的一个成员，会发现他从集体物品中获得的个人收益超过了提供一定量集体物品的总成本；有些成员即使必须承担提供集体物品的所有成本，他们得到的好处也要比不提供集体物品时来得多。一是在一个较小的集团中，由于成员数目很小，每个成员都可以得到总收益的相当大的一部分，集体物品就常常可以通过集团成员自发、自利的行为提供。③ 二是小集团的受益空间比较小，集体物品与每个成员的利益相关性更高，能够使所有的成本和收益内部化，让每个成员都有明显的收益感觉，容易促成集体行动，提供公共物品。

从社区治理层面上看，社区作为一个相对完整的自治共同体，应属于较大的集团。中国城市社区类型、规模和差异性决定了社区治理模式的多样性。但在"社区行政化"色彩没有完全转变、各种社会组织没有完全发育的情况下，各种社区治理模式的障碍依然存在，社区层面的自治和治理难题没有完全解决。而治理单元相对较小的居民小组、院落、门栋、各种社区社会组织等小集团反而更容易取得自治的效果。中国城市社区自治需要重新界定和建构自治的单元。正因为此，先找到微群体，以此为突破口，是探索居民自治和社区自治的有效途径之一。

---

① 参见金太军、赵晖等：《中央与地方政府关系建构与调谐》，广东人民出版社2005年版，第123页。

② 参见〔美〕乔·B.史蒂文斯：《集体选择经济学》，杨晓维等译，上海三联书店、上海人民出版社1999年版，第35页。

③ 参见〔美〕曼瑟尔·奥尔森：《集体行动的逻辑》，陈郁等译，格致出版社、上海三联书店、上海人民出版社1995年版，第28—40页。

(二) 微群体的选择机制：自由选择机制

微群体的"微"有两层含义：一是微小，也就是群体的规模小，二是很多，也就是社区有很多微群体。居民可以从被动参与到自由选择加入哪个微群体，这样的主动参与更能激发参与者的激情。自由选择机制的内在价值是主体之间的平等性。社区内的成员可以完全按照自己的意愿选择加入哪个群体或选择都不加入。通过自由选择机制，成员在心理上形成了契约，表达了自己的决定权，下一步就会充分行使自己的行动权。如果不遵循自由选择机制，强迫社区居民选择加入哪个群体，那样即使居民参与了这个群体的活动，那也是被动的，这种参与很难具有可持续性。自由选择机制能更好地找到利益相关者这个群体，更好地开展项目，并能快速地筛选出微群体的成员。

(三) 微群体中利益相关者的分析

利益相关者是指受到项目影响或者影响项目的人、机构或者群体。这种影响可能是有利的，也可能是不利的。分析利益相关者对问题看法与利益需求，可以避免冲突。利益相关者结构图见图6-1。

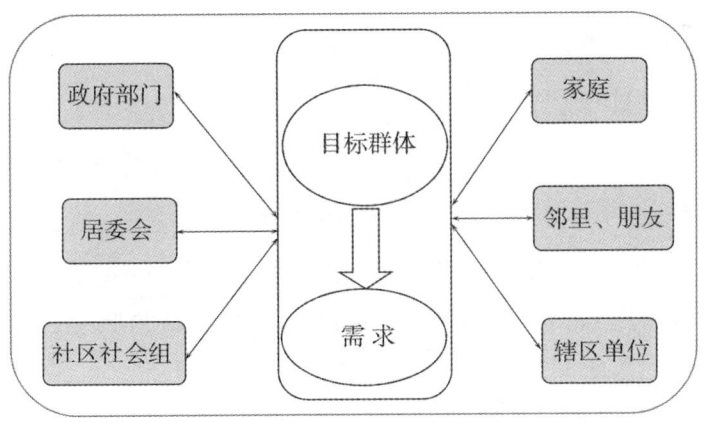

图6-1 利益相关者结构图

选择从"微群体"着手，是因为以社区为单位的居民自治规模有些大，不适合居民自治的开展，效果不理想，如果缩小自治的单元，从微小的利益相关群体入手，效果会不一样。笔者在培训中做过一项调查，发现目前社区中面临的迫切需要解决的问题是停车难、宠物扰民等。这些问题迟迟不能解决，就与没找准利益相关者有关。例如停车难问题，社区中的这类群体可以细分出很多种，比如有车一族和无车一族。从这些群体出发，让他们的利益建立更多的关联，就有可能让他们自己来解决面临的问题。

笔者发现，微群体的数量最好控制在20—30人。比如宠物扰民的问题，有宠物的一族找到10人，无宠物但深受宠物扰乱生活的居民找到10人，这个规模相对比较好开展后续的工作。

规模适度更容易促成居民自治。规模适度意味着利益相关者的关联度更大。比如一个社区中某一个小区的某栋单元楼，这个单元楼的居民对养宠物带来的影响，肯定更感同身受，更容易召集他们一起讨论和解决问题。

二、微项目：居民参与生成的诱因和支撑

（一）项目以及微项目的含义

项目是指在一定时间内为了达到特定目标而调集到一起的资源组合，以及为了取得特定的成果而开展的一系列相关活动。它的完成需要有具体的主体、目标、计划、技能、投入和管理。在一段时间范围内，用有限的资源、人力、物力及社会关系所开展的有计划的活动，以达到预期确定的目标。

笔者提的微项目是指参与式社区服务项目，是各利益相关者不断沟通的过程。它的特点是：一是以社区需求为导向、以发掘社区自身能力和资源为基础；二是政府不直接提供服务而只是资金的投入，权力和责任下放；三是项目受益者不仅仅是服务的接收者，也是服务的提供者、参与者

和贡献者；四是关注人的发展与变化，注重社区社会组织的培育；五是实现政府与社区、社区与居民、居民与居民的多元互动。

（二）微项目立项时需要考虑的因素

微项目立项时必须考虑：一是我们为谁服务，谁需要，明确目标群体的需求，根据需求设计项目；二是居民参与程度；三是目标群体和受益群体的收益程度，包括直接的、间接的；四是投入产出比；五是项目目标要明确、可评估；六是注重项目的过程和可持续性；七是应该实事求是地考虑人力、物力、财务的承受度；八是要进行风险评估，找出规避风险的措施。

（三）公益创投的缘起和背景

1. 公益创投的起源

20世纪90年代末期的美国，随着高新技术的大量应用和网络商业的迅速发展，一批年轻的商界领导创造了大量的财富。这批年轻人不甘于在商界的成功，希望在社会领域也有所贡献，于是他们大多选择了投身慈善事业。他们凭借自己风险投资的经验，把自己的大量资金投入到公益事业和非营利组织中。

在这样的大背景下，公益创投①在美国的职业慈善领域迅速发展起来，此后迅速发展到欧洲。公益创投在20世纪90年代从西方兴起的原因有以下三个方面。②

---

① 穆迪认为，公益创投（venture philanthropy）、高参与度公益（high engagement philanthropy）、战略公益（strategic philanthropy）都是新公益（new philanthropy）思潮的一部分。虽然三个概念的名称和强调重点不一样，但是核心原则是一致的，在这里将统一使用学界较为认可的公益创投。参见 M. Moody.*Building a Culture：The Construction and Evolution of Venture Philanthropy as a New Organizational Field*. 37Nonprofit and Voluntary Sector Quarterly. 2008. p.33，转引自：蔡琦海：《公益创投：培育非营利组织的新模式——以"上海社区公益创投大赛"为例》，载《中国非营利评论》，2011年第1期。

② 参见蔡琦海：《公益创投：培育非营利组织的新模式——以"上海社区公益创投大赛"为例》，载《中国非营利评论》，2011年第1期。

第一，内在逻辑：新自由主义的兴起。

由于凯恩斯主义的大规模政府干预失灵，社会服务只能另谋出路，从政府提供转为市场和第三部门提供。作为政府和市场机制之外良好补充的第三部门，其发展与公民的利益密切相关。这是公益创投能够发展的内在逻辑。

第二，外部环境：资金来源充足。

以网络为标志的新科技的发展为人们带来了巨大的财富，这些新兴富人在取得商业成功的同时，积极投身社会公益事业。这为公益创投的发展提供了丰富的资金来源。

第三，技术支持：风险投资技术的成熟

为了弥补传统公益补助模式的弊端，人们开始探索新的模式以完善现状。商业领域中风险投资的成功，促使人们把这些经验和技术引入公益领域，以期解决传统公益补助模式的弊端。这为公益创投提供了技术支持。

2. 公益创投的界定

梳理国外对于公益创投的研究，侧重点各有不同，学界迄今还没有一个关于公益创投的统一定义。学界认为最早将公益创投以学术正当性阐释的是发表于《哈佛商业评论》上的《道德资本》一文。① 该文从风险管理、运作表现指标、投资方与受资方之间的合作关系、合作关系的持续时间、资金数量和退出机制等方面对风险投资和基金会进行了系统的对比，并认为传统的基金会将从风险投资的技术中受益，这种新的规范有利于基金会建设更强大的非营利组织。②

弗兰金通过公益创投和传统公益补助的对比，认为投资、参与度和绩

---

① 尽管该文通篇没有使用过"公益创投"一词，但是学界认为，该文通过基金会和风险投资间的对比，第一次提出了公益创投的框架，并引发了关于公益创投的后续讨论。C. Lettes, et al., "Virtuous Capital: What Foundations can Learn from Venture Capitalists". *Harvard Business Review*, 1997, pp.36-44, 转引自：蔡琦海：《公益创投：培育非营利组织的新模式——以"上海社区公益创投大赛"为例》，载《中国非营利评论》，2011年第1期。

② 参见蔡琦海：《公益创投：培育非营利组织的新模式——以"上海社区公益创投大赛"为例》，载《中国非营利评论》，2011年第1期。

第六章 社区治理的微循环：四微机制

效评估这三个因素是公益创投改变以往公益补助模式诸多弊端的关键：大量、长期的投资更有利于非营利组织的能力建设；投资方积极参与到非营利组织的管理中，并通过战略管理保证其成功的持续性；建立一个新的测量社会投资回报的指标强化绩效评估。[1]

综合分析，公益创投的核心概念体现在以下几方面：一是资助方和受资助组织之间的关系。他们的关系超越了传统的财政补助，资助方高度参与到组织事务中，并提供相应的建议和帮助，这些建议和帮助统称为智力资本。二是关注组织的能力建设。公益创投希望在资助的过程中，通过资金、智力资本的注入加快组织的成长，从而帮助组织扩大规模和社会影响。三是合作的长期性。公益创投的资助周期一般为3年至6年。合作的长期性有利于受资助组织的能力建设。四是强调结果。公益创投关注公益投资的社会投资回报，注重绩效评估工作，提高公益事业的效率和责任。五是退出战略。当资助方完成对组织的后期评估，并帮助组织实现财政自我造血功能后，筹集新一轮的资源，寻找其他待资助组织。[2]

综上所述，公益创投的内涵是指公益创投是将风险投资的理念和技术应用到公益领域中的一种新的公益补助模式。资助方在对受资助组织的能力进行评估后，向其提供长期性（3年以上）的包括财政、管理、技术等多方面的支持，参与到组织的运行中，并制定退出战略。公益创投的目标在于通过风险管理、多方位协助、绩效评估等手段的应用，加强非营利组织的能力建设，提高公益事业和社会服务的效率。[3]

公益创投以项目为中心，运用熟练的管理方法、完善的项目监督机制、有效的多方沟通、合理的组织架构、相互约束的制衡机制来保障社会

---

[1] P. Frumkin, *Inside Venture Philanthropy*, pp.9-10，转引自：蔡琦海：《公益创投：培育非营利组织的新模式——以"上海社区公益创投大赛"为例》，载《中国非营利评论》，2011年第1期。

[2] 蔡琦海：《公益创投：培育非营利组织的新模式——以"上海社区公益创投大赛"为例》，载《中国非营利评论》，2011年第1期。

[3] 蔡琦海：《公益创投：培育非营利组织的新模式——以"上海社区公益创投大赛"为例》，载《中国非营利评论》，2011年第1期。

组织的规范有序高效运行。① 公益创投投资主体直接参与社会组织的能力建设，将自身管理优势、组织优势、培训优势、文化优势注入公益组织的运行中，从而推进公益组织能力建设和规范化、企业化、项目化运行，提高其资源使用效率和服务社会的能力。② 公益创投实践让社会组织通过直接进行项目运作，在项目运作过程中学习项目管理并提升项目运行能力。同时，公益创投有助于政府、市场、社会合作的加强。为应对当前复杂的社会治理形势，政府应该改变传统社会管理模式，采用积极有效的社会治理模式，而社会治理模式的建立需要多元主体共同参与。针对当前而言，就是政府要让渡一些权力给市场和社会，让企业和社会公益组织承担起应负的社会责任，参与到社会管理和服务中来。公益创投就是将政府、市场、社会三部门紧密联系起来，搭建一个三方共同参与的合作平台，从而实现合作共赢。通过合作，政府公共服务和社会治理的压力被分担，有利于扭转不堪重负的局面；而企业则可以扩大社会影响，提升企业形象；社会公益组织可以获得资金、人才、管理等方面的支持，有利于组织的高效运转和服务能力的快速提升。③

公益创投是一个资源整合过程，也是多个行动主体共同合作的过程。政府一方面要为公益创投提供良好的制度环境，另一方面要支持、保障并监督公益创投活动的正常运行。在外部支持体系中，政府的支持起到了重要的基础性作用。政府通过建立相关扶持引导政策体系和直接的财政补贴、间接的项目购买来支持社会组织发展，市场通过提供资金、技术、人员等方面的支持来参与公益创投，社会需要在努力提升自身公益服务能力的同时合理有效利用好各种资源，争取发挥最大社会效益。政府有政策优势、资金优势，企业有资金和管理优势，社会组织有专业优势、人力资源

---

① 参见马宏：《公益创投促进公益组织发展的新途径》，载《社团管理研究》，2008年第10期。

② 参见岳金柱：《"公益创投"社会组织培育发展的创新模式》，载《社团管理研究》，2010年第4期。

③ 参见马宏：《公益创投促进公益组织发展的新途径》，载《社团管理研究》，2008年第10期。

优势。公益创投就是一个资源整合平台、交流合作平台，将政府、市场、社会三方主体进行优势整合，从而实现优势叠加。①

3. 公益创投与传统公益补助的比较

在国外的实践中，将公益创投归类为非营利组织获得资金援助的一个新途径。如果按照投资方的参与程度和资金的用途两个维度对现行的资金获取途径进行分类（见表6-1），主要有公益创投、传统公益补助、风险资本和银行借贷四种途径。

表6-1 资金获取途径②

投资方参与度 \ 资金用途	公益	商业
高	公益创投	风险资本
低	传统公益补助	银行借贷

本书只探讨公益创投和传统公益补助两种模式的区别，风险资本和银行借贷暂不列在讨论范围之内。两者对比详细见表6-2。

表6-2 传统公益补助与公益创投③

	传统公益补助	公益创投
资助依据	同情、辅助性	创意、责任
资助周期	短期资助，1年到3年	长期资助，3年到6年
资助类型	以资金为主，财政支持是唯一的工具	资金仅作为工具之一，其他还包括知识、技术等智力资本的资助

---

① 谢正富、赵守飞：《公益创投：我国社会组织扶持引导政策探索》，载《湖北民族学院学报》，2014年第6期。

② 参见蔡琦海：《公益创投：培育非营利组织的新模式——以"上海社区公益创投大赛"为例》，载《中国非营利评论》，2011年第1期。

③ 参见蔡琦海：《公益创投：培育非营利组织的新模式——以"上海社区公益创投大赛"为例》，载《中国非营利评论》，2011年第1期。

(续表)

	传统公益补助	公益创投
资助方参与度	低。很少参与到组织和项目的运行过程中	高。资助方高度参与到组织事务中，制定发展战略
实现主体	以项目为主体	以组织为主体
成果测量	项目的成果报告，是否完成原定的服务量和服务标准	对项目和组织的绩效评估，测量社会投资回报以及组织成长
退出战略	无。资助期满则结束补助	完成组织的财政自我造血功能
关注点	资助带来的产出，项目的服务量	资助带来的结果包括社会影响和组织成长

4. HB省民政厅"首届社区公益服务项目"创投大赛

（1）背景

自2013年8月开始，华中师范大学湖北城市社区建设研究中心与HB省民政厅、WH市、WC区、HY区、QK区等合作举办城乡社区建设及专业社工培训班，目前共计培训30余场次，培训WH市区管干部、基层街道、乡镇和社区干部近1000余人，在条件相对成熟的地区尝试举办了5次小型公益创投大赛。一系列活动取得了很好的成效，系统的培训提高了社区工作者技能，促进社区工作者理念、思路和方法向专业社工转变，社区、社工、社团"三社联动"形成合力，已全方位渗透到社区建设，促进了居民幸福指数的提升。通过公益创投成立的社团在促进社区居民的参与、丰富群众生活、提供公共服务等方面也发挥着越来越大的作用，逐渐成为社会公益事业的一股重要力量。

（2）HB省公益创投和国外公益创投的对比分析

HB省的公益创投与国外的公益创投相比，呈现的特点是一种混合的模式。公益创投大赛在借鉴公益创投理念的同时，在执行上却带有传统补助模式的一些特征：大赛以项目的创新性、公益性、可持续性为选择标准，制定相应退出机制，注重组织能力培训和发展。这些都是公益创投理念的体现。但在具体执行上，大赛仍以单个项目作为运行主体，提供半年

的短期资助,对成果的测量集中于项目产出的社区社会组织的发展水平。(具体见表6-3)

表6-3 HB省公益创投与国外公益创投

	HB省公益创投	国外公益创投
资助标准	项目创新性、公益性、可持续	创意、责任
资助周期	短期资助,半年到1年	长期资助,3年到6年
资金来源	HB省福利彩票公益金(专项资金)	私募基金会、个人
资助类型	仍以资金为主,华中师范大学城市社区建设研究中心负责组织能力建设,并协助组织参赛	资金仅作为工具之一,其他还包括知识、技术等智力资本的资助
运行机制	公益创投大赛由HB省政府出资,运行工作委托给湖北城市社区建设研究中心	资助方出资并参与到组织的日常运行中来,与组织进行互动
资助方参与度	低。政府不参与项目运行,委托华中师范大学城市社区建设研究中心进行前期培训和后期督导	高。资助方高度参与到组织事务中,制定发展战略
实现主体	资助以项目为主	资助以组织为主体
成果测量	按一定的标准,对项目进行绩效评估	对项目和组织的绩效评估,测量社会投资回报以及组织成长
退出战略	项目资助期为半年,期满后退出	以完成组织的财政自我造血功能为退出战略
关注点	通过项目的运行,是否成立了社区社会组织以及社区社会组织的可持续发展	资助带来的结果,包括社会影响和组织成长

(3) HB省民政厅"首届社区公益服务项目"创投大赛流程

根据HB省社区建设和发展的实际,华中师范大学湖北城市社区建设研究中心的培训团队制定了HB省民政厅"首届社区公益服务项目"创投大赛的流程(具体见图6-2)。

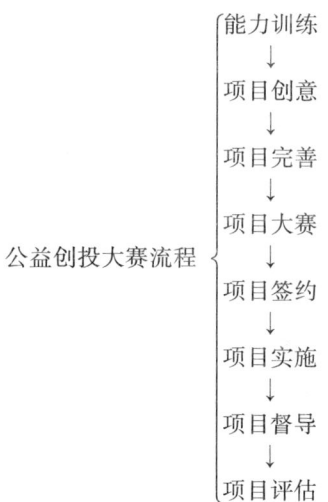

图 6-2　公益创投大赛流程

第一，能力训练。能力训练的内容为社区治理和基层管理的基本知识、各类社区工作实务和基本操作技能。以培养实际操作能力为主，注重实战实效、紧密结合政府需要和社区实际需求，进行模块化定制设计，使学员在最短的时间内获得最大的收获。教学根据互动式、参与式的理念设计，采用国际通用的案例教学法，进行体验式、模拟式和调研式教学，注重师生间的有效互动与学员知识和经验的共享（详见附录培训课程表）。

第二，项目策划。参加培训的社区工作者掌握了新理念，学会了新技术和新方法，便按照学习的如何策划社区公益项目的流程开始充分调查居民的需求，结合社区迫切需要解决的问题，策划出一些有针对性的、有创意的服务项目。这些项目更具有可操作性和可行性。然后他们根据项目书撰写的流程撰写，最终拟定出"公益项目创投策划书"（具体见图 6-3）。项目书撰写有三大注意事项：（1）避免两个困境，即活动开展了，服务提供了，引导角色不到位，领袖难发现；居民快活了，居委会累死了。（2）六个要求是否达到。即目标群体明确吗，群体需求明确吗，行动目标明确吗，风险源及抗风险办法明确吗，领袖能发现吗，角色、理念变了吗。（3）应紧紧围绕"三社"思路。即以社区需求来孵化社会组织、以社会资源来扶持社会组织、以社会组织来促进社区发展。

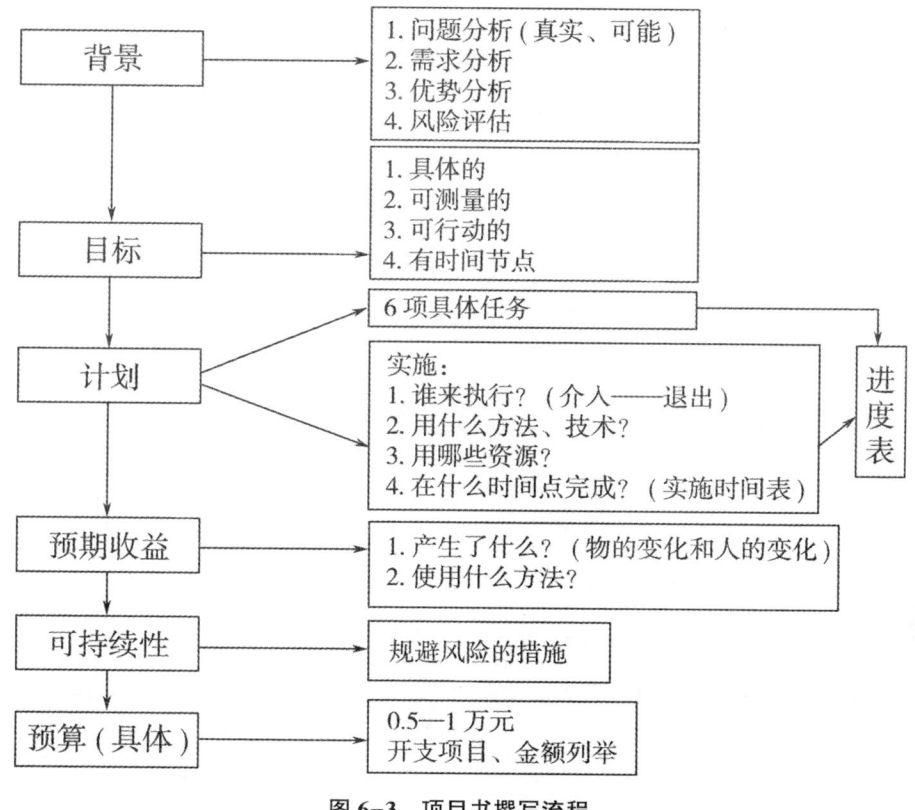

图 6-3 项目书撰写流程

第三,项目完善。它是指项目策划好后,在一个月的时间内,项目策划的成员根据培训时学到的技术和方法,对项目中涉及的需求展开参与式需求调查,进一步完善项目。

第四,项目预赛。它是指在项目正式开赛之前,进行预赛,由相关的专家组成评审委员会,制定一定的评分标准,对项目进行评审打分,并针对每一个项目给出具体的修改建议。

第五,项目大赛。一般是对项目集中半天或一天时间进行创投大赛,按一定的标准选出最好的一些项目,并对相对差一点的项目进行进一步指导,提出修改建议。

第六,项目督导。在项目的实施运行过程中,难免会遇到一些困惑和问题,可以聘请第三方专业组织对项目进行督导,按照督导的流程,指导项目更好地运作,以收到预期的效果。项目督导的要点是:(1)如何吸引居民参与第一次活动;(2)如何发现社团领袖;(3)如何让社团领袖树立权威;(4)如何让社团运转起来;(5)如何为社团搭建资源对接平台。总之,以上概括为一句话就是"扶上马,送一程"。(6)社工、社团领袖及成员角色是否转变。社工何时介入、何时退出(是否由包办者变为引导者);社团及领袖何时被动、何时主动(从被动参加变为主动参与)。(7)方法、技术选择是否正确。各环节中合理选择"六种技术十种方法",能够灵活运用它们。①

第七,项目评估。它是指对项目实施情况进行评估,总结成效,提炼经验,分析问题,提出对策,形成综合评估报告。对社区社会组织开展评估工作,通过以评促建,完善社区社会组织的各项建设,是培育和规范社区社会组织的一项重要工作举措,标志着社区社会组织的监管工作开始迈入规范化的管理轨道。而引入第三方评估机构,更有利于保证评估结果的客观性与公正性(具体见图6-3)。

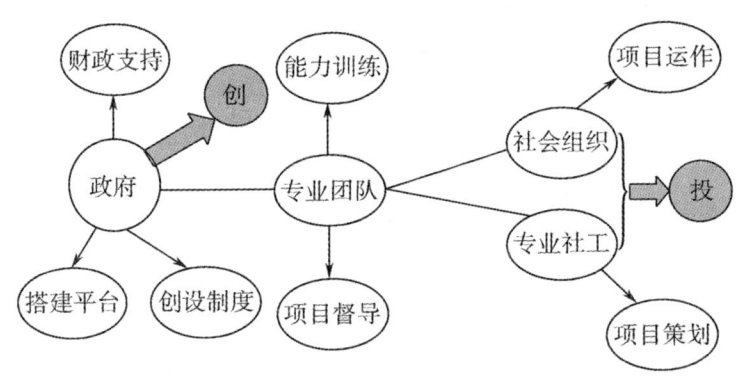

图6-3 公益创投运作模式

(4)公益创投运作模式

政府的创与社会组织的投之间要想衔接好,也就是需要先经过专业团队对社区的社会工作者进行能力训练,使社区公益服务项目和社区社

---

① 此观点来自华中师范大学湖北城市社区建设研究中心社区实务能力培训中的观点。

会组织孵化衔接起来,落脚点是培育和扶持社区社会组织,培育出社区民间领袖,使社区工作者和项目成员掌握项目策划和运作的流程、技术和方法。政府创设制度、搭建平台以及给予大力的财政支持,社会组织在专业社工的引导下运用专业的技术和方法创意和策划项目,然后政府部门举办公益创投大赛对项目进行筛选、验收和资助。项目运行的后期还需要专业团队进行项目督导,才能使项目更好的运作。这是一个政府—专业团队—社工多元主体合作治理的过程(见图6-3)。HB省首届社区公益服务项目创投大赛获奖项目(具体见表6-4)中培育的社区社会组织类型,5个治理类、14个志愿类、8个互助类,这充分说明了经过能力培训后,社区的社会组织类型更加多样化。其中志愿类的项目最多,也说明了志愿精神亟须培育。HB省首届社区公益服务项目创投大赛侧重培育治理类、志愿类和互助类的社区社会组织,联谊类的社区社会组织不是培育的重点。

表6-4 HB省首届社区公益服务项目创投大赛获奖项目情况①

奖项	项目名称	服务对象	组织类型	资助金额
一等奖	我爱我楼	楼道居民	治理类	3万元,含奖金1万元
	爱心新洗航	社区企业+老年人	志愿类	3万元
	"衣元复使"社团	志愿者+居民	志愿类	3万元,含奖金1万元
	民间超级救火队	志愿者+居民	志愿类	3万元,含奖金1万元
	月半弯单亲妈妈之家	单亲妈妈	互助类	3万元,含奖金1万元

① 资料来源:根据HB省民政厅首届公益创投大赛资料整理。

（续表）

奖项	项目名称	服务对象	组织类型	资助金额
二等奖	"昕沐盲人电影院"	志愿者+盲人	志愿类	3万元
	整合公园文艺枢纽社团	辖区各社团	治理类	3万元
	"舞乐棋融"联盟	社区各团体	治理类	3万元
	商业街公益大联盟	商户+居民	志愿类	3万元
	"名泉·记忆"宣讲	志愿者+社区全体居民	志愿类	3万元
	"女人花"心理磨坊	志愿者+40—45岁中年职业女性	志愿类	2万元
	"创皂生活"	志愿者+居民	志愿类	3万元
	情暖冰心	失独家庭	互助类	3万元(含奖金1万元)
三等奖	德艺慈善社	社区弱势群体	志愿类+互助类	2万元
	心晴驿站心理减压俱乐部	30—50岁社区居民	互助类	3万元
	"书香果园"	社区文学爱好者	互助类+志愿类	3万元
	网格化自治联盟	社区居民	治理类	2万元
	衣旧情深再生利用环保服务队	社区居民	互助类	2万元
	"夕阳红"文明岗	志愿者+居民	志愿类	2万元
	老年人高血压预防保健团	社区内患有高血压的老年人	互助类	2万元
	"海之蓝"智能帮帮理发团	志愿者+失能老人	志愿类	3万元
	"快乐孕妈"爱心传递	社区内的孕妇	互助类	3万元
	留守儿童"爱心妈妈团"	志愿者+留守儿童	志愿类	2万元
	女驸马文化传承社	志愿者+居民	志愿类	3万元
	养犬自律协会	养犬户	治理类	2万元

公益创投的目的不是搞一次性活动，而是建立永续发展的机制，即社会发展有序机制和社团自治机制，概括起来就是"四个一"（即利用一种社区设施、创意一个公益项目、培育一个社区社团、建立一种社团自治机

制）。有些城市率先开展了政府向居委会购买服务的创投，虽然持续了两年，但效果不是很好。究其原因，可能也是把公益创投当成了一次性的活动，而没有建立可持续发展的机制。

公益创投的理念是：给力社工，助力社团，活力社区。在这样的理念指导下，城市社区永续发展机制才能建立。

三、微社团：社区公民生成的载体

（一）社团建立的关键：领袖团队的发现

微社团是在微项目中培育孵化出来的，这里的微和上文提到的含义一致，是指它的规模小，目标群体特定。本书的微社团即微社区社会组织。根据前面的案例呈现，社团成立需要一套的完善的技术和流程，在这些技术和流程中，领袖团队的发现是至关重要的一个环节。社团作为一个组织，需要有完整的组织架构，如果在培育社团的环节，一直找不到合适的领袖团队，那么社区工作者就不能完全退出，也就无法实现让社团独立运行和可持续性发展的需要。

领袖团队的含义是指领袖不应该只有一个，而应该是一个团队，这个团队的人数视社团的具体情况而定。在项目运行到发现领袖环节时，社区工作者在做引导工作时还必须派专人做好观察员。这个观察员可以在每次活动中持续地观察哪些居民适合当领袖，哪些居民还需要培养能力后才能当领袖，并把每次活动观察做成完整的观察记录。观察员还要及时把关键信息反馈给引导者，让引导者在引导时随时调整策略和流程，锻炼具有领袖潜质的居民。

笔者在项目实施的督导过程中也发现，有些项目很难找到领袖，最后可能因为找不到领袖团队而使项目无法进行。究其原因，有以下几个方面：一是社区工作者在扮演引导者、组织者、观察者角色时，没有定好位，一味地用以前拍脑袋的做法，根本没有过多地关注居民中具备领袖潜力的合适人选；二是社区工作者缺乏耐心，发现了一些具有潜质的领袖人物，但经过一两次活动，又觉得这些领袖人物不合适，就马上判断出找不到领袖人物；三是社区工作者不善于培育领袖人物。对于潜在的领袖人物应该对他们进行一定的培训，提升他们的潜力；四是社区工作者不善于挖掘社区的资源和整合社区的资源，错失了社区许多的"能人"、"达人"等。

同时，几类不同的社区社会组织在发现领袖环节，还是有些差异的。关键还是应该熟悉社团培育的流程，走好流程的每一步，而且流程的每一步都是环环相扣的，不能颠倒顺序。

（二）社团的建立与公民生成的关系

随着互助类社团、治理类社团、志愿类社团的建立，居民从学会自助互助到参与公共事务这个过程中，参与意识和参与能力得到了提升。实践证明，民主需要训练和练习。居民在这几类社团的参与中，使自己的决定权和行动权得到了充分的行使。在社团的培育中，居民用小组法讨论，学会了协商民主的技术和方法，学会了倾听不同的意见，学会了没有对错的观念，更加包容地接受其他居民的想法，使居民之间关系变得更融洽，拉近了居民之间的距离，使大家在社团这个共同体内逐步体验邻里守望互助的感情，增强了对社区归属感和安全感。在社团的培育过程中，充分呈现了公民生成的事实逻辑，也即从自助互助到公共参与再到志愿服务的逻辑。不难发现，在社团成立和公民生成同步进行的过程中，达到了社区治理的效果，彰显了社团建立的重要性。社区治理中各个主体在社团培育的过程中，均发挥了自己应有的作用，真正实现了多元主体参与式治理的良效，并最终实现了社区治理的目标，使社区从行政社区逐步转变为公民社区，社区不再空壳化，不再有形无实，并逐步形成了社区公民精神。"19世纪滕尼斯留给20世纪德鲁克的启迪，对21世纪的中国城市仍然适用。不仅如此，中国公众需要在社区社会中习得参与的体验、自组织的体验、改善且因此获益的体验，甚至需要通过在社区的小社会天地中，感受到自己可以驾驭、可以奉献，并对其融入外部大社会的价值观有所触动。如此往复,社区不仅可以向社会输送公民,为公民建构社会储备善、勇气、智慧和历炼,也为中国建构好社会搭建了过河的桥梁。"①

四、微自治:社区公民生成的目标

(一) 城市治理现代化需要培育居民自治

自治是指"某个人或集体管理其自身事务,并且单独对其行为和命运负责的一种状态"②。自治是与他治相对而言的。国家产生后,自治便处于国家治理体系之中,反映国家治理主体之间的关系,具有相对独立性的地位。从国家的特性看,拥有大量治理资源,是国家基本秩序的制定者和守护者,作为国家组织的政府因此成为国家治理的主体。但是,国家是由多个层级的地域和全体国民构成的政治实体。地域和国民在国家治理中也扮演着重要角色。地域和国民的自我发展能力强,国家发展能力也强;地域和国民自我管理能力强,国家治理的稳定性也强。基层社会自治作为国家治理的社会力量的补充,可以修复国家治理的断裂。随着现代城市和现代国家的兴起,国家治理能力空前强大,一直渗透到地方各领域和社会生活各个方面。但与日益复杂和多样化的社会相比,国家治理能力总是有限的,政府不可能包办所有社会事务,更不可能做到让所有人满意。愈是城市社会,愈是如此。亨廷顿因此认为,"政治越是变为城市化的政治,它就越加不稳定"③。

---

① 闵学勤:《社区的社会如何可能——基于中国五城市社区的再研究》,载《江苏社会科学》,2014年第6期。

② 〔英〕戴维·米勒、韦农·波格丹诺编著:《布莱克维尔政治学百科全书》,邓正来译,中国政法大学出版社1992年版,第693—694页。

③ 〔美〕塞缪尔·P.亨廷顿:《变化社会中的政治秩序》,王冠华等译,生活·读书·新知三联书店1989年版,第68页。

在城市治理中，居民自治扮演着重要角色，有其内在的特殊价值。

一是获得自主性。自主性是行为主体按自己意愿行事的动机、能力或特性，包括自由表达意志、独立做出决定、自行推进行动的进程等。自主性是人类持续发展的源泉，也是自治的前提。在国家和社会治理中，居民通过自治不断获得和建构起自主性。我国将居民自治组织定义为居民自我管理、自我服务的组织，突出"自我"，便体现了自治中的自主性价值。

二是培育自力性。自力性是依靠自己的力量和尽自己的力量从事某一事务，体现着一种能力。这种能力与资源占有有一定关系，但并不完全取决于对外部资源的占有。在国家和社会治理中，如果每个人或者群体通过自治，尽其所能处理好与自己相关的事务，则会大大减少其外部性依赖，从而降低国家治理的成本。我国城市社区建设中提出"社区是我家，建设靠大家"的口号便体现出在自治中培育自力性的价值。

三是培育自律性。自律是人们在自我认同的规范下对其行为的自我约束。与乡村共同体不同，城市是一个异质性的陌生人社会。人们在城市中获得自主性，并具有较强的自力性，但如果没有相应的规范和秩序，便会导致冲突。自律内在于自治中。人们在作出自己的行为时必须对其行为及其后果负责。国家治理秩序除了国家法律的外在规范以外，还需要植根于人们日常生活中的自治规则。自治规则来自于居民的自我约定和认同，更具有持续性。我国居民自治组织包含居民的自我教育，就体现着居民自治的自律性。

四是培育公共精神。公共精神是人们对与自己相关但同时关乎其他人利益的共同事务的关心。人不是孤立的存在体，个人的生活状态与命运总是与他人和社会相联系。自治无论是个体的还是群体的都是在一定领域内发生，人们在共同体从事自治行为，培育公共精神，共同创造自己的幸福生活。如果说传统乡村社会自治具有地域的狭隘性，难以培育公共精神，那么现代城市居民自治在开放的地域空间内进行，特别需要也容易培育出公共精神。五是激发参与意识。参与是人们对与自己相关的事务及其共同性事务的参加，并达到一定目的。国家的有效治理建立在政府与民众的互动基础上。没有广大民众的参与，可能会获得一时的稳定，但难以持续。

古代中国一治一乱的周期律便与缺失民众的日常参与相关。国家和城市治理现代化的重要内容是民众的有序参与。通过居民自治激发参与意识，形成有序参与的行为和规则。

正因为如此，党的十八大报告指出要完善基层民主制度，健全充满活力的基层群众自治机制。居民自治的内在价值只是从城市治理的一般规律和政治逻辑来讲的。它的实现还必须寻求有效的形式。有效的实现形式则受制于一定的历史条件，在不同历史时期的表现有所不同。

（二）微自治是内生型居民自治

目前，学界关于我国基层治理的基本方向已达成共识，即走"党委领导、政府负责、社会协同、公众参与"的多元主体参与式合作治理之路。有学者从组织化的角度阐释这条路的实现路径。可是社会是不会自发地从"被组织"向"自组织"转换的，需要国家对社会的培育。

社区治理的微循环是政府培育社会的一种有效形式。在这个循环过程中，政府作为行动者遵循"社区需求让居民表达、社区问题让居民讨论、社区事务让居民参与"的原则，问需于民，问计于民，问行于民，问效于民。政府和居委会作为行动者的理念和角色都要转变，理念应该转变为"社区是居民的"，角色应该从包办者转向引导者、观察者、增能者。

一个良好的社区治理结构至少应该具有以下四点功能：一是能有效解决有可能出现的社会离散、社会疏远、社会失序、社会失控等方面的问题；二是能够充分发挥社区居民自治组织的社会服务能力和培育其他社会组织并使其充分发挥公益作用；三是能够积极引导社区精英参与社区治理；四是能够给社区普通居民提供充分参与社区治理的平台。[①]

---

① 参见李金红：《论和谐社会的社区治理结构》，载《江汉大学学报》，2008年第2期。

第七章　基本结论和讨论

一、基本结论

（一）社区治理应走内生型城市社区治理模式

如前所述，任何一种社区治理模式的归纳与构想都是在相对比较意义上的一种表述，笔者这里所言的内生型城市社区治理模式，也是相对于外生型城市社区治理模式而言的。内生型社区治理在力量来源上，主要依靠社区内部的社会力量；在社区治理的目标上，将生活共同体作为主要目标来实现社区本质的回归；在社区治理动力来源上，社区居民需求是社区治理决策的主要依据；在社区治理主体上，各主体在分工的基础上实现功能的回归与合作；在社区治理内容上，更注重社区精神的培育；在社区治理路径上，经过国家主导下的社会行动发展阶段，通过社区治理的微循环，最终达到社区自治的理想状态。内生型社区治理最为突出的特征在于其动力和力量来源的内部性和社会性，以及治理主体间关系的多元性与合作性。当然，内生型社区治理的结果是社区内涵式的发展，是对社区本质地靠近与回归。社区社工应走内生流程，社区既需要机构社工也需要内生的社区社工，而内生的社区社工可能更接地气。

社区工作者应努力转变理念，掌握专业社工应懂的技术和方法，促进工作的开展，推进居民自治。

相应的，在内生型城市社区治理模式下，社区社工也应走内生流程。具体体现在以下几个方面：第一，政府应鼓励居委会成员报考社工师。比如对报考社工师的人员免费组织考前培训和报销报考的相关费用，并建立长效的制度，使政策可持续，让更多的居委会人员有动力报考社工师。第二，应加强居委会成员的实务能力训练。因为他们在考取社工师之后，仅仅是有基本知识，有了资格证，但并不意味着他们掌握了社会工作的技术和具备专业社工的能力，所以必须加强居民委员会的实务能力训练，尤其是加强操作极强的实务能力训练，这样才能更快地促进居委会的成员成为专业社工。第三，实行社工师资格津贴，虽然全国已有一些地方实行，但是实施的效果并不理想，还有很多地方没实行。但有些地方已经和高校开始建立全面战略合作，在2015年开始实行社工师资格津贴。他们设置了初级补贴100元、中级补贴200元、高级转身份的相关政策。但当前关键是先解决有没有的问题，再解决提高的问题，即先把社工师资格津贴纳入预算，再根据当地的实际情况逐年提升补贴额度或出台更优惠的政策。对考取社工师的人员进行资格补贴，应建立长效的激励机制，激发他们考取社工师的动力。第四，成立社区社会工作室。第五，社区社工创意社区公益项目，政府购买社区社工创意的项目，并给予财政扶持，整合社会资源，拉动社会资金赞助。第六，项目督导、项目评估。第七，举办社工节，评选一系列优秀人才和成果。通过每年举办社工节，评选优秀社工、优秀案例、优秀社团、优秀社团领袖等。可以以优秀案例集的形式编汇出版，并在一定规模甚至全国范围内推广优秀的案例，请优秀社工做讲座或以其他形式交流他们的经验心得，鼓励更多的人投身社区工作，促进社区的建设和发展。

（二）社区治理新理念应该转变成新的社区工作模式

2000年以来，城市基层治理体系改革是一条以政府行动为主导的创新之路，完成了建构基层政权结构和国家权力向基层延伸的任务，逐步实现了从"管制"到"管理"再到"治理"的战略转变。这项改革的过程也是政府向社会分权的过程。城市基层社区治理创新面临着如何进一步调整国家-社会关系，如何培育社会主体和建构社会工作体系的新任务。从国家与社会的关系分析，中国城市基层治理的目标既包含提高政府绩效，又包含激发市场和社会活力。因此，创新治理体系，一要从改革政府行政工作开始；同时更要建构社会工作体系。

行政工作和社会工作是两类不同的治理机制。组织理论认为，不同的治理机制有着不同的激励，依赖不同的组织结构，而这些组织结构和激励机制并不总是兼容的。某一机制一旦制度化，就会排斥不兼容的其他机制；而不同机制的任意替代会引起内部冲突，从而导致组织的不稳定。[①]从本质上看，现有社区的大量工作是政府行政工作的延伸，真正意义上的社会工作并未在社区开展。国家通过社区建设，实现了国家权力的下沉和对社会的控制，从而导致社会主体得不到充分发育，造成政府控制社会、社区依附政府的行政式的社会工作模式。当然，在城市基层社会里，其他组织尚未发育的情况下，行政化的社区自治组织被当作社会工作的主要承担者实属别无选择。这种情况下的社会工作体系，就是由居民委员会、党团员志愿者队伍、居民小组长、居民积极分子等组成的动员体系、政府财政为主的资源支持体系和以行政工作方法为主的方法体系所构成的整体。

从国内先行地区经验来看，社会工作体系主要包括社会工作价值体系、组织体系、制度体系、资源链接体系、社会工作方法体系等几个部分。社会工作体系虽然与政府有密切关系，但在根本特征上完全不同。在价值目标上，包括平等、公正、多元、宽容、尊重等内容；在组织上，包括社区自治组织、专业组织、党团组织、邻里组织、企业组织等主体；在制度上，包括培育、监管、评估等内容的法律、法规、政策、惯例等规则体系；在资源上，包括资源对接、经费筹集、资金分配、财务审计等运作体系；在工作方法上，采用一套以平等协商、注重参与为特征的操作技

[①] 参见周雪光：《基层政府间的"共谋现象"——一个政府行为的制度逻辑》，载《社会学研究》，2008年第6期。

术。由此可见，社会工作体系，有其自身建设和运作的逻辑。与行政工作以提高效能为主要目标不同的是，社会工作以扩大利益相关者参与为目标。因而，引入社会工作模式，是利用社区多元资源、吸引居民有序参与和化解社区问题的有效路径。行政工作模式与社会工作模式的区别，具体见表7-1。①

表7-1 行政工作模式与社会工作模式比较

维度	行政工作模式	社会工作模式
主体	政府部门	利益相关者
原则	效能优先	参与优先
制度	首问制	协商制
路径	自上而下	自下而上
目标	追求普遍性	追求多样性
导向	问题导向	需求导向

社区工作模式是社会工作模式的重要内容。

社区治理新理念的内涵是社区是居民的，是为居民服务的，居民社区居民做主，从替民做主到让民做主，社区需求让居民表达（问需于民），社区问题让居民讨论（问计于民），社区事务让居民治理（问行于民），效果让居民评估（问效于民）。同时，社区居委会在社区建设中，从包办者转向引导者、观察者、增能者，坚持快乐公益原则而不是牺牲原则。

社区治理的理念转变了，还需要在具体的工作中把这些理念转变成社区工作的方式和模式。具体的工作技巧有：第一，在居民参与中发现社区需求。居民需要什么组织再孵化什么组织，而不是社工决定孵化什么组织。第二，在民主协商中确定服务项目。用开放空间会议技术确定

---

① 参见陈伟东、吴恒同：《提高效能和扩大参与：城市基层治理体系创新的两个目标》，载《社会主义研究》，2015年第2期。

服务项目，而不是政府或居委会确定服务项目。只有在民主协商中确定的服务项目，才是居民真正需要的，才能调动居民参与的积极性，才能让居民满意。第三，在项目执行中培育社会组织。尤其是在培育公益类、志愿类社会组织时，要抓住项目实施的机会，把志愿者服务兑换机制建立起来。只有建立了志愿者服务兑换机制，才能吸引更多的居民参与到志愿类社会组织中，才能保证这类组织的可持续性，才能盘活社区的其他社会组织，使各类社区社会组织得到良性发展。第四，注意协调社会组织之间的关系，在组织协调中和谐社区关系。社区各类社会组织建立起来后，还应该引导枢纽型社区社会组织的建立，以便更好地整合社区社会组织的资源，共享经验。社区工作者在具体工作中，也应注意协调好各类社区社会组织负责人与成员之间的关系、成员与居民之间的关系等，充分利用社区的资源，带动辖区单位参与社区的治理，盘活各种社区资源，使社区治理主体在和谐融洽的关系中共同治理社区，为社区的发展贡献一份力量。

（三）社区服务应转变为以公民为导向，建立社区服务的多主体提供机制

社区作为充满日常生活的公共空间，需要发展社区服务。但是由于社区根本上是一个公共空间并且存在着与更大社会空间的有机衔接，因此需要发展有利于社区居民转变为社区公民的社区服务，以帮助和促进社区居民形成在不同公共层级中担当公民的意识和能力。如果简单强调面向日常生活的社区服务，意味着忽视社区的公共空间属性；简单强调社区作为国家治理的基本单位甚至是封闭性的单位，则游离了培育公民的主旨，同时也意味着忽视了社区服务支持公民日常生活的基本功能。在社区服务领域，借用哈贝马斯的话来说，就是政府和市场完成了对社区的"殖民"。[①] 社区服务的内生性资源和发展能力不足，社区服务的横向整合能力贫弱，

---

① 参见〔德〕哈贝马斯：《公共领域的结构转型》，曹卫东等译，学林出版社1999年版。

社区服务缺乏内在的组织性和参与度,如社区主流人群未能有效参与社区服务、社区人群的主体性意识不强、公民服务匮乏等。当前我国的社区服务正处于这样的局面中,要改变这种状况,就要推动社区服务内生性资源的利用和再利用。因为社区公共服务只要政府有足够多的财力、物力和人力,完全可以推动公共服务下沉和权力下移,甚至外在形状和制度化可以做得比欧美发达国家更好,如全国范围兴起的社区服务中心建设、社区居家养老中心建设、社区文化中心建设等。社区商业服务只要政府允许并提供相应的服务平台和政策空间也可迅速发展,如各种社区信息服务平台的建设、老龄产业发展政策等。但是内生型社区服务要通过当地社会组织和社区力量(包括公民本身)提供志愿、互惠、能力和责任是个难题。①

社区社会组织作为社会服务的多元提供主体之一,能有效地弥补政府和市场的缺失,缓解目前社会服务领域的供需矛盾。社会服务的供需矛盾主要体现在两个方面:一个是社会服务的供给总量与需求总量之间的矛盾,另一个是结构性矛盾,即部分特殊群体的需求没有得到满足。弥补这种缺失的有效途径就是通过非营利组织提供社会服务、政府购买社会服务。这是一种双赢的策略。就政府而言,政府作为购买主体,不仅满足了社会大众对于社会服务的需求,而且在确保非营利组织独立性的同时,还能在一定程度上引导其发展方向,维护政治和行政的稳定;就非营利组织而言,政府的服务购买行为是其发展的重要推动力,同时也在一定程度上解决了筹资难题。当然,这种模式是否能够营造出双赢的局面还有赖于政府是否能完成角色转变所需要的能力建设(由执行者向监督者、引导者的角色转变)。②

---

① 参见陈建胜、毛丹:《论社区服务的公民导向》,载《浙江社会科学》,2013年第5期。
② 参见蔡琦海:《公益创投:培育非营利组织的新模式——以"上海社区公益创投大赛"为例》,载《中国非营利评论》,2011年第1期。

(四)社区治理是社会化的过程

对社区而言,内外部社会的相互渗透在所难免。"人需要社区,也需要社会——个体从社区中获得地位和归属感,在社会中发挥功能。"① 社区治理是社会化的过程,它主要有两层含义,一是行政工作体系改革是自上而下的,通过两轮改革,虽然政府与社会间距离缩短了,行政成本降低了,行政工作整体性增强了,但行政支配模式并未根本改观,政府对社会的控制和支配比以前更强,结果社会参与反而削弱。尤其是少数强势部门,围绕资源、人事、权力的竞争,绕开社区业务主管部门直接进入社区,使部门无障碍进社区现象加重。二是在行政体系之外构建一个平行于政府的社会工作体系,形成行政工作、社会工作平行衔接的治理结构,把提高行政效能和扩大社会参与整合起来,注入社会化要素,形成多元互动的局面,这也是城市基层治理体系改革的创新选择。

行政系统之外构建的平行于政府的社会工作体系,需要注入的社会要素主要有:第一,社会的服务需求;第二,社会工作者,机构社工和社区社工;第三,社会组织,社区社会组织加潜入社区的社工机构(筹资的基金会,技术支撑性机构,实体提供服务的机构);第四,社会资源开拓;第五,引入多元参与的机制,行政机制(责任承包机制)、市场机制(等价交换)、社会机制(自愿参与)多元机制共存;第六,社会工作的技术和方法;第七,建立社会服务产品体系。

二、两个讨论

本书的理论关怀在于如何促进社区居民转变为社区公民,探寻中国特色社会主义社区治理的"四微机制"和"微治理"如何可能。

---

① 彼得·德鲁克:《下一个社会的管理》,蔡文燕译,机械工业出版社2013年版,第7页。

基于以上理论关怀和研究结论，本书在结尾部分主要探讨以下两个问题。其一，社区自治和居民自治为什么是中国社区治理和社区建设的方向？其二，推动社区自治和居民自治的路径在哪里？

（一）社区自治和居民自治：为什么是方向？

1. 推动社区自治和居民自治是由马克思主义的最高理想和最高价值追求决定的

马克思主义的最高理想和最高价值追求是实现全人类解放的共产主义社会，建立一个让每一个人都能全面而自由发展的"自由人联合体"。[①]"自由人联合体"也可以翻译为"自由人社区"。共产主义的奋斗目标就是建立自由人社区，一个完全自治的社会组织形式，是在国家消亡之后出现的一种新型社会自主管理机构。[②] 可以说，马克思主义的理想社会和最高价值追求是实现完全的社区自治和居民自治。马克思主义是我们党和国家的指导思想。建设中国特色社会主义，一切领域的工作都要以马克思主义为指导。[③] 中国社会体制改革工作自然不能例外，必须坚持马克思主义的指导。由此，中国社会体制改革的最终方向是克服"劳动的异化"和"国家的异化"，实现完全的社区自治。但是，"人类社会向'自由人联合体'过渡的历史进程不会是一帆风顺的，更不是一蹴而就的，而且人的全面而自由的发展进程也是一个逐步累积的过程"[④]。从这一点，我们就能深刻认识到，当前中国社会体制改革的方向就是一步步地推进社区自治和居民自治。

---

① 马克思恩格斯在《共产党宣言》中指出，人类未来的美好社会是建立"一个联合体，在那里每一个人的自由发展是一切人自由发展的条件"。在《资本论》第一卷中，马克思把"每一个人的自由发展是一切人自由发展的条件"的联合体更简明地概括为六个字："自由人联合体。"马克思恩格斯：《资本论》第1卷，人民出版社1995年版，第95页。

② 参见唐亚林、曹佩霖：《关于"自由人联合体"的对话——兼与高放先生商榷》，载《探索与争鸣》，2004年第1期。

③ 参见高放：《以马克思主义为指导大力加强社区建设》，载《中国党政干部论坛》，2003年第9期。

④ 唐亚林、曹佩霖：《关于"自由人联合体"的对话——兼与高放先生商榷》，载《探索与争鸣》，2004年第1期。

2. 推动社区自治是中国特色社会主义社区建设的现实需要

改革开放前,中国是一个以行政主导和支配的"单位制"社会。在这种社会体制下不可能有社区建设。改革开放后,中国所形成的"非单位型"社会,使得国家无法通过由国家直接控制的"单位"将社会成员整合到国家体系中,但由此就有可能出现社会离散、社会疏远、社会失序、社会失控等社会发展问题,导致国家"失效"。而在社会发展和整合方面,市场不仅不是万能的,甚至是"失灵"的。在这种国家"失效"和市场"失灵"的背景下,将自主但分散的社会成员再组织起来,整合和动员社会资源,对传统的"单位制"社会加以重新构造的社区建设应运而生。而在城市社区建设的改革实验中,出现了两种不同的社会整合导向。[①] 其一是行政导向,即强化基层政府和社区行政功能的社区行政化导向。其二是自治导向,即强化基层社区自治功能的社区自治化导向。相对于社区行政化导向,社区自治化导向更符合中国特色社会主义社区建设的现实需要。

这一结论主要基于以下三个原因。一是社区自治可以为中国特色社会主义民主建设提供民主生长的基础和空间。民主本质上是一种政治生活。社区无疑是使民主生长起来、运作起来的最好空间。一方面在作为社会最基层的社区进行有效的民主实践而不至发生大的变故。另一方面社区的发展能够使民主的发展具有很强的生长性,这是社区民主发展的"溢出效应"带来的。因为民主一旦运作起来,就会自觉地寻求新的生长空间,从而逐渐蔓延到小社区空间(居民居住区,即民政部所规定的社区空间)之外,进入更高的发展空间。[②] 二是社区自治可以为中国的社会建设培养合格的公民。中国市场化进程中产生的自由自主的市民社会并不能自然导致合格公民的产生。要将一个自由的人变为一个具有坚定的民主和法治理念

[①] 参见徐勇:《论城市社区建设中的社区居民自治》,载《华中师范大学学报》,2001年第3期。

[②] 参见林尚立:《社区:中国政治建设的战略性空间》,载《毛泽东邓小平理论研究》,2002年第2期。

的人，其唯一方式就是民主实践。在这方面，社区自治发展无疑具有不可替代的作用。三是社区自治有利于激发居民参与社区建设的积极性，降低管理成本。中国城市社区普遍具有财力资源不足、人力资源富余的特点。通过社区自治，可以激发社区成员参与社区建设的积极性，开发充足的人力资源，减少管理成本。①

（二）社区自治和居民自治：路径在哪里？

根据前文的论述，社区建设需要通过多次赋权增能，才能应对社区治理的困境。行政向社会放权主要是指政府逐渐有序地放弃对社会组织和舆论媒介的过度管制权，在更大程度和更广范围发挥社会组织和舆论媒介在社会治理中的主体性作用。只有通过这种放权才能使市场和社会依法正常运行，激发市场和社会的活力，调动人民群众创造社会财富和维护安居乐业社会秩序的积极性，促进社区居民积极参与社区公共事务，承担社区公共责任的积极性，从而提升社区居民的公民意识和公民行动能力，促进人的自由和发展。通过赋权增能，才能调整社区治理多元主体之间的关系，重新整合资源，促进社区治理微循环，进而促进社区自治和居民自治。这也进一步验证了前文提到的三个假设。政府和居委会不再管制和包办，赋权增能给社区工作者，社区工作者掌握技术和方法，大力培育社区社会组织，才能促进社区公民的生成。

社区治理的微循环即四微机制，毕竟只是笔者的大胆设想，还需要经过点、面上更多的实践案例去验证。任何事物都不是万能的，微治理的适用范围也是有限度的。但有一点可以肯定，在微治理的理念下，未来社区的走向是公民治理。目前，政府碎片化的现象严重，虽然整体性治理理论对此有了一些解决的对策，但是要想根本解决，还需要公民和政府一起协同治理。这也是笔者之所以提出社区治理的过程也是多元主体协调治理的过程的原因。在社区治理的四微机制下，居民的公民意识和公民参与能力得到提升，并一步步转变为社区公民，并以公民的身份参与社区治理，形

---

① 参见王利平：《论社区自治》，四川师范大学硕士学位论文，2007年6月。

成邻里守望互助的真正的社区共同体,进而推动社区建设和发展的步伐,实现社区治理的目标。

社会治理现代化的终极目标是实现人的现代化,促进人的全面发展。社区治理作为社会治理的一部分,也应实现社区居民的现代化,让社区居民转变为社区公民,让社区居民得到全面发展。

附 录

附录一　HB省社区负担专项调查清单列表

一、部门工作进社区情况

二、社区台账情况

三、社区网络信息平台情况

四、社区挂牌情况

五、检查考核评比情况

六、盖章证明情况

HB 省民政厅	联合课题组
华中师范大学湖北城市社区建设研究中心	

二〇一四年五月

一、部门工作进社区情况

为贯彻落实民政部《2014年民政工作要点》和2014年全国民政工作会议关于协调开展社区减负专项行动的要求，2014年2月至5月，我省根据民政部制定的调研提纲，按照城市规模和GPD抽取大城市、中等城市、小城市各一个，并在各种不同类型的城市中按照社区类型（老城区社区、单位型社区、新建小区、村改居社区）分别抽取四个社区进行典型调查（共11个社区，因为XT市没有单位型社区），采取问卷调查、典型调查、实地考察、征求意见和召开座谈会等形式，详细普查了各社区日常工作情况，然后将11个社区的日常工作合并，最终得到社区工作清单。

根据典型调查所了解的情况，课题组将社区工作分为八大部分，包括部门工作进社区、社区开会、台账、统计调研、信息网络平台、挂牌等，本文只列举其中的六部分，具体情况如下：

序号	工作内容	涉及部门
1	人民调节（矛盾纠纷排查）	综治办
2	普法工作	
3	平安社区创建	
4	消防安全	
5	安全生产	
6	信访稳定	
7	戒毒康复	
8	禁毒工作	
9	反邪教工作	
10	刑释解救帮扶工作	
11	社区矫正	
12	安保队管理	
13	烟草管理	

(续表)

序号	工作内容	涉及部门
14	食品安全	综治办
15	"五小行业"整治（小食品经营及加工单位、小理发美容店、小旅店、小浴室、小歌舞厅）	
16	"五小场所"统计（小旅馆、小饭店、小商场、小歌舞娱乐放映游艺场所、小咖啡厅）	
17	发放宣传材料	
18	社区综治教育	
19	经济普查	
20	信息报道	
21	社区信息系统管理与维护	
22	重点人口管理	
23	综治档案、资料整理	
24	医保常规工作（医保卡办理等）	社会保障局
25	网申业务	
26	医保现金报销	
27	重症办理	
28	社保制卡领卡	
29	居民养老保险缴费	
30	全民养老	
31	单位社保参保人员核查	
32	城镇养老保险扩面工作	
33	退休年审	
34	失业金年审	
35	完成社区买保（社保、医保）规定额	
36	宣传建立行业工会	工会
37	复查工会的单位、门点	
38	宣传集体工资协商	
39	成立联合工会	
40	企业、军转干部排查与服务	
41	会员变动、增减记录工作	

(续表)

序号	工作内容	涉及部门
42	科普工作信息撰写	科学技术协会
43	科技周举办科技活动并总结	
44	寒暑假举办科技活动	
45	在辖区内张贴宣传展板	
46	与辖区科技单位进行信息交流	
47	困难救助申请	残疾人联合会
48	发放残疾人及其家属和子女学费等补贴	
49	残疾人节日慰问	
50	协调解决残疾人就业	
51	举办残疾人职业培训	
52	残疾人医疗康复	
53	组织残疾人参加文艺团以及运动会	
54	残疾人家庭矛盾调解	
55	帮助残疾人维权	
56	老年人来访接待及矛盾调节	民政局老龄委
57	老年人健康教育讲座	
58	老年人优待证咨询及申办	
59	惠老工作（惠老政策的落实）	
60	组织老年人业余文化生活	
61	"一键通"工作	
62	优抚救助等民政常规性工作	
63	社区基层组织建设	
64	居民自治工作	
65	妇女培训	妇女联合会
66	扶贫帮助（单亲家庭、困难女童等）	
67	发放妇女专项小额贷款	
68	妇女维权	
69	妇女文体活动	
70	妇女再就业	

附录一　HB省社区负担专项调查清单列表

（续表）

序号	工作内容	涉及部门
71	青少年健康教育	教育局
72	青少年维权宣传	
73	寒暑假托管班	
74	节假日活动	
75	图书馆管理	
76	青年教育工作	
77	文体活动	文化体育局
78	健身活动	
79	健身器材管理和维护	
80	网吧管理、定期巡查	
81	提倡读书活动	
82	环保卫生资料、档案整理	环保局 卫生局
83	定期联系园林局（修剪树枝，铲除花坛内的杂草）	
84	环境卫生巡查	
85	周末义务劳动	
86	调解乱堆乱放纠纷	
87	解决居民养宠粪便问题	
88	联系解决辖区路灯问题	
89	联系环卫所及时清运居民装修建筑垃圾	
90	除"四害"工作（老鼠、蟑螂、蚊子、苍蝇）	
91	牛皮癣整治	
92	垃圾容器宝洁	
93	门前三包督促	
94	初审卫生许可证	
95	各类疾病的普查	
96	慢性非传染性疾病综合防控	
97	渣土道路污染整治	
98	认定个人健康证	
99	禁养家禽家畜	

（续表）

序号	工作内容	涉及部门
100	防违控违工作（违章搭建、违章占道等）	城管局
101	协调解决经营户违规经营	
102	发放城管月刊等宣传资料	
103	联系水务局解决下水管网堵塞以及协助下水道网改造	
104	噪音、渣土、油烟整治	
105	卫生城市创建	
106	环保城市创建	
107	绿色社区创建	
108	卫生家庭评选	
109	环保家庭评选	
110	爱国卫生运动	
111	安装休闲桌椅、安装晒衣架	
112	低保常规工作（年审、报表、异动表等）	低保局
113	发放低保金（边缘户重症临时救助、低保残疾补助、低保重症补助等）	
114	入户做低保户调查	
115	困难户走访	
116	过节慰问	
117	慈善卡公示和通知领取	
118	带领低保户组织公益活动或者义务劳动	
119	为低收入居民、临时有困难的居提供服务和咨询	
120	做好新增或异动低保户、边缘户、临时救助户工作	
121	房屋租赁（打印、发放、收取租赁备案证、租赁合同等）	住房保障和房屋管理管局
122	出租房统计	
123	廉租房申请（咨询服务、申报资料收集、入户调查核实、召开民主评议会、名单公示、提交、接受审批后的处理）	
124	公租房申请（咨询服务、申报资料收集、房屋预咨询、入户调查核实、召开民主评议会、名单公示、提交、二次批示）	

（续表）

序号	工作内容	涉及部门
125	经济适用房（咨询服务、申报资料收集、入户调查核实、召开民主评议会、名单公示、提交、接受审批后的处理）	住房保障和房屋管理管局
126	房屋安全检查，认定、上报等工作	
127	老旧物业	
128	为居民及单位提供求职和招聘信息	人力资源与社会保障局
129	为创业居民提供创业指导	
130	入户登记，核对就业信息	
131	为以往转季人员办理补贴，收一季度社保资料	
132	为新增4050补贴人员办理一整套资料	
133	为符合条件的灵活就业困难人员申报社保补贴	
134	做劳动就业与保障报表	
135	失业证、就业证输机盖章，打证	
136	对享受两保补贴、小额贷款就业失业证进行年审	
137	对新增岗位上门入户、登记表格并输入系统	
138	下岗失业、困难群体登记	
139	组织辖区居民参加培训	
140	小额担保贷款工作	
141	非法童工工作	
142	贫困代际工作	
143	高校毕业生及退伍军人工作	
144	外来人员工作	
145	完成就业、新增就业人员规定额	
146	充分就业社区创建	
147	信用社区创建	
148	劳动就业保障资料、档案整理	

(续表)

序号	工作内容	涉及部门
149	解释并办理生育服务证、生育证、独生子女证、流动人口或非流动人口婚育证明、二胎政策等	计划生育工作委员会
150	为企业退休职工申报、发放3500元计生奖励	
151	申报、发放独生子女120元保健费	
152	为独生子女死亡、伤残家庭申报、发放特别扶助金	
153	节假日慰问计划生育困难、特扶家庭	
154	入户登记流动人口、新婚、出生等信息	
155	完成人口出率、性别比统计工作	
156	完成免费孕前优生健康检查工作任务	
157	完成征收社会抚养费规定额	
158	控制政策外超生	
159	每天居民在线服务平台清零（包括婚姻平台、计生手术平台、出生平台、新生儿入户核查信息平台）	
160	全员系统重复人员、漏报人员、注销人员、协管无主报人员信息清零	
161	系统"三查"、新婚、孕期、出生、手术等随访录入	
162	病残儿童鉴定、申请二胎	
163	"两非"管理	
164	计生便民办证	
165	规划统计（结婚登记表、出生信息登记表、新婚、出生资料）	
166	协会工作（特扶、3500、120、中心户长）	
167	宣传教育	
168	药具管理	
169	科技服务	
170	流动人口（双优活动、春暖江城活动等）	
171	人口学校（授课活动、教课资料）	
172	计生资料整理	

附录一　HB省社区负担专项调查清单列表

（续表）

序号	工作内容	涉及部门
173	党员群众服务中心活动安排和落实	组织部（纪委）
174	党员的管理，接转，入户慰问工作	
175	组织支委会党员学习	
176	七一表彰活动	
177	春节走访困难党员	
178	党费收取	
179	党员服务中心网站维护和更新	
180	党员发展和队伍建设	
181	党建联席会	
182	选举工作（居民委员代表、业主委员会代表、居民大会代表、楼栋长等）	
183	支部建在网络上的各项工作	
184	文明创建工作	
185	幸福社区创建工作	
186	党务宣传工作	
187	社区教育工作（每月开展活动；道德讲堂工作等）	
188	五个专门委员会工作（提案工作委员会、生活福利委员会、厂务公开工作委员会、劳动保护监督检查委员会、平等协商委员会）	
189	"五好党支部"建设（支部班子好、党员队伍好、活动开展好、制度建设好、作用发挥好）	
190	纪检工作（监督社区各项惠民政策的落实情况等）	
191	民族宗教工作	
192	"两新"组织的建立（新经济组织、新社会组织）	
193	党风廉政建设	
194	党建档案、资料整理	

(续表)

序号	工作内容	涉及部门
195	入户核对商铺信息，居民住房信息，并作相应网格系统数据核准、录入	综治办（网格）
196	走访本辖区（熟悉核对每个网络地址详情，标注，更新网络系统结构图）	
197	汇总分类处理居民诉求，网络矛盾的化解信息反馈及数据录入	
198	更新人员信息（低保、残疾人、重点上访人员、两劳人员、育龄妇女、新婚、新生儿、怀孕妇女、出租户、空巢老人、矫正人员）	
199	对上级交办的各类事件和信息分类处理，反馈进程	
200	学习雷锋活动	宣传部
201	共驻共建	
202	吴天祥小组	
203	双带小组（农村改革发展、科技致富带头人）	
204	五务合一建设〔党务、规范村（居）务、优化服务、拓展商务、协调事务〕	
205	精神文明建设	
206	"五好文明家庭"评选（爱国守法，热心公益好；学习进取，爱岗敬业好；男女平等，尊老爱幼好；移风易俗，少生优育好；勤俭持家，保护环境好）	
207	拥军优属工作	武装部
208	征兵工作	
209	企业参战人员管理	
210	电梯安全	安监局
211	危险品管理	
212	豆制品小作坊和私屠滥宰场所调查管理	
213	春节管理烟花爆竹燃放工作	
214	各类突发事件的应急处理及预案	
215	关心下一代工作	关工委

二、社区台账情况

类别	台账类别	台账名称	
党建	四就近工作	保障	
		就近学习	
		就近服务	
		就近发挥作用	
		就近活动	
		组织领导	
	文明创建工作	未成年人思想道德建设	
		社区调节	
		志愿服务	志愿服务
			学雷锋三关爱志愿服务活动
		道德讲堂	上级文件
			道德讲堂教案
		组织领导	组织领导
			制度
	基层满意站所（创群众满意社区）	社区安全情况	
		社区工作者	
		社区环境情况	
		学创主题时间活动	
		社区公共服务	
		文体教育活动	
		党务基层公开	
		学创主题实践活动	
	纪检	廉政工作	
		学习资料、宣传资料	
		两委会工作记录	
		群众来访记录、信访登记簿	

(续表)

类别	台账类别	台账名称	
党建	工作日志		
	民族宗教		
	居民一户一档		
	党员一户一档		
	志愿者一户一档		
社会保险（包括医保）	失业金	新增失业登记表	
		失业金年审表	
		领取失业金登记表	
		失业保险金申领表	
		失业保险金公示表	
		失业人员住院登记表	
	退休人员年审	退休人员年审信息表	
		工作计划总结	
		居民养老保险领取名单	
	医保	居民医保信息资料	
		居民医保重症表	
		居民医保第二次补偿资料	
	灵活人员社保	主要是网申业务明细	
民政（老龄）	幸福社区	居民设施及内容	道德讲堂
			社区文化队伍
			活动设施
			文体活动
			开展公益行教育培训

附录一 HB 省社区负担专项调查清单列表

（续表）

类别	台账类别		台账名称
民政（老龄）	幸福社区	社区公共服务	健全为老服务
			开展就业服务
			人口计生服务
			一站式代办服务
			健全残疾人健康服务
			健全医疗卫生服务
			便民便利服务
			健全社会救助服务
			服务信息化
			健全青少年服务
		综合治理	网格管理
			社区安全
			社区调节
		两型社区及自治	队伍建设
			民主自治活动
			工作制度
			自治组织
			两型社区
		便民、志愿、信息服务	物业信息全覆盖
			便民便利服务
			健全社会救助服务
			志愿互助服务
			服务信息化
	惠民资金		惠民项目资料
			惠民资金审批报告
	老龄工作		老年人"一键通"
			老年人补贴

（续表）

类别	台账类别	台账名称
综合	安全生产	公安派出所日常消防监督检查记录
		医院化学物品安全隐患报告表
		空巢老人基本情况统计表
		安全生产检查通知签到表
		工作记录
	消防安全	治安志愿者
		群防群治
		文件
	民调	人民调解委员会工作登记名单
		文件
		武昌区人民法院诉调对接工作手册
	信访	文件
		参考书目
		信访资料
	重点对象	上访人员基本情况
		法轮功练习者名单
		"两老一少"名册、文件
		两老人员出鉴定表
		无邪教社区申请、转化、帮教
		社区矫正
		刑释放解救人员安置帮教工作
		提前解除强制隔离戒毒决定书
		社区戒毒（康复）人员协议书、管理档案
	"六五"普法工作	文件
		组织领导
		计划与总结
		活动记录
		普法和法制建设季报表

（续表）

综合	烟草专卖	板报
		宣传教育
		经营户
		烟草专卖血症经营户调查表
		卷烟零售户情况表
		卷烟诚信等级告知书
		烟草工作管理资料
		烟草工作笔记（2本）
	群防群治	群防群治措施
		群防群治组织机构
		各类志愿者情况
		安全隐患排查情况
		人民调解委员会工作登记簿
		人民调解纠纷登记簿
		宣传教育资料
		社区值班表
		社区安保队管理情况
		空巢老人名单
	禁毒工作	"禁毒宣传月"活动方案
		禁毒工作涉及名册
		禁毒安置基地
		禁毒宣传活动
		各级文件
		戒毒（康复）协议书
		戒毒（康复）人员管理档案
	平安社区	文件资料
		各类目标责任制
		制度
		各类计划方案总结
		会议记录
		专项工作情况
		宣传教育情况

(续表)

综合	酒类管理	酒类协管员市场巡查服务登记本
		酒类经营购销台账
		文件
	绿色社区	环境管理和监督机制
		美化环境
		环保宣传
城管（卫生）	创国家卫生城市	创建领导机构、爱国卫领导机构
		创建工作会议记录
		创卫规划
		各项创卫经费开支依据
		创建工作大事记
		活动照片集
		计划、总结
		检查评比、通知、内容、检查记录、总结
低保	武昌区社会临时救济登记表记录册(1本)	
	武昌区慈善超市特困家庭物资救助表(1本)	
	城市最低生活保障低保金发放花名册(1本)	
	城市最低生活保障春节特困户慰问名单(1本)	
	城市最低生活保障金情况(1本)	
	城市动态管理异动表记录册(1本)	
	低保公示记录册(1本)	
	低保工作归类档案(1本)	
	低保取消档案	
	社区低保续保申请	
	社区低保水电补助领取表	
	未成年求助	
	城市居民最低生活保障对象个人档案	
	低保对象入户调查登记	
	最低生活保障文件资料	

（续表）

房管	房屋租赁登记备案	
	廉租房	
	经济适用房	
	公租房、危房	
	老旧物业	
	文件	
计生	规划统计	文件
		离职离岗人员花名册及文件
		社区计生基本情况资料
	综合管理	《生育证》申请审批表
		冬季工作计划
		二胎审批表
		独生子女档案
		计生专干工作制度
		政策外情况说明
		出生人口性别比政策法规文献汇编
	科技服务	生殖健康进家庭活动记录
		出生干预有关资料
		科技报表
		孕情情况
		服务信息反馈表
		免费上环证明
		科技服务有关文件
	协会工作	协会活动记录
		协会相关文件
		理事会议记录
		基层协会情况登记册
		中心护长资料
		协会工作计划与总结
		"阳关计生、诚信计生、依法行政"宣传教育活动记录

(续表)

类别	台账类别	台账名称
计生	药具管理	社区居居委会、单位计剩余药具管理台账
		药具资料
		药具管理情况
		相关文件
		计生药具管理工作实施细则
	人口学校	人口教育学校培训记录
		人口教育学校授课记录
		人口教育学校相关文件
		人口学校计生知识问卷
		人口学校相关工作
	社会融合	流动人口信息采集卡
		社会融合
	居民自治	计划生育居民自治民主评议表
		民自治宣传服务活动
		居民自治阵地建设
		居民自治公约章程
		居民自治网络建设
		居民自治利益导向
	创建家庭人口文化示范社区	十佳幸福家庭资料
		工作计划总结
		相关文件
		相关活动
		婴幼空间活记录
	流动人口	流出人口档案
		暖在江城
		相关文件
		督办通知单存根
		流动人力口育文化记载
		流动人口报表

附录一　HB省社区负担专项调查清单列表

（续表）

类别	台账类别	台账名称
计生	规统工作	出生婴儿信息情况登记表
		结婚情况登记表
		婚姻信息核查报告单
		计划生育手术信息核查报告单
		分娩信息核查报告单
		统计报表及出生花名册
		计划生育B超孕检信息核查报告单
		人户分离管理类型联系（回复）函存根
		全市计生信息交流通讯录及交流记载
	宣传教育	宣传教育相关文件
		六好家庭示范户名册
		家庭人口文化创建活动
		宣传教育工作计划总结
		家庭人口文化相关文件
劳动就业与保障	社区平台建设	机构及人员配备
		实行网络化管理
		工作职责
		工作制度
		上级文件
	就业服务	下岗失业人员管理台账
		新增劳动力管理台账
		灵活就业人员管理台账
		企事业退休人员管理台账
		外来务工人员登记台账
		创充分就业社区汇报材料
		劳动保障总体规划
		工作计划及实施方案
		各类统计报表
		职业指导与社区就业
		推荐就业通知单存根

(续表)

劳动就业与保障	就业服务	享受再就业优惠政策
		培训统计情况
		下岗失业人员入户调查记录
		困难就业群体帮扶入户调查记录
		再就业基地
		政策咨询宣传
		开展活动记录
		《再就业优惠证》人员登记表
		就业服务满意程度
		申请社保补贴公示及社保补贴汇总表
		申请小额担保贷款资料
		工作计划与总结
		非法童工资料
		退伍军人登记台账
		社区人力资源情况
		大中专毕业生登记台账（1本）
	必达标准	下岗失业人员就业数量
		无单位灵活就业台账
		零就业家庭文件
		无长期失业人员
科普	文件	
	组织建设	
	基础设施	
	资源共建共享	
	科普活动及成效	
	记录本	
残联	残疾人登记表	
	残疾人工作（补助、慰问、活动、就业、维权等）	

(续表)

妇联	妇联工作(社区妇女专干信息、妇联干部基本情况培训、残疾妇女体检等)
	青少年教育工作
	文体教育工作(文件资料,社区文体活动、文体教育宣传、工作记录等、图书馆管理等)
	关工委工作
工会	武装(主要是社区应征青年资料等)
	民防

三、社区网络信息平台情况

序号	网络信息平台名称	主管部门	备注
1	住房保障管理信息系统	房管局	
2	老旧住宅信息系统		
3	最低生活保障系统	民政局	
4	志愿者注册和管理系统		
5	虚拟养老服务中心平台		
6	居家养老服务平台		
7	网格化服务管理信息平台	综治办	
8	社会综合管理与服务数字化信息系统		
9	HB省人口计生服务管理系统村居在线服务平台	卫计委	
10	HB省人口和计划生育技术服务与管理信息系统		
11	HB省人口基础信息共享平台		
12	HB省人口计生便民办证系统		
13	HB省跨省流动人口管理平台——PADIS		
14	劳动就业平台	人力资源局	
15	老年"一键通"平台	老龄委	仅WH市有

(续表)

序号	网络信息平台名称	主管部门	备注
16	退休年审平台	社保局	
17	社会保险公共服务平台（网申系统）		
18	居民医保平台		
19	城镇居民基本医疗保险网上服务系统		
20	人力资源局政务平台	劳动局	
21	劳动和社会保障管理信息系统		
22	劳动就业服务管理信息系统		
23	全国工会帮扶工作管理系统	工会	
24	公安局警务信息综合应用平台	公安局	
25	武汉市流动人口、出租屋服务管理信息系统	公安局	仅武汉市有
26	武汉市社区警务工作平台		仅武汉市有
27	社会综合管理与服务数字化信息系统	综治办	仅武汉市有
28	武汉市残疾人事业综合信息系统资源共享平台	残联	仅武汉市有
29	城市管理综合信息平台	城管局	

四、社区挂牌情况

序号	牌匾名称	要求挂牌单位或部门
1	维权咨询室	工商局
2	消费者维权调解室	
3	消费者投诉12315联络站	
4	警务室	派出所
5	戒毒（康复）工作站	
6	法务工作室	
7	人民调解室	
8	防灾减灾培训中心	
9	矫正安置帮教工作站	
10	居委会打击传销工作站	

(续表)

序号	牌匾名称	要求挂牌单位或部门
11	远程教育站点	市民学校办事处
12	家长学校	
13	四点半学校	
14	旅游学校教学基地	
15	电化教育站点	
16	市民、人口学校	
17	老年学校	
18	青少年学校	市民学校办事处
19	环境教育学校	
20	科普学校	
21	健康教育学校	
22	家庭医生工作站	街道
23	志愿者工作室	
24	党员群众服务中心	
25	少数民族联系点	
26	"双带"服务站	
27	党代表工作室	
28	人大代表联络站	
29	公共服务站	
30	社会组织工作站	
31	政协委员接谈室	
32	党员联络服务站	
33	党工委办公室	
34	党建联席会	
35	民主管理中心	
36	群众接待室	
37	信息采集室	
38	党员志愿者工作站	
39	青年之家	
40	土地城管办公室	

（续表）

序号	牌匾名称	要求挂牌单位或部门
41	计划生育避孕药具免费发放点	计生
42	流动人口和出租屋管理服务站	
43	计生协会会员之家	
44	计生协会会员活动室	
45	计生协会活动室	
46	矛盾调处中心	司法局
47	共建工作站	
48	人民调解委员会	司法局
49	律师工作室	
50	法律援助受援点	
51	劳动争议调解室	
52	人民法院法官工作室	
53	流动党员服务站	组织部
54	中共总支部委员会	
55	党员创先争优活动室	
56	党员反腐倡廉活动室	
57	共产党员示范岗	
58	财政与编制政务公开免费查询点	财政局
59	安全创建办公室	卫生局
60	安全生产监管室	
61	家庭医生团队工作室	民政局
62	居民健康自测点	
63	纳凉点（取暖室）	
64	优抚对象服务站	
65	居民议事室	
66	爱心超市	
67	老年日照中心	老龄办
68	老年协会	

（续表）

序号	牌匾名称	要求挂牌单位或部门
69	妇女之家	妇联
70	青少年维权岗	
71	湖北省妇女儿童维权服务站	
72	妇女联合会活动室	
73	科普电教室	科普协会
74	科普益民服务站	
75	科普阅览室	
76	自强健身示范点	体育局
77	离休人员休闲健身娱乐点	
78	健康教育活动室	文体局
79	人口文化活动中心	
80	职工之家	工会
81	工会联合会	
82	学雷锋便民利民志愿服务岗	宣传部
83	家庭人员文化书屋	文广新局
84	中国工商银行金融服务站	工商银行
85	市民道德讲堂	文明办
86	纠风联络点	纪委
87	纪检监督办公室	
88	廉政教育室	
89	网格化服务管理工作站	网格办
90	网络信访服务室	
91	综治维稳信访站	信访局
92	共青团活动室	团委
93	青年民兵之家	武装部
94	退伍军人活动室	
95	劳动保障室	人社局
96	人社保障服务站办公室	
97	劳动就业培训中心	

五、检查考核评比情况

序号	内容(分次填写)	次数	涉及部门
1	廉政文化进社区工作检查	1次/年	纪委
2	城市社区党风廉政建设检查		
3	创建基层满意社区考核		
4	基层党建三年行动计划检查	2次/年	组织部
5	社区解聘、聘用人员情况检查	1次/年	
6	平安社区创建检查、评比	2次/年	政法委
7	综合治理工作先进单位评比		
8	网格工作情况检查		
9	越级上访、非正常上访考核		
10	安全生产检查	2次/年	安监局
11	充分就业示范社区评比	2次/年（综合考核）	人社局
12	新增就业人数指标考核		
13	新增劳动者创业人数指标考核		
14	创业带动就业人数指标考核		
15	小额贷款成功人数指标考核		
16	下岗失业人员实现再就业指标考核		
17	帮扶困难群体再就业指标考核		
18	再就业培训人数指标考核		
19	创业培训人数指标考核		
20	居民医疗保险指标考核		
21	充分就业示范社区评比		
22	新增就业人数指标考核		
23	新增劳动者创业人数指标考核		
24	创业带动就业人数指标考核		
25	充分就业示范社区评比	1次/年	

附录一　HB省社区负担专项调查清单列表

（续表）

序号	内容（分次填写）	次数	涉及部门
26	新增就业人数指标考核	3次/周	城建局
27	新增劳动者创业人数指标考核	2次/年	
28	创业带动就业人数指标考核	1次/年	计生委
29	小额贷款成功人数指标考核	1次/年	
30	下岗失业人员实现再就业指标考核	1次/月（综合排名）	
31	帮扶困难群体再就业指标考核		
32	再就业培训人数指标考核		
33	创业培训人数指标考核		
34	居民医疗保险指标考核		
35	"五好家庭"创建检查	1次/年	妇联
36	"五好门栋"创建检查		
37	全国妇联基础组织建设示范社区评比		
38	巾帼文明示范岗评比		
39	妇女先进集体评比		
40	全国学习型家庭示范社区创建检查、评比		
41	先进基层工会评比	1次/年	工会
42	先进团支部评比	1次/年	团委
43	幸福社区创建检查	1次/年	市委市政府
44	全国综合减灾示范社区检查	1次/年	民政局
45	殡葬先进单位评比		
46	居家养老先进单位评比		
47	全国和谐社区示范单位创建检查	4年/次	
48	社区社会组织数量考核	1次/年	
49	全国双拥工作先进单位评比		
50	低保审核情况考核	2次/年	
51	全国健康生活方式示范社区评比	1次/年	卫生局
52	慢性非传染性疾病综合防控示范社区评比		

（续表）

序号	内容（分次填写）	次数	涉及部门
53	老年人宜居社区评比	1次/年	老龄委
54	全国敬老模范社区评比		
55	四就近工作检查（就近学习、就近服务、就进活动、就近发挥作用）		
56	六五普法工作检查	1次/年	司法局
57	全国文明城市创建检查	1次/年	文明办
58	全国文明社区创建检查		
59	爱国卫生先进集体评比	1次/年	爱卫会
60	科普示范社区创建检查、评比	1次/年	科协
61	关心下一代先进集体和个人评比	1次/年	关工委
62	统战工作先进单位评比	1次/年	统战部
63	自强健康示范点评比	1次/年	残联
64	全国残疾人工作示范社区评比		
65	人大代表进社区活动开展情况检查	1次/年	人大
66	产权制度创新工作检查（村改居社区）	2次/年	
67	政协委员进社区活动开展情况检查	1次/年	政协

六、盖章证明情况

序号	涉及单位名称	证明或盖章名称
1	人社局	居民办理社保盖章
2		居民办理医保盖章
3		居民办理低保盖章
4		高龄补贴盖章
5		居民办理退休证明
6		就业、失业、无业证明
7		就业困难人员补贴申请证明

（续表）

序号	涉及单位名称	证明或盖章名称
8	民政局	初婚、未婚、已婚、结婚生子证明
9		老年证办理证明
10		家政服务登记表盖章
11		遗属生活困难证明
12		重症、急症临时救助证明
13	组织部	政审、组织关系证明
14		党员组织调入、调出函盖章
15	公安局	无犯罪证明
16		死亡、健在证明
17		家属关系证明
18		居住证明
19		出国证明
20		立户、分户证明
21		户籍迁入、地址更改证明
22		曾用名证明
23		户口本、结婚证遗失、补办证明
24		重点人员（吸毒、矫正、两劳人员）证明
25	工商局	经营户不扰民证明
26		经营场所不是违章建筑证明
27		企业初审证明
28	烟草局	烟草专卖管理登记表盖章
29	房管局	廉租房申请证明
30		居民在单位分房要求社区出具无其他住房的证明
31	消防局	鳏寡孤独残弱群体消防器材发放证明
32	水务局、电业局	水电过户证明
33	计生委	计划生育证明
34		流动人口证办理盖章
35		引产证明
36		申请一孩、二孩证明

(续表)

序号	涉及单位名称	证明或盖章名称
37	学校	小、中、大学生社会实践证明
38		家庭困难(减免学费)证明
39		成人自考证明
40		转学申请证明
41		助学贷款申请证明
42	残联	残疾证办理申请证明
43		残疾定补、重度残疾补贴、残疾用药补贴申请证明
44		残疾人居家抚养申请表盖章
45	银行	小额贷款证明
46		票据、人民币破损证明
47	企业	行为证明
48		学历证明
49	保险公司	被狗、猫咬伤、抓伤证明
50		东西被盗、受损证明
51		居民意外受伤证明
52		交通事故责任认定证明

附录二　社区工作者实务能力训练课程表

一、社区工作者实务能力训练课程表（4天）

	时　间	内　容	地　点	授课专家
第一天	8：30—8：55	开班仪式 1.领导讲话 2.培训目的及目标		主持人
	8：55—9：20 9：30—11：30	1.讲解：新理念—社区是居民的（0.5小时） 2.实操：参与式需求调查技术（期待、担心、贡献）(2小时)		授课教授及3名助手
	14：00—17：00	1.讲解：开放空间会议技术（1小时） 2.实操：开放空间会议技术（社区最需要解决的问题是什么？议题提出、排序、签名，2小时）		授课教授及3名助手
第二天	8：30—11：30	1.实操：开放空间会议技术（小组讨论、问题分析、思路建议、行动方案，3小时）		授课教授及3名助手
	14：00—17：00	1.讲解：脑力激荡术（1小时） 2.实操：头脑风暴635工作法和SWOT分析法（如何调动居民参与？金点子循环、金点子群、金点子筛选，2小时）		授课教授及3名助手

（续表）

时间		内容	地点	授课专家
第三天	8:30—11:30	1.游戏:搭纸塔(0.5小时) 2.讲解:社区社会组织孵化技术(1小时) 3.社区服务项目创意技术(案例分析、项目工作流程、项目书撰写 1.5 小时)		授课教授及3名助手
	14:00—17:00	1.项目创意训练:社区服务与社区社团孵化方案(3小时)		授课教授及3名助手
第四天	8:30—11:30	1.成果展示:社区服务与社区社团孵化方案(上半场)		授课教授及3名助手
	14:00—17:00	1.成果展示:社区服务与社区社团孵化方案(下半场) 2.参与式绩效评估 3.结业典礼		授课教授及3名助手

二、社区工作者实务能力训练课程表（5天）

时间		内容	地点	授课专家
第一天	9:00—9:20	开班仪式 1.领导讲话 2.培训目的及目标		主持人：
	9:30—10:00 10:00—12:00	1.讲解:新理念—社区是居民的(0.5小时) 2.实操:参与式需求调查技术(期待、担心、贡献)(2小时)		授课教授及3名助手
	14:00—17:00	1.讲解:开放空间会议技术(1小时) 2.实操:开放空间会议技术(社区最需要解决的问题是什么？议题提出、排序、签名)		授课教授及3名助手

(续表)

时间		内容	地点	授课专家
第二天	9:00—12:00	1.实操:开放空间会议技术(3小时)(小组讨论、问题分析、思路建议、行动方案)		授课教授及3名助手
	14:00—17:00	1.讲解:脑力激荡术(1小时) 2.实操:头脑风暴635工作法和SWOT分析法(发展社区志愿服务的难题是什么?金点子循环、金点子群、金点子筛选)		授课教授及3名助手
第三天	9:00—12:00	1.讲解:社区社会组织孵化流程(1.5小时) 2.讲解:世界咖啡馆汇谈技术(1.5小时)		授课教授及3名助手
	14:00—17:00	实操:世界咖啡馆汇谈技术(1.培育社区社会组织最重要的是什么?为什么?2.社区社会组织发展前景是什么?3.制定社区社会组织发展的行动方案)		授课教授及3名助手
第四天	9:00—12:00	1.互动式游戏:搭纸塔 2.社区服务项目的策划与创意(案例分析、项目工作流程、项目书撰写)		授课教授及3名助手
	14:00—17:00	项目创意训练:社区服务与社区社团孵化方案		授课教授及3名助手
第五天	9:00—12:00	成果展示:社区服务与社区社团孵化方案		授课教授及3名助手
	14:00—17:00	1.成果展示:社区服务与社区社团孵化方案 2.参与式绩效评估 3.结业典礼		授课教授及3名助手

附录三 天星桥街道小正街社区"3311"工作模式相关制度及三字经等作品摘选

一、"1+10"信息联络员承诺服务制度

1. 党员同志选岗担任"1+10"信息联络员工作，将尽责履行自己的承诺工作职责，做到为群众分忧解难。

2. 承诺"1+10"信息联络员，将在所居住区内负责随时联系走访10户以上的居民群众，知其事，解其难。

3. 充分利用自身人熟、地熟、事熟的优势及时反映民事，并为其协调解决。

4. 每月在"一讲二评三公示"的工作中，自讲自述作为评先依据。

天星桥街道小正街社区党委

二、"时间银行"服务承诺储蓄制度

在创先争优活动中，党员参与爱心"时间银行"活动承诺具体内容如下：

1. 承诺必须去践行，在社区进行登记。

2. 建立"时间银行"储蓄台账，由社区制定专人记录保管，并作为每月"讲评"依据。

3. 被服务对象必须是社区孤老、空巢老人、病、残、军、烈属对象及其他有特殊困难者。

4. 服务内容为：爱心家教、心理辅导、环境保护、社区巡防、帮扶救助、科普宣传、家政服务、水电维修、绿化认养、文体辅导、医疗保健、维权服务。

5. 承诺者自讲服务时间、对象、服务内容和效果，社区党委调查核实记入储蓄台账。

天星桥街道小正街社区党委

三、网格格长工作职责

1. 在社区党委、居委会领导和指导下，格长忠实履行社区党委和居委会的决议和决策，将精神落实到网格区域内党组织和群团组织，并组织发动学习。

2. 网格格长必须对网格区域内基本情况要熟悉，做到事事件件心中有数。

3. 每月一次网格内民情分析会（院坝会），每周一次网格联络员、信息员工作例会或碰头会，尽量将问题解决在基层落实在基层。

4. 在网格内，格长负责矛盾纠纷排查和协调处理、走访民情、组织各方力量开展居民自治等各项工作，完成上级党委的各项工作任务。

天星桥街道小正街社区党委

四、网格联络员工作职责

1. 协助网格长的工作，负责网格内走访民情、排查安全隐患、协调化解矛盾纠纷和宣传党的方针政策。
2. 对群众的诉求和意见及时向网格长汇报。
3. 积极配合网格长每月一次民情分析会，保持楼栋单元信息互动常态化。
4. 积极组织社会单位和志愿者参加社区建设和服务。

天星桥街道小正街社区党委

五、网格信息员楼栋职责

1. 积极支持配合网格长、网格联络员的工作并努力完成各项工作。
2. 对居民的意见、建议、诉求和楼栋安全隐患及矛盾纠纷及时向联络员汇报。
3. 积极组织开展楼栋单元居民自治和志愿者活动。

天星桥街道小正街社区党委

六、网格民情分析会制度

1. 每月定期召开一次网格民情分析会，会议时间提前三天告知联络员、信息员。
2. 民情分析会内容为：基层党建、综合治理、环境卫生、计划生育、

附录三　天星桥街道小正街社区"3311"工作模式相关制度及三字经等作品摘选

社会救助、社会保障等各项工作落实和存在的问题。

3. 做好民情分析会会议记录，对存在的问题及时提出整改措施并形成文字报告逐级回复落实。

天星桥街道小正街社区党委

七、网格化管理信息报送工作制度

1. 对网格内重大事件，举办重大活动或发生不稳定、突发事件，应在第一时间向社区党委或有关部门及时上报。

2. 若遇解难调事件，认真填写好网格工作报送单，移交社区分管工作人签字，在提交社区党委研究解决。

3. 报送数据准确无误，网格民情信息采集要实事求是。

天星桥街道小正街社区党委

八、党员同志承诺社情、民意"天天通"工作制度

1. 党员同志承诺担任"天天通"社情民意工作主要职责在所居住区域内，利用人熟、地熟和其它方便之处走访、了解群众需求、意见和建议。

2. 对收集到的群众诉求、意见要及时、限时段将处理情况反馈回群众中去。

3. 每月将自己承诺内容、通过"一讲二评三公示"列入评先依据。

天星桥街道小正街社区党委

九、红岩党员"邮递员"承诺党情民意收集制度

1. 所承诺担任楼栋党情民意红岩"邮递员"收集的党员同志,认真履行自己的"邮递员"工作职责,每周星期一准时开箱收集。

2. "邮递员"将开箱所收集的民情、民意及时送回社区党委登记并提出自己的意见和建议。

3. 党员同志所承诺的红岩"邮递员"任务不仅是负责管理开箱收集民情、民意,也是调查走访所居住区域内的民情、民意信息员,更是矛盾纠纷调解员。

4. 每月将自己承诺服务内容,通过"一讲二评三公示"列入评先依据。

天星桥街道小正街社区党委

十、"恳谈室"工作规则

1. 社区设置"恳谈室",由社区党委、居委会书记、主任负责。各网格由网格长负责。

2. 对矛盾双方在"恳谈室"调解,首先,工作人员茶水跟上,并做好调解记录。

3. 通过"我说你想,你说我听"换位思考,让双方讲明矛盾的焦点是什么?一定注意双方现场讲话规则"我说你想,你说我听"。

4. 调解人一定用实际、朴实、诚恳的方式或者语言与双方进行沟通,杜绝不文明用语。

5. "恳谈室"内容分为:思想交流、老少矛盾、夫妻矛盾、邻里矛盾、社会矛盾、意见不一等进行"我说你想,你说我听"的换位思考调解方式。

天星桥街道小正街社区党委

十一、小正街社区红岩志愿者"时间银行"操作规程

1. 红岩志愿者本人向社区"时间银行"提出申请。
2. 社区按要求为红岩志愿者进行"时间银行"登记注册。
3. 社区为红岩志愿者建立"时间银行"服务台账,并发放"爱心服务"储蓄卡。
4. 服务时间以半小时以上为一次记录。
5. 服务范围:本社区辖区内。
6. 服务对象:孤老、残疾、军烈属、贫困户、单亲老人和"空巢"老人。
7. 服务内容:爱心家教、心理辅导、环境保护、安全隐患排查、帮扶救助、科普宣传、家政服务、水电维修、绿化认养、文体辅导、医疗保健、维权服务等。
8. 本规程从2003年4月1日开始执行。

天星桥街道小正街社区党委
2003年3月20日

十二、爱心"时间银行"储蓄制度

爱心"时间银行"储蓄性质,既不存钱也不存物,存的是爱心和奉献。

1. 志愿者必须在社区进行登记注册。
2. 建立"时间银行"储蓄台账,由社区指定专人记录保管并作为志愿者服务时间的依据。
3. 被服务对象必须是社区孤老、"空巢"老人、病、残、军、烈属对象及其他有特殊困难者。

4. 服务者采取自报或服务对象提供相关的服务时间和内容，经社区干部调查核实后记入储蓄台账。

5. 每个志愿者必须实事求是的提供服务的对象内容，对弄虚作假的现象一经发现，将取消志愿者服务，其储蓄的"时间"也将被清零。

6. 社区"时间银行"每一年必须公布一次志愿者的储蓄帐目。

7. 本制度经社区党员大会和社区成员代表大会表决通过，于2003年4月1日开始执行。

8. 进入时间银行储户自己有困难需要他人帮助时，可透支。

天星桥街道小正街社区党委
2003年3月20日

十三、小正街社区对外拓展"时间银行"储蓄计划

通过三年的实践，爱心"时间银行"储蓄，在社会中产生了强烈的影响，尤其是在居民群众中更是一种行之有效的实惠。社区党委经过认真总结，决定在现有的条件和基础上，把爱心"时间银行"品牌做大、做好、做出更多的社会效益，让人人都在爱的奉献中发挥各自的余热，为构建和谐社会做出更大的贡献。

1. 广集"储户"献爱心

把参与爱心"时间银行"储蓄的"储户"扩大到社会各界人士，不分地域广纳"储户"。凡是跨区、县的"储户"可将每次爱心奉献的时间（在自己居住地）实事求是记录在自己的"存折"上，年终将交回或邮寄回小正街社区，将如数记录在社区"时间银行"台账上，同样享受社区"时间银行"回报待遇。

2. 爱心"时间银行"回报制度。

（1）社区"时间银行"可以提前支取爱心服务。

（2）"储户"存入多少不限，若需要服务可以透支。

（3）对年老体弱（经济条件好的）可以按他自己的方式（金钱），把他自己对他人的爱心奉献折合成"时间"记录在台账上。

（4）外地"储户"有困难需要帮助和服务时，"储户"可通过电话告知小正街社区居委会，社区将会与"储户"所在地的居委会联系，请他们为"储户"提供自愿者服务。

通过爱心"时间银行"回报制度，更好地广纳爱心贤才，使"时间银行"的内涵价值不断升值完美。

天星桥街道小正街社区党委
2006 年 6 月 1 日

十四、姊妹"绿卡"实施方案（制度）

1. 以社区党委、居委会为主导，发动辖区无职党员、在职党员、居民骨干积极分子参与到社区"姊妹绿卡"帮扶中来，为弱势群体服务，实行"一帮一"制度。

2. 以各小区、单元为核心，社区志愿者在区域内确定被帮扶对象，由志愿者申请上报社区党委、居委会备案。

3. 社区党委制作"先锋绿卡证书"由帮扶人持卡，并登记帮扶人对帮扶对象（服务项目）内容，作好时间登记，年终交回社区党委备案。

4. 被帮扶人在社区领取"扶困绿卡"证书，由社区为被帮扶人填写好帮扶人姓名、电话。

5. 社区党委组织帮扶对象和帮扶人见面后，互赠对方联系电话，只要被帮扶人有事需求，帮扶人及时上门服务。平时帮扶人也可以通过电话或上门经常与被帮扶人互信交流问候，确保常走访常联系。

6. 社区"姊妹绿卡"制度，原则上是"一帮一"、也可"一帮二"，只要帮扶人志愿也许可。

7. 年终对帮扶人（先锋绿卡持有者）可进入"时间银行"储蓄登记，也可以纳入年终"好邻居形象大使"的评选。

天星桥街道小正街社区党委

十五、学习宣传十八大三中全会精神

"一个主题六条主线"锁定改革大方向
三字经

党中央	十八大	三全会	胜利开	新提法
新亮点	新举措	新释放	改革的	新作为
一主题	全面性	纵深化	是改革	为聚焦
六主线	经济上	政治体	文化型	社会性
党建设	生态式	和文明	锁定了	大方向

天星桥街道小正街社区党委

十六、《中共中央关于全面深化改革若干重大问题的决定》

新看点
三字经

三全会	新看点	十亿人	你在议	我在讲
一个是	财税制	力促进	中央层	地方性
二个是	股票制	将推进	注册制	释活力

附录三　天星桥街道小正街社区"3311"工作模式相关制度及三字经等作品摘选

三个是	自贸区	多扩容	让经济	强筋骨
四个是	国企业	给活力	有控制	有影响
五个是	民资企	办银行	进金融	快车道
六个是	收入上	配格局	橄榄枝	过小康
七个是	政府型	职能变	以服务	为重心
八个是	政绩上	不再用	GDP	论英雄
九个是	从农村	再突破	赋权于	老百姓

天星桥街道小正街社区党委

十七、《习近平总书记系列重要讲话读本》基层微宣讲四字经

前　言

习总书记	系列讲话	深刻回答	党和国家	事业发展	重大理论
现实问题	提出许多	新的思想	富有创见	新的观点	体现时代
新的论断	具有历史	新的要求	适应国情	涉及内容	十二方面
党员干部	认真学习	结合实践	贯彻执行	入脑入心	用行为民

1. 必由之路

习总书记	继承发扬	小平理论	三个代表	科学发展	深刻总结
特就特在	道路选择	理论体系	制度建设	特就特在	实现途径
行动指南	根本保障	特就特在	三者统一	内在联系	伟大实践
中国特色	社会主义	它是一部	气势恢宏	植根中华	人民意愿
字里行间	博大精深	华彩乐章	继往开来	伟大事业	必由之路

2. 共同向往

复兴之路	历经几代	寻找梦想	追逐梦想	千辛万苦	不断探索
成吉思汗	弯弓射雕	伟大复兴	还看今朝	泱泱中华	党的领导
国家富强	民族振兴	家国天下	人民幸福	凝心聚力	兴国之魂
实干兴邦	强国之魂	鼓励国人	敢于有梦	勇于追逐	勤于圆梦
中国之梦	引领世界	和平发展	合作共赢	梦想相通	共同向往

3. 敢字当头

改革开放	进入深水	关键一招	两个百年	奋斗目标	如何实现
习总书记	两个敢于	鲜明豪迈	号召全党	认清形势	居安思危
抓住机遇	抢占未来	攻坚克难	勇往直前	敢于担当	别无他途
国家治理	理直气壮	核心价值	和谐稳定	科学实施	落到实处
指导思想	总体思路	目标任务	坚定不移	增强勇气	敢涉险滩

4. 实实在在

经济持续	健康发展	四个不能	单靠生产	总值率论	称之英雄
求稳增长	转活方式	调整结构	推动经济	政府市场	把准关系
创新驱动	形势所迫	不能等待	不能观望	不能懈怠	真抓实干
中国要强	农业必强	中国要美	农村必美	中国要富	农民必富
三农问题	重中之重	新型城镇	两横三纵	尊重自然	天人合一

5. 政治优越

我们所选	坚持要走	中国特色	社会主义	政治发展	体现优越
指导思想	既有科学	制度安排	又有严谨	价值取向	既有明确
理国要道	公平正直	科学立法	有法可依	法治中国	依法治国
体制改革	政企分开	政资分开	转变职能	政事分开	政社分开
权力关进	制度笼子	杜绝特权	严惩腐败	自觉遵守	廉政准则

附录三 天星桥街道小正街社区"3311"工作模式相关制度及三字经等作品摘选

6. 中华文化

中华文化	历史渊源	新的辉煌	鲜明特色	独特创新	价值理念
三个倡导	二十四字	富强民主	文明和谐	自由平等	公正法治
爱国敬业	诚信友善	教导国人	人人都要	旗帜鲜明	努力传播
创新发展	传统文化	市场经济	民主政治	先进文化	社会治理
当代中国	价值观念	国人心中	明确定位	弘扬主旋	推陈除新

7. 改善民生

习总书记	朴实亲切	饱含深情	深深了解	人民期盼	十个更好
实现经济	良性循环	改善民生	凝聚民力	服务人民	全心全意
创新管理	社会治理	系统治理	依法治理	源头治理	综合施策
政策托底	惠及民生	脱离群众	劳民伤财	多做一些	雪中送炭
民生之利	学有所教	劳有所得	病有所医	老有所养	住有所居

8. 绿水青山

生态良好	文明社会	人类社会	重大成果	伟大复兴	重要内容
生态则兴	文明则兴	生态则衰	文明则衰	古今中外	事例众多
环顾国情	许多地方	只顾当今	不顾后人	严重破坏	自然生态
节约意识	环保意识	生态意识	生态红线	全党全国	一体遵行
制度建设	考核体系	追究责任	出现后果	必须追究	终身追究

9. 人民军队

建设一支	人民军队	能打胜仗	召之即来	来之能战	战之能胜
强军目标	牢牢掌握	建军治军	抓做三条	纲举目张	强军兴军
强军之魂	听党指挥	党对军队	绝对领导	必须坚持	毫不动摇
强军之要	能打胜仗	打仗用劲	真想打仗	真谋打仗	真抓打仗
强军之基	夯实基础	依法治军	从严治军	继承发扬	光荣传统

10. 国际关系

建立新型	国际关系	和平发展	合作共赢	时代潮流	不可阻挡
和平发展	继承前辈	是从历史	现实未来	客观判断	必然选择
周边外交	基本方针	四字箴言	亲诚惠容	睦邻友好	互利合作
大国胸怀	求同存异	开放包容	共同发展	诚心诚意	相交周边
领土主权	核心利益	这是底线	坚决维护	不去惹事	也不怕事

11. 自身要硬

中国的事	关键在党	管党不力	治党不严	迟早将会	失去执政
新的一届	中央常委	英明决策	从严治党	列入政纲	刻不容缓
习总书记	找准死穴	共产党人	精神补钙	理想信念	坚定良药
用人得当	先要知人	群贤毕至	见贤思齐	党的干部	全心为民
八项规定	示范全党	腐败毒瘤	严惩不贷	铁的纪律	没有特权

12. 看家本领

共产党人	看家本领	学习掌握	马列主义	实事求是	脚踏实地
战略思维	历史思维	辩证思维	创新思维	底线思维	能力常练
调查研究	谋事之基	敢说真话	成事之道	获得真知	收到实效
工作责任	钉子精神	不折不扣	落到实处	踏实留印	铁抓有痕
静下心来	通读苦读	勤奋努力	刻苦钻研	坚持实践	再去实践

注：社区党委组织党员干部学习《习近平总书记系列重要讲话读本》之后，党员干部有感而发，通过耳闻目睹和亲身参与实践，编写了基层微宣讲的"四字经"分为前言和习总书记系列讲话读本12篇章为主题，每个篇幅为五段六句每句四字共计120字合计1696字。

十八、中国梦

三字经

中国梦，多少代，在奋斗。仁人志，心中梦，未泯灭。
而自强，汇聚了，共产党。破解了，中国梦，的密码。
找到了，中国梦，好路径。我中华，国富强，民族兴。

中国梦，不赖外，靠自干。共产党，百周年，成小康。
新中国，百华诞，要实现，中国式，特色的，现代化。
二十一，新世纪，党领导，一步步，大复兴，强中华。

中国梦，强国家，富人民。内容是，教育好，工作稳，
收入高，有保障，医技高，就医便，人居住，环境美，
下一代，成长好。该好梦，同努力，一定会，梦成真。

中国梦，每个人，有理想，有追求。终归结，要实干，
脚踏实，手勤快，是源泉。若懒惰，梦化解，无颜担，
龙传人。中国梦，不仅是，中国的，也属于，世界的。

四段四个内容，每段18句，54个字共计216个字。

天星桥街道小正街社区党委

十九、环境卫生十个不

五字诀

　　同志们，欢迎你。天星桥，小正街。讲环境，走在先。十个不，五字诀、你我他，要牢记。

　　　　　　社区邮递员，志愿来宣传。
　　　　　　首先你我他，注意十个不。
　　　　　　公共场所地，口痰不乱吐。
　　　　　　人际交往中，语言不低俗。
　　　　　　楼上和楼下，垃圾不乱抛。
　　　　　　居住防盗网，杂物不堆放。
　　　　　　单元通道间，畅通不堆码。

　　　　　　周边绿化带，花草不伤它。
　　　　　　立体和墙面，处处不悬挂。
　　　　　　地漏排水沟，随时不堵塞。
　　　　　　背街和小巷，公物不损伤。
　　　　　　摊点和门市，物品不占道。
　　　　　　尊敬居民户，切记十不要。
　　　　　　环境讲卫生，你我都参加。
　　　　　　既是美家园，更是福同享。

天星桥街道小正街社区党委

参考文献

著作类：

1. 《马克思恩格斯全集》（第1卷），人民出版社1956年版。
2. 《马克思恩格斯全集》（第2卷），人民出版社1965年版。
3. 《马克思恩格斯全集》（第8卷），人民出版社2009年版。
4. 《马克思恩格斯全集》（第13卷），人民出版社1965年版。
5. 《马克思恩格斯全集》（第16卷），人民出版社1965年版。
6. 《马克思恩格斯全集》（第24卷），人民出版社1972年版。
7. 《马克思恩格斯全集》（第30卷），人民出版社1998年版。
8. 《马克思恩格斯全集》（第32卷），人民出版社1998年版。
9. 《马克思恩格斯全集》（第42卷），人民出版社1979年版。
10. 《马克思恩格斯全集》（第47卷），人民出版社1982年版。
11. 《马克思恩格斯全集》（第49卷），人民出版社1982年版。
12. 《马克思恩格斯选集》（第1卷），人民出版社1995年版。
13. 《马克思恩格斯选集》（第2卷），人民出版社2012年版。
14. 《马克思恩格斯选集》（第3卷），人民出版社2012年版。
15. 《马克思恩格斯选集》（第4卷），人民出版社2012年版。
16. 《马克思恩格斯文集》（第2卷），人民出版社2009年版。
17. 《马克思恩格斯文集》（第3卷），人民出版社2009年版。
18. 《马克思恩格斯文集》（第4卷），人民出版社2009年版。

19.《马克思恩格斯文集》（第 8 卷），人民出版社 2009 年版。

20.《马克思恩格斯文集》（第 9 卷），人民出版社 2009 年版。

21.《马克思恩格斯文集》（第 10 卷），人民出版社 2009 年版。

22.《资本论》（第 1 卷），人民出版社 1995 年版。

23.《资本论》（第 1—3 卷），人民出版社 2004 年版。

24.《列宁全集》（第 25 卷），人民出版社 1988 年版。

25.《列宁选集》（第 1 卷），人民出版社 1972 年版。

26.《列宁选集》（第 2 卷），人民出版社 2012 年版。

27.《列宁选集》（第 4 卷），人民出版社 1995 年版。

28.《列宁选集》（第 55 卷），人民出版社 1990 年版。

29.《毛泽东文集》（第 6 卷），人民出版社 1999 年版。

30.《毛泽东文集》（第 7 卷），人民出版社 1999 年版。

31.《毛泽东选集》（第 2—4 卷），人民出版社 1991 年版。

32.《毛泽东选集》（第 1 卷），人民出版社 1967 年版。

33.《毛泽东选集》（第 5 卷），人民出版社 1977 年版。

34.《周恩来统一战线文选》，人民出版社 1984 年版。

35.《邓小平文选》（第 3 卷），人民出版社 1993 年版。

36.《邓小平文选》（第 1—2 卷），人民出版社 1994 年版。

37.《江泽民文选》（第 1—3 卷），人民出版社 2006 年版。

38.《十五大以来重要文献选编》（下），人民出版社 2003 年版。

39.《十六大以来重要文献选编》（下），中央文献出版社 2008 年版。

40.《十七大以来重要文献选编》（上），人民出版社 2009 年版。

41. 胡锦涛：《坚定不移沿着中国特色社会主义道路前进 为全面建成小康社会而奋斗——在中国共产党第十八次代表大会上的报告》，人民出版社 2012 年版。

42. 胡锦涛：《论构建社会主义和谐社会》，中央文献出版社 2013 年版。

43. 胡锦涛：《坚定不移沿着中国特色社会主义道路前进为全面建成小康社会而奋斗》，人民出版社 2012 年版。

44. 习近平：《紧紧围绕坚持和发展中国特色社会主义：学习宣传贯彻党的十八大精神》，人民出版社 2013 年版。

45. 〔德〕黑格尔：《美学》（第 1 卷），朱光潜译，商务印书馆 1979 年版。

46. 〔德〕黑格尔：《法哲学原理》，范扬、张企泰译，商务印书馆 1961 年版。

47. 〔德〕塞缪尔·亨廷顿：《变化社会中的政治秩序》，王冠华等译，生活·读书·新知三联书店 1988 年版。

48. 秦宣：《中国特色社会主义史》（上、下册），高等教育出版社 2009 年版。

49. 〔德〕费尔巴哈：《费尔巴哈哲学著作选》（上卷），生活·读书·新知三联书店 1962 年版。

50. 〔德〕恩斯特·卡西尔：《人论》，甘阳译，上海译文出版社 2004 年版。

51. 〔法〕卢梭：《社会契约论》，何兆武译，商务印书馆 2003 年版。

52. 郑杭生：《转型中的中国社会和中国社会的转型》，首都师范大学出版社 1996 年版。

53. 孙晓莉：《中国现代化进程中的国家与社会》，中国社会科学出版社 2001 年版。

54. 张一兵：《回到马克思——经济学语境中的哲学话语》，江苏人民出版社 2003 年版。

55. 丰子义、杨学功：《马克思"世界历史"理论与全球化》，人民出版社 2002 年版。

56. 〔美〕杜赞奇：《文化、权力与国家：1900—1942 年的华北农村》，王福明译，江苏人民出版社 2004 年版。

57. 弗朗西斯·福山：《国家构建：21 世纪的国家治理与世界秩序》，黄胜强、许铭原译，中国社会科学出版社 2007 年版。

58. 〔德〕费迪南·滕尼斯：《共同体和社会》，林荣远译，商务印书馆 1999 年版。

59. 〔德〕弗兰茨-克萨维尔·考夫曼：《社会福利国家面临的挑战》，王学东译，商务印书馆 2004 年版。

60. 袁贵仁：《马克思的人学思想》，北京师范大学出版社 1996 年版。

61. 袁贵仁、韩庆祥：《论人的全面发展》，广西人民出版社 2003 年版。

62. 韩庆祥：《马克思人学思想研究》，河南人民出版社 1996 年版。

63. 韩庆祥、亢安毅：《马克思开辟的道路——人的全面发展研究》，人民出版社 2005 年版。

64. 〔英〕安东尼·吉登斯：《第三条道路：社会民主主义的复兴》，郑戈译，北京大学出版社 2000 年版。

65. 唐忠新：《中国城市社区建设概论》，天津人民出版社 2000 年版。

66. 潘小娟：《中国基层社会重构——社区治理研究》，中国法制出版社 2004 年版。

67. 徐永祥：《社区发展论》，华东理工大学出版社 2000 年版。

68. 中国城市社区党建课题组编著：《中国城市社区党建》，上海人民出版社 2000 年版。

69. 谭功荣：《西方公共行政思想与流派》，北京大学出版社 2008 年版。

70. 于燕燕：《社区自治与政府职能转变》，中国社会出版社 2005 年版。

71. 〔英〕托尼·鲍法德、〔英〕爱尔克·劳夫勒编：《公共管理与治理》，孙迎春译，国家行政学院出版社 2006 年版。

72. 〔美〕埃莉诺·奥斯特罗姆：《公共事务的治理之道》，余逊达、陈旭东译，上海三联书店 2000 年版。

73. 〔美〕李侃如：《治理中国：从革命到改革》，中国社会科学出版社 2010 年版。

74. 王敬尧：《参与式治理：中国社区建设实证研究》，中国社会科学出版社 2006 年版。

75. 何艳玲：《都市街区中的国家与社会：乐街调查》，社会科学文献出版社 2007 年版。

76. 何增科主编：《公民社会与第三部门》，社会科学文献出版社 2000 年版。

77. 〔英〕亚历山大著，邓正来等编著：《国家与市民社会：一种社会理论的研究路径》，中央编译出版社 2002 年版。

78. 郑莉、仝雅莉编选：《和谐社会的探求——西方社会建设理论文选》，浙江大学出版社 2010 年版。

79. 陈向明：《质的研究方法和社会科学研究》，教育科学出版社 2000 年版。

80. 袁方：《社会研究方法教程》，北京大学出版社 1997 年版。

81. 〔美〕罗伯特·K.殷：《案例研究设计与方法》第 3 版，周海涛主译，重庆大学出版社 2004 年版。

82. 〔美〕应国瑞：《案例学习研究——设计与方法》，中山大学出版社 2004 版。

83. 王巍：《社区治理结构变迁中的国家与社会》，中国社会科学出版社 2009 年版。

84. 〔美〕约翰·W.克雷斯威尔：《研究设计与写作指导》，崔延强译，重庆大学出版社 2007 年版。

85. 〔美〕斯蒂芬·V.埃弗拉：《政治学研究方法指南》，陈琪译，北京大学出版社 2006 年版。

86. 〔美〕托马斯·库恩：《科学革命的结构》，金吾伦、胡新和译，北京大学出版社 2003 年版。

87. 贾华强、马志刚、方拴喜：《构建社会主义和谐社会》，中国发展出版社 2005 年版。

88. 〔美〕理查德·C.博克斯：《公民治理：引领 21 世纪的美国社区》，孙柏瑛等译，中国人民大学出版社 2013 年版。

89. 魏娜：《社区组织与社区发展》，红旗出版社 2003 年版。

90. 李路路、李汉林：《中国的单位组织》，浙江人民出版社 2000 年版。

91. 夏建中：《中国城市社区治理结构研究》，中国人民大学出版社 2012 年版。

92. 王诗宗：《治理理论及其中国实用性》，浙江大学出版社 2009 年版。

93. 马西恒：《社区治理创新》，学林出版社 2011 年版。

94. 郁龙余：《中西文化异同论》，生活·读书·新知三联书店 1989 年版。

95. 〔美〕埃莉诺·奥斯特罗姆：《公共事物的治理之道——集体行动制度的演进》，余逊达、陈旭东译，上海三联书店 2000 年版。

96. 〔英〕约翰·密尔著：《论自由》，许宝骙译，商务印书馆 1959 年版。

97. 〔美〕曼瑟尔·奥尔森：《集体行动的逻辑》，陈郁等译，格致出版社、上海人民出版社、上海三联书店 1995 年版。

98. 金太军、赵晖等：《中央与地方政府关系建构与调谐》，广东人民出版社 2005 年版。

99. 〔美〕乔·B.史蒂文斯：《集体选择经济学》，杨晓维等译，上海三联书店、上海人民出版社 1999 年版。

100. 〔古希腊〕亚里士多德：《政治学》，吴寿彭译，商务印书馆 1965 年版。

101. 〔法〕卢梭：《社会契约论》，李平沤译，商务印书馆 2011 年版。

102. 〔法〕孟德斯鸠：《论法的精神》，许明龙译，商务印书馆 2012 年版。

103. 〔美〕罗伯特·A.达尔：《规模与民主》，唐皇凤、刘晔译，唐皇凤校，上海人民出版社 2013 年版。

104. 〔英〕戴维·米勒、韦农·波格丹诺编著：《布莱克维尔政治学百科全书》，邓正来译，中国政法大学出版社 1992 年版。

105. 〔美〕塞缪尔·P.亨廷顿：《变化社会中的政治秩序》，王冠华等译，生活·读书·新知三联书店 1989 年版。

106. 〔美〕彼得·德鲁克：《下一个社会的管理》，蔡文燕译，机械工业出版社 2013 年版。

107. 哈贝马斯：《公共领域的结构转型》，学林出版社 1999 年版。

108. 克里斯·巴克（Chris Barker）：《文化研究：理论与实践》，孔敏译，北京大学出版社 2013 年版。

109. 恩靳·伊辛、布雷恩·特纳主编著：《公民权研究手册》，王小章译，浙江人民出版社 2007 年版。

110. 〔德〕滕尼斯：《共同体与社会》，林荣远译，商务印书馆 1999 年版。

111. 杨弘任：《社区如何动起来：黑珍珠之乡的派系、在地师傅与社区总体营造》，左岸出版社 2007 年版。

112. 萧家兴主编著：《社区创新营造论文集》，唐山出版社 2007 年版。

期刊论文类：

1. 王敬尧、晏雯：《中国地方财政研究的特色与趋势——CNKI 近 20 年的关键词统计分析》，载《江汉论坛》，2014 年第 7 期。

2. 张宝锋：《我国城市社区治理结构研究综述》，载《华北水利水电学院学报》（社会科学版），2006 年第 1 期。

3. 侯伊莎：《政府、社区与公民：社区制的三维架构》，载《中国行政管理》，2005 年第 12 期。

4. 蔡小慎、潘加军：《转型期我国城市社区治理中的分权问题探讨》，载《社会主义研究》，2005 年第 2 期。

5. 张洪武：《论社区治理中的多元权力互动》，载《广东行政学院学报》，2005 年第 1 期。

6. 张洪武：《多中心秩序与社区治理模式选择》，载《求实》，2005 年第 6 期。

7. 李海金：《城市社区治理中的公共参与——以武汉市 W 社区论坛为例》，载《中州学刊》，2009 年第 4 期。

9. 骆勇：《公益性民间组织参与社区治理的现状、困境与政策干预——以上海市普陀区长寿路街道公益性民间组织参与社区治理为例》，载《理论与改革》，2009年第4期。

10. 董秀：《公民社会、公民治理与城市社区治理模式创新——基于深圳社工与义工联动治理模式理论与实践分析》，载《湖北行政学院学报》，2009年第1期。

11. 桂勇、崔之余：《行政化进程中的城市居委会体制变迁》，人大复印资料《公共行政》，2001年第1期。

12. 张明亮：《城市社区建设的探索和推进》，载《北京行政学院学报》，2001年第1期。

13. 程杞国：《从管理到治理：观念、逻辑、方法》，载《南京社会科学》，2001年第9期。

14. 王名、冯玲：《治理理论与社区治理结构的变迁》，载《中国社会报》，2003年2月15日。

15. 桑玉成：《从五里桥街道看城市社区管理的体制建设》，载《政治学研究》，1992年第2期。

16. 胡慧：《转型时期城市社区自治理念、问题及建议》，载《武汉大学学报》（哲学社会科学版），2006年第4期。

17. 徐君：《社区自治：城市基层社会管理的发展走向》，载《国家行政学院学报》，2007年第4期。

18. 陈伟东、李雪萍：《社区自治概念的缺陷与修正》，载《广东社会科学》，2004年第2期。

19. 周少青：《论城市社区治理法律框架的法域定位》，载《法学家》，2008年第5期。

20. 俞可平：《中国公民社会的兴起与治理的变迁》，载《中国社会科学季刊（香港）》，1999（秋季号）。

21. 俞可平：《中国公民社会研究的若干问题》，载《中共中央党校学报》，2007年第11卷第6期。

22. 俞可平：《中国公民社会：概念、分类与制度环境》，载《中国社会科学》，2006年第1期。

23. 孙寅生：《构建社会主义和谐社会的哲学意蕴》，载《中共贵州省委党校学报》，2005年第1期。

24. 李艳霞：《转型期中国公民治理的主体性制约要素分析》，载《东南学术》，2007年第3期。

25. 梁莹：《城乡社区中生长的强势民主：任重而道远》，载《学海》，2012年第3期。

26. 殷树凤、余达淮：《社会治理理念下的国家、社会和个人》，载《学海》，2014年第6期。

27. 左冰、保继刚：《从"社区参与"走向"社区增权"——西方"旅游增权"理论研究述评》，载《旅游学刊》，2008年第4期。

28. 郭华：《增权理论视角下的乡村旅游社区发展——以江西婺源李坑村为例》，载《农村经济》，2012年第3期。

29. 聂玉梅、顾东辉：《增权理论在农村社会工作中的应用理论探索》，2011年第3期。

30. 路风：《单位：一种特殊的社会组织形式》，载《中国社会科学》，1989年第1期。

31. 顾昕：《单位福利主义与中国的"制度性失业"》，载《经济社会体制比较》，1998年第4期。

32. 费孝通：《社区自理开篇》，载《社会》，2000年第10期。

33. 王沪宁：《从单位到社会：社会调控体系的再造》，载《公共人力资源》，1995年创刊号。

34. 张宝锋：《城市社区自治研究综述》，载《晋阳学刊》，2005年第1期。

35. 刘学贵：《论现阶段我国城市社区管理的现状及对策》，载《云南行政学院学报》，2014年第1期。

36. 张鸣宇、汪智汉：《转型时期居委会的三重角色——以武汉市C社区为例》，载《社会主义研究》，2005年第4期。

37. 缪青：《公民参与和社区和谐：理念、变迁和制度化的趋势》，载《中国特色社会主义研究》，2007年第3期。

38. 褚松燕：《论公共精神》，载《探索与争鸣》，2012年第1期。

39. 费孝通：《居民自治：中国城市社区建设的新目标》，载《江海学刊》，2002 年第 3 期。

40. 王思斌：《体制改革中的城市社区建设的理论分析》，载《北京大学学报》（哲学社会科学版），2000 年第 5 期。

41. 王巍：《小区治理结构变迁中的国家与社会》，载《公共行政评论》，2009 年第 1 期。

42. 陈建胜：《城乡一体化视野下的农村社区建设》，载《浙江学刊》，2011 年第 5 期。

43. 李永忠：《十八大报告中的"五权"之思》，载《人民论坛》，2013 年第 3 期。

44. 姚远、陈昫：《老龄问题群体分析视角理论框架构建研究》，载《人口研究》，2013 年第 2 期。

45. 白雪娇：《规模适度：居民自治有效实现形式的组织基础》，载《东南学术》，2014 年第 5 期。

46. 蔡琦海：《公益创投：培育非营利组织的新模式——以"上海社区公益创投大赛"为例》，载《中国非营利评论》，2011 年第 1 期。

47. 马宏：《公益创投促进公益组织发展的新途径》，载《社团管理研究》，2008 年第 10 期。

48. 岳金柱：《"公益创投"社会组织培育发展的创新模式》，载《社团管理研究》，2010 年第 4 期。

49. 谢正富、赵守飞：《公益创投：我国社会组织扶持引导政策探索》，载《湖北民族学院学报》（哲学社会科学版），2014 年第 6 期。

50. 闵学勤：《社区的社会如何可能——基于中国五城市社区的再研究》，载《江苏社会科学》，2014 年第 6 期。

51. 孙熙国：《建设中国特色话语体系的新尝试——有感于〈平易近人——习近平的语言力量〉》，载《中国编辑》，2015 年第 2 期。

52. 孙熙国、张莉：《探寻马克思主义与中国文化发展的道路——孙熙国教授访谈》，载《学术月刊》，2013 年第 5 期。

53. 孙熙国：《是地道的唯心主义哲学还是唯物史观的秘密诞生地——

马克思〈博士论文〉与唯物史观的创立》，载《学术月刊》，2013 年第 5 期。

54. 陈伟东：《权力平衡模式：居委会"两难困境"的破解》，载《红旗文稿》，2008 年第 22 期。

55. 陈伟东：《社区行政化：不经济的社会重组机制》，载《中州学刊》，2004 年第 4 期。

56. 陈伟东、李雪萍：《社区建设与公民社会的发育》，载《华中师范大学学报》（人文社会科学版），2003 年第 1 期。

57. 李金红：《论和谐社会的社区治理结构》，载《江汉大学学报》（社会科学版），2008 年第 2 期。

58. 陈建胜、毛丹：《论社区服务的公民导向》，载《浙江社会科学》，2013 年第 5 期。

59. 张苏辉：《社区居委会行政化的社会学微观视角》，载《求索》，2006 年第 5 期。

60. 张静：《国家政权建设与乡村自治单位》，载《开放时代》，2001 年第 9 期。

61. 朱健刚：《国家、权力与街区空间——当代中国街区权力研究导论》，载《中国社会科学季刊》，1999 年第 26 期。

62. 徐勇：《村民自治的成长：行政放权与社会发育》，载《华中师范大学学报》（人文社会科学版），2005 年第 3 期。

63. 徐勇：《回归国家与现代国家建构》，载《东南学术》，2006 年第 4 期。

64. 徐勇：《论城市社区建设中的社区居民自治》，载《华中师范大学学报》（人文社会科学版），2001 年第 3 期。

65. 吴理财：《村民自治与国家建构》，载《经济社会体制比较》，2002 年第 4 期。

66. 吴瑜：《试论社区治理中的社区互动与社区参与》，载《宜春学院学报》，2009 年第 12 期。

67. 汪锦军：《公共服务中的政府与非营利组织合作：三种模式分

析》，载《中国行政管理》，2009 年第 10 期。

68. 谭英：《社区感情、社区发展与邻里保护》，载《国外城市规划》，1999 年第 3 期。

69. 文军：《农民的"终结"与新市民群体的角色"再造"——以上海郊区农民市民化为例》，载《社会科学研究》，2009 年第 2 期。

70. 王宝成：《我国政府预算的碎片化现状及其整体性治理策略研究》，载《理论月刊》，2010 年第 9 期。

71. 孙立平：《社区、社会资本与社区发育》，载《学海》，2001 年第 4 期。

72. 孙立平：《向市场经济过渡中的国家自主性问题》，载《战略与管理》，1996 年第 4 期。

73. 宋振远、张建新、王优玲、李杰：《30 年改革折射中国行政管理体制走向》，载《党的建设》，2008 年第 4 期。

74. 吴理财、杨桓：《城镇化时代城乡基层治理体系重建——温州模式及其意义》，载《华中师范大学学报》（人文社会科学版），2012 年第 6 期。

75. 吴理财：《农村社区认同与农民行为逻辑——对新农村建设的一些思考》，载《经济社会体制比较》，2011 年第 3 期。

76. 石发勇：《关系网络与当代中国基层社会运动——以一个街区环保运动个案为例》，载《学海》，2005 年第 3 期。

77. 梁莹：《公民治理意识、公民精神与草根社区自治组织的成长》，载《社会科学研究》，2012 年第 2 期。

78. 梁莹：《媒体信任对公民政治参与意识之影响研究——基于南京市的实证调查》，载《江淮论坛》，2008 年第 2 期。

79. 梁莹：《草根社区中的"公民治理"：真实与遥远的草根民主图景》，载《中国行政管理》，2014 年第 2 期。

80. 范思凯：《中外公民参与社区治理案例的比较分析——基于公共权力转型的视角》，载《辽宁行政学院学报》，2009 年第 4 期。

81. 刘佳：《城市社区治理中的居民参与状况分析》，载《兰州学刊》，

2013 年第 10 期。

82. 王彩波、闫辰：《当代中国城市基层民主治理中的公民参与——价值、存在问题与实践路径》，载《珠江论丛》，2014 年第 2 期。

83. 李妮：《社区社会资本与社区自治的关联及其发展》，载《重庆社会科学》，2008 年第 10 期。

84. 魏娜：《我国城市社区治理模式：发展演变与制度创新》，载《中国人民大学学报》，2003 年第 1 期。

85. 陈伟东、李雪萍：《社区治理与公民社会的发育》，载《华中师范大学学报》（人文社会科学版），2003 年第 1 期。

86. 冯玲、李志远：《中国城市社区治理结构变迁的过程分析——基于资源配置视角》，载《人文杂志》，2003 年第 1 期。

87. 卢汉龙：《中国城市社区的治理模式》，载《上海行政学院学报》，2004 年第 1 期。

88. 张宝锋：《我国城市社区治理结构研究综述》，载《华北水利水电学院学报》（社会科学版），2006 年第 1 期。

89. 薛惠芳：《我国社区工作者队伍建设现状、问题与对策》，载《江西行政学院学报》，2006 年第 1 期。

90. 赵过渡、郑慧华、吴立鸿、龚惠琴：《"城中村"社区治理体制研究——以广州市白云区柯子岭村为个案》，载《国家行政学院学报》，2003 年第 3 期。

91. 夏建中：《治理理论的特点与社区治理研究》，载《黑龙江社会科学》，2010 年第 2 期。

92. 胡祥：《近年来治理理论研究综述》，载《毛泽东邓小平理论研究》，2005 年第 3 期。

93. 陈万灵：《"社区参与"的微观机制研究》，载《学术研究》，2004 年第 4 期。

94. 徐中振、徐珂：《走向社区治理》，载《上海行政学院学报》，2004 年第 1 期。

95. 李友梅：《社区治理：公民社会的微观基础》，载《社会》，2007

年第 2 期。

96. 陈伟东：《城市基层社会管理体制变迁：单位管理模式转向社区治理模式——武汉市江汉区社区建设目标模式、制度创新及可行性研究》，载《理论月刊》，2000 年第 12 期。

97. 吴光芸、杨龙：《社会资本视角下的社区治理》，载《城市发展研究》，2006 年第 4 期。

98. 刘岩、刘威：《从"公民参与"到"群众参与"——转型期城市社区参与的范式转换与实践逻辑》，载《浙江社会科学》，2008 年第 1 期。

99. 燕继荣：《社区治理与社会资本投资——中国社区治理创新的理论解释》，载《天津社会科学》，2010 年第 3 期。

100. 康宇：《中国城市社区治理发展历程及现实困境》，载《贵州社会科学》，2007 年第 2 期。

101. 张洪武：《社区治理的多中心秩序与制度安排》，载《广东社会科学》，2007 年第 1 期。

102. 陈伟东、李雪萍：《社区治理主体：利益相关者》，载《当代世界与社会主义》，2004 年第 2 期。

103. 杨贵华：《对当前我国社区民间组织建设的思考》，载《科学社会主义》，2005 年第 2 期。

104. 肖林：《"'社区'研究"与"社区研究"——近年来我国城市社区研究述评》，载《社会学研究》，2011 年第 4 期。

105. 陈伟东：《武汉市江汉区社区建设目标模式、制度创新及可行性》，载《城市发展研究》，2001 年第 1 期。

106. 姜晓萍、衡霞：《社区治理中的公民参与》，载《湖南社会科学》，2007 年第 1 期。

107. 张虎祥：《社区治理与权力秩序的重构对上海市 KJ 社区的研究》，载《社会》，2005 年第 6 期。

108. 刘娴静：《重构城市社区——以治理理论为分析范式》，载《社会主义研究》，2004 年第 1 期。

109. 刘晔：《公共参与、社区自治与协商民主——对一个城市社区公共交往行为的分析》，载《复旦学报》（社会科学版），2003 年第 5 期。

110. 李慧凤：《社区治理与社会管理体制创新——基于宁波市社区案例研究》，载《公共管理学报》，2010 年第 1 期。

111. 马西恒：《社区治理框架中的居民参与问题：一项反思性的考察》，载《上海行政学院学报》，2004 年第 2 期。

112. 刘娴静：《城市社区治理模式的比较及中国的选择》，载《社会主义研究》，2006 年第 2 期。

113. 张晓波、樊胜根、张林秀、黄季焜：《中国农村基层治理与公共物品提供》，载《经济学》（季刊），2003 年第 3 期。

114. 姜振华：《社会资本视角下的社区治理》，载《河南社会科学》，2005 年第 4 期。

115. 顾训宝：《十年来我国公民参与现状研究综述》，载《北京行政学报》，2009 年第 4 期。

116. 唐亚林、曹佩霖：《关于"自由人联合体"的对话—兼与高放先生商榷》，载《探索与争鸣》，2004 年第 1 期。

117. 艾四林：《哈贝马斯交往理论评析》，载《清华大学学报》（哲学社会科学版），1995 年第 3 期。

118. 艾四林：《"中国梦"与中国软实力》，载《中国特色社会主义研究》，2013 年第 3 期。

119. 韩庆祥：《从人道主义到马克思人学》，载《学习与探索》，2005 年第 6 期。

120. 艾四林：《中国梦只能在中国道路上实现》，载《共产党人》，2014 年第 12 期。

121. 韩庆祥：《关于以人为本的若干重要问题》，载《哲学研究》，2005 年第 2 期。

122. 邹诗鹏：《马克思主义中国化与中国现代性的建构》，载《中国社会科学》，2005 年第 1 期。

123. 邹诗鹏：《"倾听"：哲学生存论的意义阐释与反省》，载《江海学刊》，1997 年第 3 期。

124. 欧阳康：《合理性与当代人文社会科学》，载《中国社会科学》，2001年第4期。

125. 宋进：《"马克思主义中国化"学科建设的多维路径》，载《东北师大学报》，2006年第5期。

126. 卢黎歌：《"中国梦"与共同理想及其关系辩证》，载《学校党建与思想教育》，2014年第3期。

127. 杨晓慧：《当代大学生生活方式问题及对策研究》，载《东北师大学报》，2006年第6期。

128. 骆郁廷：《我国文化软实力的发展战略》，载《马克思主义研究》，2009年第5期。

129. 张静如、王炳林：《关于开设"中国近现代史纲要"课的对话》，载《思想理论教育导刊》，2005年第4期。

130. 王炳林：《毛泽东与50年代我国的社会发展道路》，载《中共党史研究》，1993年第6期。

131. 韩喜平：《全面深化改革增进民生福祉》，载《山东社会科学》，2014年第1期。

132. 顾海良、张岂之、靳诺、胡树祥、张大良、张东刚、苏雨恒、宋凌云、杨海英、王炳林、颜吾佴、郝立新、李松林：《学习贯彻习近平总书记重要讲话精神大力培育和践行社会主义核心价值观》，载《思想理论教育导刊》，2014年第7期。

133. 张雷声：《世界观、方法论与马克思主义基本原理的整体性》，载《教学与研究》，2011年第12期。

134. 林进平、徐俊忠：《历史唯物主义视野中的正义观——兼谈马克思何以拒斥、批判正义》，载《学术研究》，2005年第7期。

135. 徐俊忠：《"马克思与我们同行"》，载《现代哲学》，2003年第2期。

136. 程恩富：《现代马克思主义政治经济学的四大理论假设》，载《中国社会科学》，2007年第1期。

137. 逄锦聚：《马克思主义理论发展要把握好新的机遇，提升学科建设的质量和水平》，载《思想理论教育》，2012 年第 15 期。

138. 黄蓉生、李国安：《和谐社会构建与社会文明建设》，载《马克思主义研究》，2007 年第 2 期。

139. 薛安泰：《"生动的直观"与"简单的直观"》，载《河北学刊》，1984 年第 5 期。

140. 冯增信：《实践不是认识过程的第三阶段》，载《复旦学报》（社会科学版），1980 年第 6 期。

141. 谢金林：《城市基层权力变迁与社区治理的发展——基于国家—社会关系的视角》，载《云南社会科学》，2011 年第 4 期。

142. 吴晓林：《中国城市社区建设研究述评（2000—2010）——以 CSSCI 检索论文为主要研究对象》，载《公共管理学报》，2012 年第 1 期。

143. 黄杰：《单位制度和社区建设关系的再认识》，载《唯实》，2008 年第 5 期。

144. 陈锡喜：《建设社会主义核心价值体系 增强意识形态的吸引力凝聚力》，载《思想理论教育导刊》，2009 年第 4 期。

145. 李培林：《社会生活支持网络：从单位到社区的转变》，载《江苏社会科学》，2001 年第 1 期。

146. 高瑜、金俊杰：《我国城市基层社区治理研究评述——基于制度变迁的视角》，载《安徽行政学院学报》，2013 年第 1 期。

学位论文：

1. 陈伟东：《城市社区自治研究》，华中师范大学博士学位论文，2003 年 4 月。

2. 张雪：《公民治理理论视角下居委会角色的调整及重塑》，重庆大学硕士学位论文，2012 年 4 月。

3. 吴菲：《博克斯公民治理理论视角下城市社区治理问题研究——以聊城市蓝山社区为例》，辽宁大学硕士学位论文，2014 年 5 月。

4. 谌书琪：《城市社区自治中居民参与的问题及对策研究》，中南大学硕士学位论文，2013 年 5 月。

5. 房秀兰：《居民参与社区治理的理性思考——以苏州 H 社区为例》，苏州大学硕士学位论文，2014 年 4 月。

6. 朱分华：《城市社区治理主体问题研究——以北京市丰台区太东里社区为例》，中共北京市委党校硕士学位论文，2010 年 7 月。

7. 张雪：《选举中的群众——基于武汉市江汉区社区直选的实证分析》，华中师范大学硕士学位论文，2013 年 5 月。

8. 苏国君：《我国城市社区治理中公民参与研究》，内蒙古大学硕士学位论文，2009 年。

9. 郭礼峰：《我国公民参与城市治理问题研究》，上海师范大学硕士学位论文，2011 年 3 月。

10. 李琰：《中山市社区社会组织发展存在的问题及对策研究》，华中师范大学硕士学位论文，2014 年 5 月。

11. 张勇：《同构性与非平衡性：我国城市社区建设模式反思研究》，华中师范大学博士学位论文，2011 年。

12. 赵守飞：《行政与自治：社区体制改革中的权力关系研究》，华中师范大学博士学位论文，2013 年 5 月。

13. 郑明芬：《地方行政体制的困境与改革研究——以武汉市江汉区为分析对象》，华中师范大学硕士学位论文，2009 年 6 月。

网站：

1. 中国社区网：http://hb.cncn.org.cn/huangshi/shenglilu2/news/140385593016024.html

2. 长沙市岳麓区天顶乡人民政府网：http://tdx.yuelu.gov.cn

3. 大众网：http://www.dzwww.com

4. 中华人民共和国国家发展和改革委员会经济体制综合改革司：http://tgs.ndrc.gov.cn

5. 苏州工业园区管委会网站：http://www.sipac.gov.cn

6. 中国政府创新网：http://www.chinainnovations.org

7. 中华人民共和国国家发展和改革委员会：http://www.sdpc.gov.cn

8.中华人民共和国民政部:http://www.mca.gov.cn

9.中华人民共和国卫生部:http://www.moh.gov.cn

10.中国选举与治理网:http://www.chinaelections.org

11.中国城市社区网:http://www.cucc.org.cn

报纸:

1. 郑杭生:《培育和发展社会组织的意义和思路》,载《人民日报》,2007年11月24日第7版。

2. 胡锦涛:在庆祝中国共产党成立90周年大会上的讲话》,载《人民日报》,2011年7月2日。

3. 戴蕾蕾:《广东社会组织将可直接登记 政府培育社会模式成型》,载《法治周末》,2011年11月30日。

4.《广东出台方案给社会组织放权》,载《半岛都市报》,2011年11月24日。

文件:

1.《城市街道办事处组织条例》,1954年。

2.《长沙市开福区社区管理社会化项目管理办法》(试行)文件部分摘录。

3.《关于加强和改进城市社区居委会建设的工作意见》,中办发〔2010〕27号。

4.《关于深化行政管理体制改革的意见》,中国共产党第十七届中央委员会第二次全体会议通过,2008年2月27日。

5.《关于转发街道办事处调整改革方案的通知》,沈政办发〔2005〕20号。

6.《高举中国特色社会主义伟大旗帜 为夺取全面建设小康社会新胜利而奋斗》,中国共产党第十七次全国代表大会上报告。

7.《民政部关于在全国推进城市社区建设的意见》,中办发〔2000〕23号

8. 《开福区关于 2010 年社区管理社会化工作的实施要点》，开办发〔2010〕15 号。

9. 《社区服务体系建设规划（2011—2015 年）》，国办发〔2011〕61 号。

10. 《中共中央关于建构社会主义和谐社会若干重大问题的决定》，2006 年 10 月 11 日。

11. 关于转发《民政部关于在全国推进城市社区建设的意见》的通知，中办发〔2000〕23 号。

资料：

1. 卢汉龙：《从党政管理到社区治理组织与体制》，上海社区发展理论研讨会会议资料汇编 2002 年版，第 62—72 页。

2. 郭虹（报告执笔人）：《社区治理结构的二重性与政府在社区建设中的职责——成都市城市社区治理结构研究》，新疆哲学社会科学网（网址：http://www.xjass.com），2010 年 7 月 20 日。

3. 《理清权责 实施"四化"构建居委会为中心的社区治理服务体系——坪山新区创建全国社区管理和服务创新实验区工作方案》（初稿）。

4. HZSF 大学 HBCSSQ 建设研究中心在 HB 省 WH 市 WC 区调研的访谈录音整理。

5. HZSF 大学 HBCSSQ 区建设研究中心课题组 2012、2013、2014、2015 年的资料（包括访谈录音、调研报告、咨询报告等）。

6. HZSF 大学 HBCSSQ 区建设研究中心社区实务能力培训资料。

7. HB 省民政厅首届公益创投大赛资料整理。

8. HB 省首届公益创投绩效评估资料。

9. 中心课题组：《武昌区社区治理结构与治理机制综合配套改革调研资料》，2013 年 10 月。

10. 全国和谐社区建设评估资料。

11. HB 省和谐社区建设评估资料。

外文参考文献:

1. G. A. Hllery, "Definitions of Community: AREAS OF AGREEMENT", *Rural Sociology*. 1955. June. p. 111.

2. The Commission on Global Governance, *Our Global Neighborhood: the Report of the Commission on Global Governance*, Oxford: Oxford University Press, 1955. p. 2.

3. Lester M. Salamon, *The Emerging Sector*, Baltimore: The Johns Hopkins University Press, 1994.

4. Bruce L. Berg, *Qualitative Research Method for the Social Science*, Allyn and Bacon Press. 1995, p. 3.

5. Ostrom, Tirbout, and Warren 1961; Tiebout 1956.

6. Hindy Lauer Schachter, *Reinventing Government or Rrinventing Ourself*, Albany, NY: State University ofNewYork Press., 1997, p. 90.

7. Cheryl Simrell King, Camilla Stivers, *Government Is Us: Public Administration in an Anti-Government Era California*, Sage Publications Inc., 1998, pp. 202-203.

8. Richard C. Box, *Citizen Governance: Leading American CoiuBunities into 21st Centuries*, California: SAGE Publications Inc. 1998, pp. 19-20.

9. Amstein Sherry, A Ladder of Citizen Participation, *Journal of American Institute of Planners*, 1969. Vol. 35.

10. Zimmerman M. A., "Taking a Impowerment Research: On the Distinction between Psychological and Individual Conceptions", *American Journal of Community psychology*, 1990(18). pp. 169-177.

11. M. Moody, "Building a Culture: The Construction and Evolution of Venture Philanthropy as a New Organizational Field", *37 Nonprofit and Voluntary Sector Quarterly*, 2008, p. 332.

12. C. Lettes, et al. "Virtuous Capital: What Foundations can Learn from Venture Capitalists", 75/2 *Harvard Business Review*. 1997, pp. 36-44.

13. P. Frumkin, *Inside Venture Philanthropy*, pp. 9-10.

14. J. Kingston & M. Bolton, "New Approaches to Funding Not-for-profit Organizations", 9/2 *International Journal of Nonprofit and Voluntary Sector Marketing*, 2004. p.116.

15. G. Gemelli, "Venture Philanthropy", in H. Anheier & S. Toepler(eds.), *International Encyclopedia of Civil Society*, Springer science, 2010.

16. O'Rourke. James, *The Problem of Freedom in Marxist Thought*, Dordrecht: Kluwer Academic Publishers, 1974.

17. Paul Smart, *Mill and Marx: Individual Liberty and the Roads to Freedom*, Manchester University Press, 1991.

18. David L. Hall and Roger T. Ames, *The Democracy of the Dead: Dewey. Confucius and the Hope For Democracy in China*, Chicago: Open Court, 1999.

后 记

夏是四季之中最鼎盛的时期,她热情奔放,轰轰烈烈,显示着生命的力量与魅力,每一滴绿色都渗透着生命的精华。回首写作历程,心中感触之情油然而生,恍如昨日重现。本书是在我的博士论文的基础上修改而成的。对于做学问,我一直抱着诚惶诚恐和谦卑的心境,深知从事人文社会科学的研究需要具备"读万卷书"、"坐冷板凳"、"自恃清高"、"抵制诱惑"和"学会发现问题"的勇气和胆识。读书是一件快乐的事情,是个知识输入的过程,在大量前人生产的优质学术资源面前,可以囫囵吞枣般地饱食一顿一顿的精神大餐;而做学问是一件痛苦的事情,是个知识输出和知识建构的过程,需要不断进行创新和给别人"做饭",这对于我这个资质愚钝的人来讲,是一件很难的事。

常言说"上帝给你关上一扇门,必定为你打开了另一扇窗",有幸的是在充满荆棘的学术路途中遇到了一个好的授业者。衷心感谢我的导师陈伟东教授,恩师以严谨的治学之道、宽厚仁慈的胸怀、积极乐观的生活态度、风趣幽默的语言、丰富的知识储备、敏锐的洞察力、超强的记忆力,成为我一生学习的典范。他立志要建构一套解释中国社会现象、制定公共政策的研究范式,并时常向我们倡导这样的理念:一个人在学术共同体的地位和价值不在于他自身拥有多少学术资源或知识储备,而在于他为别人贡献和分享了多少学术观点和理论知识。他不仅"言传",

而且"身教"。"蜀道难，难于上青天。"自己所取得每一点进步都得益于恩师的指导和帮助，如此沉甸甸，远远不是今天用"致谢"两字所能表达的感激之情。

衷心感谢聂运麟教授、俞思念教授、程又中教授、唐鸣教授、徐勇教授、项继权教授、高秉雄教授、王敬尧教授、吴理财教授、胡宗山教授、王建国副教授、袁方成教授等的谆谆教导和悉心栽培，他们都是全国知名的学者和相关研究领域的学科带头人，拥有深厚的理论功底、超强的科研能力和谦虚善良的做人之道，有幸领略了大师们的风范，实为人生一大美事！要特别感谢项继权教授、吴理财教授、袁方成教授、张必春老师在本书写作过程中给我提出的宝贵意见和修改建议，拓宽了我的研究思路、丰富了我的知识结构，让我有如醍醐灌顶，受益匪浅。感谢诸位"背后英雄"给予我在生活、学业和工作上的每一次方便和无私帮助。感谢我没有一一提到的所有的亲朋好友们，因为你们的存在，大家共同建构了一个"灼灼其华"的集体！

本书进行的是社区治理的研究，是一项理论与实践结合紧密的学科，需要打破学科壁垒，实行多元化、多角度的交叉研究，从某种意义上讲，它是集体智慧的结晶。衷心感谢华中师范大学湖北城市社区建设研究中心这个研究团队，我们大家一起讨论调研提纲、制定研究技术路线、进行田野调查、整理访谈记录和基础数据表、进行问卷统计、撰写研究报告，每周组织专题讨论和读书会，在集体求学生涯中，大家学会了分享和合作，本书的诸多实证材料和研究发现来源于集体调研的成果和学术讨论的启发。相信充满温馨、感动、丰富的集体学习生活，将成为学术共同体中每一个成员难忘的回忆，并会影响其一生！

感谢国家民政部基层政权建设司、湖北省民政厅、武汉市民政局、武汉市江汉区民政局、武昌区民政局、襄阳市民政局、成都市成华区民政局、宁波市海曙区民政局、深圳市坪山新区社会管理局、苏州工业园区社会事业局等政府部门的领导和工作人员给予我们田野调查、资料收集的帮助和便利！感谢我的大学本科母校和硕士母校中的每一位老师和同学尤其是我的硕士生导师季正聚老师，他们一直给予我关心和帮助，时时刻刻关注我的每一步成长！

感谢教育部社会科学司、河南省教育厅、河南省社科规划办、中共河南省委高校工委、河南科技大学、河南科技大学马克思主义学院河洛思想文化传承创新研究中心给予我的项目资助，使我可以没有经济负担，安心构思书稿的内容。

感谢我的工作单位河南科技大学马克思主义学院的领导和同事们，他们全方位的关心、指导、支持和帮助，使我顺利度过了入职后的迷茫和不安，找准了定位，更好地投入到了工作中。

感谢我的爸爸、妈妈，全身心地支持我 20 多载的求学之路。感谢我的哥哥和弟弟，离家数十载，承欢膝下和照顾双亲的重任落到了他们的肩上，为我分担的太多，唯有以后的日子给予他们补偿！感谢我的公公婆婆，是他们全身心的付出，照顾我两岁多的儿子开心，并承担了全部的家务，让我可以专心写书稿。感谢我的爱人张毅，由于要完成书稿，无法照顾家庭，对他亏欠的太多。我无数次把写书过程中的苦闷发泄到他身上，他又无数次耐心细致地鼓励我，终于让我坚持了无数个日日夜夜与书稿陪伴的日子，他的支持一直是我前进的动力！感谢我可爱的儿子开心，由于忙于工作和写书稿，对他的陪伴太少，错过了他成长的许多点滴，未能更好地尽妈妈的职责。每次看到儿子灿烂的笑容和听到儿子亲切地叫妈妈，都给我无限的动力去奋斗。

感谢本书得以付梓的幕后英雄，包括季正聚老师以及中央编译出版社编辑部的苗永姝老师和郑锦老师等，您们在封面设计、文字校对、文稿润色、出版安排等方面的工作给我带来巨大的帮助与启发。谢谢您们！

最后，再次感谢帮助过我的领导、老师、同事、同学、亲朋好友和很多默默支持我的可爱可敬的人们！感谢在学术研究道路中，提供给我精神大餐，为我指点迷津的前辈和专家学者们！

行笔至此，本书还有诸多需要改进和完善之处，恳请各位专家、学者给予批评指正！我也会继续提升理论水平与研究能力，对城市社区治理问题进行更深入的研究和探索。

刘晓丽

2018 年 6 月 20 日于河南洛阳

图书在版编目(CIP)数据

中国城市社区治理的微循环：社区公民的生成机制研究/刘晓丽著.—北京：中央编译出版社，2018.8

ISBN 978-7-5117-3467-9

Ⅰ.①中… Ⅱ.①刘… Ⅲ.①公民-参与管理-社区管理-研究-中国 Ⅳ.①D669.3

中国版本图书馆 CIP 数据核字(2017)第 309961 号

中国城市社区治理的微循环：社区公民的生成机制研究

出 版 人：	葛海彦
出版统筹：	贾宇琰
责任编辑：	苗永姝
特约编辑：	郑　锦
责任印制：	刘　慧
出版发行：	中央编译出版社
地　　址：	北京西城区车公庄大街乙 5 号鸿儒大厦 B 座(100044)
电　　话：	(010)52612345(总编室)　　(010)52612335(编辑室) (010)52612316(发行部)　　(010)52612346(馆配部)
传　　真：	(010)66515838
经　　销：	全国新华书店
印　　刷：	北京紫瑞利印刷有限公司
开　　本：	787 毫米×1092 毫米　1/16
字　　数：	280 千字
印　　张：	19.5
版　　次：	2018 年 8 月第 1 版
印　　次：	2018 年 8 月第 1 次印刷
定　　价：	85.00 元

网　　址：	www.cctphome.com　　邮　箱：cctp@cctphome.com
新浪微博：	@中央编译出版社　　微　信：中央编译出版社(ID：cctphome)
淘宝店铺：	中央编译出版社直销店(http://shop108367160.taobao.com)　(010)55626985

本社常年法律顾问：北京市吴栾赵阎律师事务所律师　闫军　梁勤
凡有印装质量问题，本社负责调换。电话：(010)55626985